高职高专院校港口与航运管理专业教材

Gangkou Yewu yu Caozuo

港口业务与操作

陈洋　秦同瞬　主编

内 容 提 要

本书是在总结国内外现代港口业务操作成果的基础上，结合多年教学经验编写的。内容选材上力图突出职业岗位的针对性、实用性，按技术应用型人才培养目标的要求重组课程体系：以港口实际业务流程为主线，以计划、组织、控制、协调等管理要素为核心；力图处理好知识、能力和素质相互间的结构关系：教材内容模块化，包括件货码头操作、集装箱码头操作、散货码头操作、石油码头操作等，既充分体现码头按货种操作的专业化趋势，又突出港口的现代化，具有实用性强的特点。

本书可作为高职高专院校港口与航运管理专业教材，也可作为交通运输、国际航运管理、远洋运输等相关专业的教材，还可作为港口码头、船务公司等单位的管理、技术和业务人员的培训教材和自学用书。

本书已开发相关配套实训软件，如有需要，可与本书作者(richardcy2063@hotmail.com)**联系。**

图书在版编目(CIP)数据

港口业务与操作/陈洋等主编. —北京：人民交通出版社，2009.3

ISBN 978-7-114-07579-7

Ⅰ.港… Ⅱ.陈… Ⅲ.港口工程—高等学校：技术学校—教材 Ⅳ.U65

中国版本图书馆CIP数据核字(2009)第012391号

高职高专院校港口与航运管理专业教材

书　　名：港口业务与操作
著 作 者：陈　洋　秦同瞬
责任编辑：赵瑞琴
出版发行：人民交通出版社股份有限公司
地　　址：(100011) 北京市朝阳区安定门外外馆斜街3号
网　　址：http://www.ccpress.com.cn
销售电话：(010) 59757973
总 经 销：人民交通出版社股份有限公司发行部
经　　销：各地新华书店
印　　刷：北京市密东印刷有限公司
开　　本：787×1092　1/16
印　　张：11
字　　数：264千
版　　次：2009年3月第1版
印　　次：2021年8月第7次印刷
书　　号：ISBN 978-7-114-07579-7
印　　数：15001-16000册
定　　价：20.00元

序　言

港口是全球综合运输系统的节点，国际物流链中的技术节点，船舶、航海、内陆运输、通讯、经营技术革新的汇聚点，前沿与后方腹地联系的中枢，全球综合运输网络的神经中枢，在带动物流、促进经济内联外通方面，具有重要的作用。随着中国港口与航运业的飞速发展，也产生了对技能性人才的大量需求，这在沿海、沿江港口城市表现得更为明显。

多年来，技能性人才的培养主要靠高职院校，关键在于好的教材。教材的水平，直接体现着高职院校"工学结合"的深度、教学改革的幅度、理论与实践结合的程度、双师型教师队伍建设的强度、教师教学钻研的力度、教学资料积累的厚度、内容取舍的气度、理论深浅把握的尺度、专业领导的调度。港口与航运管理专业是一个实践性、操作性极强的专业，其所涉及的课程又都是实践性、操作性极强的课程，如果没有一套有效满足"工学结合"需要、密切联系港航企业实践的教学方案，教师的教学无疑是空洞与乏味的，学生对港口与航运管理的认识也是肤浅与不切实际的。在认真总结深圳职业技术学院港口与航运管理专业 13 年教学经验的基础上，我们推出了高职高专院校港口与航运管理专业教材，期望能够为同行提供一套教师教学得心应手、学生学习如鱼得水的简单但有效、够用且实用、有机组织化的教的方案、学的方案，真正做到教学相长、教学合一，学生在老师的教中学，老师在学生的学中教。

本系列教材包括《港航业务基础》、《货物运输保管实务》、《港口业务与操作》、《航运法规实务》、《航运业务与操作》、《国际货运代理操作与实务》。

为了提高教师开发教材的水平，我们多次邀请马书超、姜大源、赵志群、加拿大荷兰学院课程开发专家 Tim McRoberts 等国内知名课程开发专家来校讲学或派老师外出参加课程开发培训班，并派出专业骨干教师到德国、新加坡等国家和香港地区学习先进的职业理念和课程开发方法，回来后在自己所在的专业群中结合典型的职业工作任务，以工作过程系统化为基本设计原则开发课程。

本系列教材，具备四个基本特点：

1. 内容重组，有机复合。高职教育有别于普通本科教育，应当有自己的课程标准及适用的教材。在教材编写的过程中，高职院校的教材绝对不能按照普通本科院校的一套来，追求知识体系的完整，注重理论前沿的跟踪。而是根据适用、好用的原则，纠正以往教材编写中只注重"知识点"的偏向，并着眼于"双证沟通"（即"毕业证书"和"职业资格或职业技能"等资格证书），坚持"能力本位"，兼顾知识教育、技能训练和能力培养，所有教材的内容设计兼顾"知识点"、"技能点"和"能力点"，以项目需要的知识、能力为度，大胆组合原有的知识内容，甚至是颠覆性的重组，形成新的有机的知识、技能、能力复合体。在内容选择上，我们注重理论内容之间、理论内容与实践项目的衔接和沟通，让学习者能自然地做到由基础理论到专业基础理论、专业课到实践课的从容转换，让学生了解学了理论内容能够干什么，能够应用在哪些地方，让学生了解实践项目需要什么理论的指导，理论能够如何指导。

2.理论简化，实用为主。根据实用、够用的原则，对原有的理论体系进行简化处理，多用案例、问题导课而少用概念、结论，多用图表而减少文字叙述，多用生动的语言而少用枯燥的术语，以简单明了的形式阐明抽象的理论，把深奥的理论通俗化，把繁琐的推理简单化，把复杂的流程图形化，把枯燥的知识趣味化，图文并茂，深入浅出，详略得当，重点突出，实例经典，以强化学生对重点内容的掌握，与最新技术同步，让基础薄弱的学生可学、爱学，学了能用。当然，这种简化不是简单的压缩，不是本科教材的压缩饼干，不是对本科教材作简单的调整和修改，而是一种有意识、有取舍、适当的简化，最实用、最常用的，最核心、最重要、最必需的都得以保留，无关紧要、实际中用得不多、用得不典型的就省掉或指导学生自己探索。另外，在知识延伸、知识应用的过程中，我们也有意识地融入创新精神和创新能力的内容，以进一步提升学生的可持续发展能力，使之胜任未来的管理职责。

3.任务驱动，行动导向。系列教材的编写按照港口与航运管理工作的实际流程来进行，一切从实际工作的需要出发，精简理论说教，强化实践能力培养有些教材通过案例、问题导课，通过案例分析、问题回答引导出课程的内容。有些教材在章、节开篇处设计学习目标、任务驱动等栏目，学习目标用于指导学生了解本章或本节重点内容与学习要求，任务驱动通过联系港口与航运管理工作中的实践，精心设计体现本章或本节教学内容的一项职业工作任务，使学生带着任务去学习相关知识与技能，有效地融"教、学、做"为一体，促使学生明确学习本章内容的目的与意义，且以解决职业问题、完成岗位任务为导引。

4.强化实训，突出技能。高职高专教材的一个重要特征是与职业资格考试密切结合，因此，教材应该做到有效体现知识与工作职位一体化、传授知识与训练思维有机结合、学习理论与训练技能同步进行、学习结果以考证结果来检验。每章或每节设计足量深化职业知识与训练职业技能的实习实践项目，通过实践活动逐步激发学生学习的内驱力和主动探究知识的欲望，促使学生产生较高的成就动机，形成良好的认知结构，有效提高教学质量和效益。每章或每节设计适量的职业知识测试与职业技能训练内容，以有效实现学生职业技能的培养，真正实现所学与所用的无缝对接与零距离就业。为了强化这种技能训练，与实际工作接轨，我们教材的编写者不仅有来自学校的教师，还要有来自企业的技术人员，教材内容既有校内的理论和实践内容，又有企业生产实践的指导性内容，既能取自于工，又能用之于学。

可以说，这一系列教材是深圳职业技术学院港口与航运管理专业13年教学积累的全面总结，是国家示范性高职院校港口与航运管理重点专业建设在"工学结合"上的集中展示，花费了老师的大量心血，听取了专家的诸多建议，吸收了同行的一些成果，经过了学生的反复使用，在原有教材基础上已经有了质的飞跃，相信一定会受到更多读者的欢迎。

编委会

2009.2

目　录

第一章 件货码头操作

主要内容

1. 件货装卸操作概述；
2. 件货码头换装作业过程及工序；
3. 舱底作业；
4. 起落舱作业；
5. 水平搬运作业；
6. 库(场)内、车内作业；
7. 件杂货码头装卸作业组织。

本章实训

1. 件杂货码头装卸作业组织。
2. 工艺作业标准(工艺卡)的制定方法。
3. 库场堆存计划的制订。

第一节 件货装卸操作概述

件货的概念，是从运输、装卸和保管的角度相对于港口所装卸的散货、液体货等而言的。

所谓件货通常是指有包装和无包装的成件装卸、运输、保管的货物，如各种袋装货物、箱装货物、五金交电器材、日用百货、棉纺织品、钢材、钢锭、有色金属块及大型机器设备等。

集装箱运输的发展，使件货装卸、运输的数量近年来有了明显的减少，虽然按货运量的绝对量来说，件货与其他货种比较所占的比重不大，但不适箱货物以及一些运费负担能力较差的低值货物，仍有很大的运输市场。我国很大一部分物资目前还是多以散件形式装运的，在一般操作过程中，以机械操作工序吨与总工序吨之比计算的，机械操作比重约为50% ~75%，人工操作比重约25% ~50%，占用众多的劳动力，并造成运输工具因装卸和等待而压港，商品流动资金积压。因此，改进件货装卸工艺，合理组织件货的装卸操作，对提高装卸效率，降低装卸成本，提高装卸效益有着十分重要的意义。

一、件货的种类

件货按照包装形式和件货的形式可分为：

1. 袋装货物

袋装货物是指用各种织物、纸、草席、塑料袋等，作为货物的包装物，以袋为单元成件装卸、运输及保管的货物。如袋粮、食盐、袋装的化肥、水泥和某些矿产品等。袋装货物的形状、尺寸、质量根据袋内所装的货物而定。通常一件袋物的长度为60～100cm，宽度为40～70cm，高度为15～40cm，纸袋包装的袋物单件质量为40～50kg，织物包装的袋物单件质量为40～150kg。

2. 捆装货物

捆装货物是指用包装带、绳索、铁丝、铁皮等作为货物的捆扎物，以捆为单元成件进行装卸、运输及保管的货物，如捆装的棉花、烟草等。某些捆装物单件质量随压包的方式而有很大不同，轻的100kg，重的可达350kg。

3. 桶装货物和圆筒状货物

桶装货物是指用桶作为货物的盛装容器，以桶为单元成件装卸、运输及保管的货物。如桶装汽油、食油等。桶的种类很多，有的桶两端面有突缘（可以用油桶夹装卸），有的桶面无突缘，有的桶是木制的。金属桶的容积通常为50L、100L、200L、500L，木制桶的容积为15～250L，装运酒的大桶容积可达600L。某些半流体货物和散装货物，其包装桶材质为三夹板和纤维板，这种桶的直径为30～45cm，高为25～70cm，单件质量为15～175kg。

电缆、钢丝绳、输送机的胶带等是绕在两端面为圆形木板的卷筒上运输的，卷筒中央有孔，可由此插入吊货工夹具进行装卸。纸张等则是卷在筒芯上成圆筒状运输的。

4. 箱装货物

箱装货物，以各种材料的箱子为容器，如箱装的日用百货、香烟、食品、罐头、小五金等。箱子按结构、材料、件重可分成许多种。小五金等货物用木箱包装，香烟等则用纸箱包装。用纸箱包装的货物，装卸和堆存时要注意避免压坏。

5. 筐、篓、坛装货物

如蔬菜、水果、榨菜、硫酸等。

6. 裸装货物

如生铁块、钢锭、钢材、废钢、砖等。

二、件货的装卸要求

件货往往是比较贵重的货物，如成套的设备、机床等，装卸时一定要保证其完整无损。为此必须要求做到：

（1）工作地点要整洁。对于食品及粮食，如冷冻猪肉、袋装面粉等更要注意保持吊货工夹具、机械的工作装置及工作人员服具的清洁，以免将货物弄脏；

（2）选用合适的、牢固的吊货工夹具；

（3）正确地将货物安放在吊货工夹具上；

（4）平稳地升降货吊；

（5）整齐地安放在水平运输机械上，必要时对货组要进行捆扎，以免在运输过程中振落受损。

三、件货吊货工夹具的作用和要求

由于件货具有货种繁杂的特点，因此一般情况下，装卸件货的机械应该具有通用性。为了提高装卸机械的通用性，使其适应千差万别的货物的装卸要求，必须应用各式各样的吊货工夹具。

吊货工夹具的合理选用,对减轻工人的劳动强度,发挥装卸机械的效能,提高劳动生产率,具有十分明显的效果。因此,推广先进的工夹具,改革现有的吊货工夹具,创造新的吊货工夹具,是改进装卸操作的一项重要内容,也是港口挖潜、革新、改造的一个重要方面。

装卸作业线是港口装卸生产的最基本的组织形式,港口的安全、质量事故很大部分是在装卸作业线上发生的,其中不少事故又是由于吊货工夹具损坏或吊货工夹具选择不当造成的。因此注意吊货工夹具的合理选用是确保港口安全生产,提高装卸质量的重要条件。

吊货工夹具应具备如下的要求:

(1)能保证货物完整无损;

(2)牢固可靠、工作安全;

(3)工人操作方便,能迅速或自动、半自动地取货和卸货;

(4)结构简单,自重轻,并能充分利用起重机的有效起重量;

(5)可避免多次解组货吊。

此外,也要适当考虑吊货工夹具的耐用程度,适应多货种、便于多种机械使用以及成组运输、成组保管等要求。

件货工夹具种类很多,大体可分吊钩(马钩、网络钩、扁担钩等)、夹具(钢板夹钳、卧桶夹具等)、绳扣(棕绳扣、钢丝绳扣、活络绳扣等)、成组工具(网络、货板、集装袋、集装带等),以及其他各式各样的专用工具。吊钩、夹具、绳扣、成组工具等属于通用吊货工夹具。通用吊货工夹具可以用于装卸不同种类的货物;专用的吊货工夹具是为某种货物而专门设计的,只能用于装卸该种货物,如平放卷钢板夹具、平放卷筒纸夹具等。通常,使用通用吊货工夹具时所用的人力劳动较多,工作较繁重,效率较低,但与此同时,有些通用吊货工夹具却往往可以收到避免多次改组货吊的效果。而使用专用吊货工夹具时所用的人工劳动较少(有时甚至可以完全不用人工辅助作业),但在货物品种多,批量小时,使用专用吊货工夹具有时会由于因更换工夹具而形成作业中断,延长车、船作业时间等。

四、件货装卸作业的特点

件货又被称为件杂货。这是因为港口装卸的件货种类繁多,有些货物,虽然性质与品种完全一样也还会有不同的包装,有些货物,尽管使用同样的包装,其尺寸和重量却又不尽相同。大多数件货怕雨,怕潮湿,一般都应有雨天装卸作业的防雨设施和仓库保管。

正是由于件货的这种复杂性,在件货装卸策划时必须注意以下的一些特点:

(1)由于货种杂、批量小,这样在一个泊位上就需要同时装卸不同的货物。这些货物包装各式各样,尺寸大小不一,重量极不相同,所有这些都要求装卸机械化设备具有一定的通用性。

(2)由于货种杂、批量小,所以大部分件货都要经过仓库进行分票或者在仓库积聚足够的货批。有些贵重的货物需要仓库内有专门的隔间保管。

(3)由于货种杂,会使件货的进出口同时存在,即既有进口,又有出口,因而要求装卸机械化设备能适应双向货流。

以上是就绝大多数港口所装卸的件货所具有的共性而言的。当然,个别的例外是可能存在的。在个别情况下,对大宗的、稳定的单一货种,件货码头也可以采用专业化设备。如钢材码头、木材码头、化肥(袋装)码头、水泥(袋装)码头等。

在具体设计件货码头的装卸机械化系统时,要注意调查:

(1)重件和长大件的货物数量、重量、尺寸。生铁块、钢材等一吊起重量较大的货物数量所占的比重。

(2)发运港装卸机械的起重量,一吊成组货物的重量。

(3)可以露天堆放及需要仓库保管的货物数量和百分比。

(4)货批零星和不能堆高的货物数量和百分比。

(5)件货码头装卸散货的可能性。

以上几点可作为专用码头(泊位)规划、起重机技术参数的选择、库场面积及库场面积利用率等的计算依据。

第二节　件货码头换装作业的种类

一、件货换装操作过程

港口装卸生产是港口企业得以生存和发展的重要活动,其实质为换装作业,即把货物从一种运输方式转装到另一种运输方式。换装作业由一个或者一个以上的操作过程所组成。

所谓操作过程是指货物在港口换装过程中的一次连续完整的搬运。操作过程是基本的装卸搬运活动,作业票上的装卸任务就是根据操作过程下达给工组的。

凡是水运进港,水、陆运离港,或者水、陆运进港,水运离港的货物,换装作业一般可能由两种换装方案来完成:

间接换装:是指货物先从船上卸入库场经过短期堆存,再由库场装上车辆(或船舶),或者按相反程序。这种形式一般简称为间接换装方案。

直接换装(直取作业):是指货物由船上卸下直接装上车辆(或船舶),不再进入库场,或者按相反程序。这种形式简称为直接换装方案,或称直取作业。

在后一种情况下,货物在港口的换装作业是由一个操作过程组成的。而在前一种情况下,货物在港口的换装作业是由两个操作过程所组成的。一般来说,操作次数越多,港口为了完成货物换装所耗费的人力、物力越大,因此要尽可能减少入库(场)货物的数量,增加直取比重。船舶外挡过驳是最典型的(船⇔驳)直取作业;铁路线延伸至码头前沿门座起重机跨下的布置,是典型的(船⇔车)直取作业。但是直取作业时往往会因为换接运载工具载重量的大小悬殊,为了适应对各自卸、装生产率的要求,可能会使车船停留时间略有延长。因此究竟采取间接换装方案还是直接换装方案要根据具体情况确定。

此外,货物在港口堆存期间,根据需要也可能进行库场之间的搬运,这一类作业也应视为一个单独的操作过程。因此,港内货物操作过程可归结为以下几种:

(1)船⇔船;

(2)船⇔车、驳;

(3)船⇔库、场;

(4)车、驳⇔库、场;

(5)车、驳⇔车、驳；

(6)库、场⇔库、场。

同一库场内的倒垛、转堆属库场整理性质，与翻舱、散货的拆、倒、灌、绞包、摊晒货物等同属装卸辅助作业，均不计为操作过程。

二、工　序

一般地，操作过程又可划分为若干个工序。所谓工序，是指构成操作过程的相对独立的一个完整的作业环节。工序是选择装卸机械化类型、合理安排操作工人、计算装卸作业机械化程度的依据。

一般的操作过程大致可划分为如下的工序：

1. 舱底作业

包括装船和卸船时在舱内的摘挂钩、拆(码)货组、拆(码)垛及平舱、清舱等全部作业。

2. 起落舱作业

包括装船和卸船时船舱到岸、岸到船舱、船舱到车辆、车辆到船舱以及外挡过驳(船舱到驳、驳到船舶)起重机的上下吊装作业。

3. 水平搬运作业

包括码头、库场、车辆之间的搬运作业。

4. 车内作业

包括装卸车时的上、下搬动、拆(码)货组、车内的拆(码)垛或堆装作业。

5. 库内作业

包括库场内的拆(码)垛、拆(码)货组、供喂料等作业。

三、装卸作业机械化程度

在既定的工序中，完成一吨货物的操作，即计算为一个工序吨，使用机械的为机械操作工序吨；使用人力的为人力操作工序吨。

装卸作业机械化程度的计算公式为：

$$K = \frac{\Sigma t}{\Sigma T} \times 100\%$$

式中：K——机械操作比重，%；

Σt——机械操作工序吨总和；

ΣT——总工序吨。

随着港口装卸作业机械化程度的变化，工序的划分也会有所变动。在机械化程度已达到很高水平的情况下，装卸作业机械化程度可用综合机械化水平表示，其计算公式为：

$$K_{综} = \frac{\Sigma Q_{操}^{综}}{\Sigma Q_{操}} \times 100\%$$

式中：$K_{综}$——综合机械化水平；

$\Sigma Q_{操}^{综}$——综合机械化作业方法完成的操作量；

$\Sigma Q_{操}$——完成的全部操作量。

四、件货码头操作种类

件货码头操作的类型即组成作业线的装卸工作机械化系统，必须根据港口的具体营运条件和自然条件等合理地设计与选型。装卸工作机械化系统是指用来实现装卸工作机械化的各种装卸机械及辅助设备的总称。现代化的港口装卸操作是以先进的装卸工作机械化系统为基础的，选型中特别要注意构成装卸工作机械化系统的主体装卸设备类型的选择。

件货装卸工作机械化系统的形式与码头结构形式密切，而码头的结构形式则是根据航线和港口的特定条件，如货物的种类、流量、流向、地形、水工建筑以及运载工具的结构形式等条件综合各方面因素来考虑的。一般认为，海港及中、小水位差河港件货码头建造直立式码头，大、中水位差河港件货码头建造斜坡式码头较好。

构成装卸工作机械化系统的主体装卸设备主要是指码头前沿的装卸船设备，用于起落舱作业。直立式码头装卸船设备，主要有岸上装卸设备和船舶自备装卸设备两种。岸上装卸设备主要有门座起重机、高架轮胎式起重机、轮胎式起重机等。现代大多数件杂货船舶都有自备装卸设备，如双杆吊、独杆吊、克林吊等。因此，构成现代件货码头的装卸机械化系统主要是：门座起重机（或船舶自备装卸设备或轮胎起重机）——流动机械系统。

流动机械是指水平搬运作业机械与库场作业机械，主要包括叉车、牵引车挂车、搬运车、轮胎起重机等。图 1-1 为岸上装卸设备——流动机械系统的典型布置。

在此方案中，码头前沿的主体装卸设备（装卸船设备）为门座起重机；水平搬运设备为叉车或牵引车挂车；库内堆（拆）垛设备为桥式起重机或叉车；场内堆（拆）垛设备为轮胎式起重机或叉车。为此，该机械系统可组成的操作类型有：

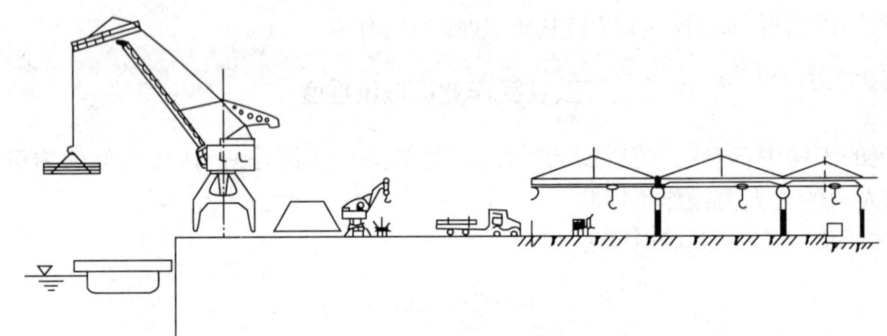

图 1-1　门座起重机——流动机械系统

(1)船⇔门座起重机⇔叉车⇔库；

(2)船⇔门座起重机⇔叉车⇔场；

(3)船⇔门座起重机⇔叉车⇔火车；

(4)船⇔门座起重机⇔牵引车挂车⇔桥式起重机⇔火车；

(5)船⇔门座起重机⇔牵引车挂车⇔桥式起重机⇔库；

(6)船⇔门座起重机⇔牵引车挂车⇔叉车⇔库；

(7)船⇔门座起重机⇔牵引车挂车⇔叉车⇔场；

(8)船⇔门座起重机⇔牵引车挂车⇔轮胎起重机⇔场；

(9)船⇔门座起重机⇔牵引车挂车⇔桥式起重机⇔火车；

(10)船⇔门座起重机⇔驳船(此即外挡过驳);
(11)火车⇔桥式起重机⇔库;
(12)库⇔桥式起重机⇔汽车;
(13)火车⇔桥式起重机⇔汽车;
(14)场⇔轮胎起重机⇔汽车;
(15)库⇔叉车⇔汽车;
(16)场⇔叉车⇔汽车。

同样地,如果码头前沿的装卸船主体机械采用船舶自备装卸设备或采用高架轮胎式起重机,则可组成的操作类型有:

(1)船⇔船舶吊杆(或高架轮胎式起重机)⇔叉车⇔库;
(2)船⇔船舶吊杆(或高架轮胎式起重机)⇔叉车⇔场;
(3)船⇔船舶吊杆(或高架轮胎式起重机)⇔叉车⇔火车;
(4)船⇔船舶吊杆(或高架轮胎式起重机)⇔牵引车挂车⇔桥式起重机⇔火车;
(5)船⇔船舶吊杆(或高架轮胎式起重机)⇔牵引车挂车⇔桥式起重机⇔库;
(6)船⇔船舶吊杆(或高架轮胎式起重机)⇔牵引车挂车⇔叉车⇔库;
(7)船⇔船舶吊杆(或高架轮胎式起重机)⇔牵引车挂车⇔叉车⇔场;
(8)船⇔船舶吊杆(或高架轮胎式起重机)⇔牵引车挂车⇔轮胎起重机⇔场;
(9)船⇔船舶吊杆(或高架轮胎式起重机)⇔牵引车挂车⇔桥式起重机⇔火车;
(10)船⇔船舶吊杆⇔驳船(此即外挡过驳);
(11)火车⇔桥式起重机⇔库;
(12)库⇔桥式起重机⇔汽车;
(13)火车⇔桥式起重机⇔汽车;
(14)场⇔轮胎起重机⇔汽车;
(15)库⇔叉车⇔汽车;
(16)场⇔叉车⇔汽车。

严格地说,作业机械的类型越多,能组成的操作系统的类型也越多。同一种货物的装卸,有几十种装卸工艺的不同选择。不同的操作系统,使用的机械不同,其生产率与装卸成本自然不同。因此,在港口生产调度中,如何安排、组织最佳操作系统成为港口生产管理的重要内容之一。

五、操作系统合理组织原则

1.专业化原则

专业化,是社会化大生产的产物,是现代化大工业发展的客观规律和基本特征。港口实行专业化生产后,就可以使用专门设备和特殊的工艺过程,有利于实行机械化,自动化,提高生产技术水平和劳动熟练程度,从而大大提高装卸效率,提高装卸质量,降低装卸成本。

货物吞吐量的大小是决定是否设置专业化泊位和采用专业化机械的前提,如木材专用码头、钢材专用码头等。如果产量不足,专业化生产反而会因设备利用不足而提高装卸成本。

海运生产的历史始终贯穿着专业化由低级到高级的不断发展过程。海运生产的几次重大的工艺变革都是和专业化的发展有关的，第一次革命性变化是桶装石油从一般件杂货中分离出来，实现专业化液体运输。第二次革命是袋粮从一般件杂货中分离出来，实现散粮运输。第三次革命，在某种意义上讲是件杂货本身的专业化，实现了集装箱（大单元）专业化运输。

2. 标准化原则

专业化生产是标准化的基础。设备标准化是符合经济原则的。设备标准化可以大大减少备件的数量，提高维修人员的技术熟练程度和维修质量、降低维修费用。当前我国港口严重存在机型杂的问题，迫切需要根据标准化原则进行调整和整顿。

不仅大的装卸设备需要实行标准化，即使是小型的、简单的吊货工夹具和成组工具也需要标准化，例如货板标准化以后不仅可以降低制造成本，还可以减少维修费用。

便于维修固然是设备需要标准化的重要原因，而当把运输作为系统来看待的时候，标准化具有更重要、更深远的意义。标准化是专业化协作必不可少的条件，是现代化运输系统的基础。最典型的例子是集装箱运输。“门到门”先进送货方式的实现是以各环节的装卸设备、运输设备和集装箱本身的标准化为前提的。从这个意义上讲，没有标准化也就没有运输现代化。

3. 充分利用机械原则

件货装卸作业，劳动强度大，因此用机械代替人力从事装卸作业具有特别重要的意义。装卸工作机械化不仅是减轻体力劳动繁重程度的根本途径，同时也是保证作业安全，提高劳动生产率，提高装卸质量的重要手段。

4. 充分利用工夹具原则

港口使用的装卸机械由于其投资巨大则难以经常变换，而吊货工夹具成本较低，可以随货种的不同随时变换适应。以变换吊货工夹具的方式适应装卸对象（货物）的变化，不仅扩大了港口装卸机械的适应范围，同时对整条作业线效率的提高也能起到显著的效果。因此，应对吊货工夹具的选择特别注意。

对吊货工夹具的选用和改进应以保证安全质量，充分利用机械的有效起重量，工人操作方便，利于成组装卸，延长吊货工夹具使用寿命等要求全面考虑。

5. 尽量减少作业环节原则

当按一定的操作过程完成货物的装卸搬运时，往往要完成许多作业环节。例如工人在船舱内组成货吊（组关）、挂摘钩、起重机将货物吊到岸上、岸上工人挂摘钩、叉式装卸车叉取货物、搬运、直至货场码垛等。除了主要作业外，还有许多如捆绑、分票等辅助作业。一般说来，作业少，则所消耗的人力就少，几个环节的配合也容易紧密。最少的装卸是最好的装卸。作业则意味着费用，因此要力求用自动的或半自动的吊货工夹具以及进行成组装卸等方法减少作业数。

6. 合理搬运线路原则

货物装卸的经济效果随着工艺流程中迂回运动的减少而提高。这个原则反映了一个显见的事实：两点之间直线距离为最短。由于运动意味着费用，因此直线运移是最合理、经济的物流。

货物没有按照装船需要在库场堆放，库场设置离码头过远，皮带机布置不合理等均会形成在装卸工作中发生交叉搬运、迂回搬运和过远搬运。

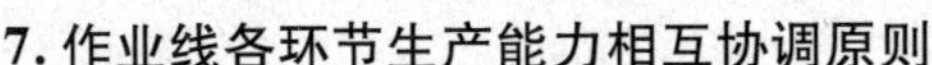

7. 作业线各环节生产能力相互协调原则

装卸作业线是完成操作过程的基本作业系统，是各作业环节的有机组成，只有各环节相互协调，才能使整条作业线产生预期的效果。

装卸作业线各环节相互协调有两方面的含义：

其一，是指各工序的生产率要协调一致，各工序机械的起重量要相互适应。因为如果各工序的生产率不能协调一致，各工序机械的起重量不能相互适应，则整条作业线的生产率就会下降到最薄弱环节生产率的水平。应该把注意力集中在薄弱环节生产率的提高上。否则，即使作业线上某一工序的设备再先进、生产率再高，若有薄弱环节的存在，整条作业线的生产率仍无法提高，必然降低到最薄弱环节的生产率水平。作业线生产率不是由最先进的工序决定的，而是由最薄弱的工序所决定。为了保证各工序生产率能相互协调，必须按工艺规范进行配机、配工。

其二，是作业线所包含的各种辅助作业，如计量、过秤、测温、灌包、缝包等均应机械化、电子化。这些作业虽不属主要工序，但往往成为影响货物装卸质量或作业线生产率充分发挥的薄弱环节，必须予以高度重视。

8. 各环节的生产率应服从主导机械的生产率

装卸船机械是港口装卸工作中的主导机械。港口装卸工艺的重要特点之一，是不仅要使货物在港口的换装最经济，而且要尽力缩短运输工具在港口的停留时间。因此提高车船装卸速度是港口作业的主要目标之一。但在货运量一定的情况下，过高生产率的库场装卸机械又会因机械利用率下降而导致装卸成本增加。合理的方法是以较低的库场机械生产率保证较高的车船装卸效率。例如，采用牵引车挂车的方法接运装卸船机械，牵引车挂车的生产率应大于或等于装卸船机械的生产率，保证装卸船机械生产率的充分发挥。

装卸机械的生产能力并不是在任何营运条件下都能充分发挥出来的。即便在相同的客观营运条件下，作业组织不同，操作方法不同，同一台机械的生产率也会有很大的不同。现场管理者的一项重要任务就在于精心进行作业组织，善于总结和推广司机和工人的先进操作经验。

任何装卸搬运机械都有充分发挥生产能力的问题。

门座起重机和船舶吊杆作为装卸船的主导机械，其生产率的充分发挥，对提高整条作业线效率，加速船舶装卸更具有重要意义。提高门座起重机和船舶吊杆生产率的主要方法有：

1）增加每一周期的吊货量

通常可采用扩大吊货工夹具的载货容积，一吊双货组，以及其他能增加一次吊货量的先进操作方法，充分发挥起重机的额定起重量。

2）缩短起重机的工作周期

起重机的周期是由升降、旋转、变幅、挂摘钩（抓放货）、稳钩等时间组成。要缩短起重机的周期，首先应致力于缩短周期的组成部分时间。

升降时间可以用避免多余的起升高度，减少回空的吊货工夹具的长度，长的货物吊正等方法减少起升高度，也可以从提高司机的技术熟练程度着手，使起重机的速度得到更好的利用以减少操作时间。

放置货物的时间的缩短可以用合理布置起重机的作业位置，使旋转角缩小，以及提高旋转

速度的方法达到。

在一定条件下，可以用下述方法提高旋转速度：在旋转启动达到正常旋转速度后，缩小幅度，这样旋转速度就可以增大到超过正常的旋转速度，当接近放货点时，再伸展臂幅，从而可以达到平稳的制动效果。

缩短挂摘钩时间的方法是，派熟练的工人从事挂摘钩工作，采用能自动挂摘的吊货工夹具，用一次回吊若干个空吊货工夹具的方法减少挂摘钩次数。

缩短稳钩时间的主要方法，是扩大放货点的面积，提高司机的熟练程度，以求平稳制动。

在缩短各部分时间的基础上，还要研究整个货吊的合理运行轨迹，在升降、变幅、旋转等各个动作兼动的基础上，求得最短的周期。

除此之外，还要注意尽量减轻吊货工夹具自重，在发挥起重机起重能力的同时，充分提高装卸货物的有效起重量。

9. 灵活性原则

直取作业是减少作业环节、提高装卸效率、降低装卸成本的有效途径之一。例如，当车、船装卸效率相当的情况下，组织车船直接换装作业，能减少一次操作，无疑是合理的，但在卸船效率很高的情况下，"船—车"直接换装的效率大大低于"船—库"的效率，因此，往往高效率的专用进口码头，为提高卸船效率，宁愿采用船→场、场→车的两次操作的工艺方案。更不应该出现为了追求直取作业，而出现车等船或船等车的现象发生。

六、件货码头典型的布置形式

门座起重机是周期性循环作业的机械。它具有起升、变幅、旋转和运行等工作机构，操作灵活，工作幅度大，额定起重量有5、8、10、16、25t等系列，装卸效率高，通用性强，适用各种货种，所以件货码头广泛采用门座起重机作为装卸船机械。门座起重机——流动机械系统已是通用件杂货码头最主要的装卸系统。其典型的布置如图1-2所示。

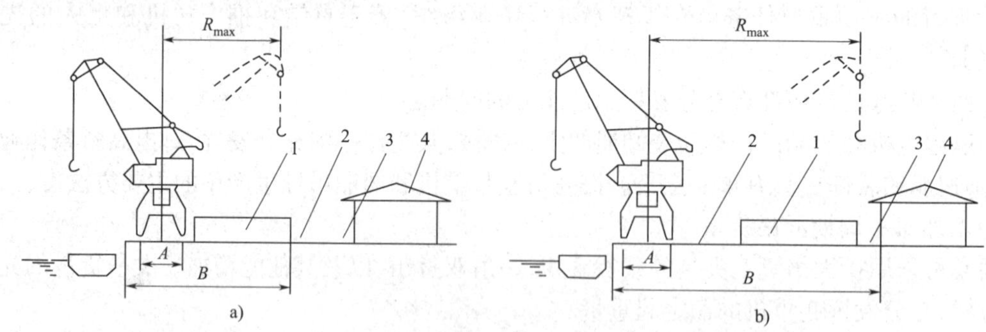

图1-2 件货码头典型工艺布置形式

1-前方堆场；2-前方道路；3-仓库前制动距离；4-一线仓库

件杂货码头的布置，一般设置前方堆场和一线仓库。图1-2a）布置的特点是前方堆场紧靠起重机内侧轨道，码头前沿作业区一直到前方堆场的内边缘，前方道路布置在前方堆场与一线仓库之间；图1-2b）布置的特点是前方道路布置在起重机内侧轨道与前方堆场之间，前方作业地带计至一线仓库的外墙。一般地，堆场堆放临时存放或不怕日晒雨淋的货物较合适；仓库存放需要特殊保管的货物，如温湿度要求等。不难看出，水转水需要临时堆放的货物采用图

1-2a）布置的存放方式、水转陆货物采用图 1-2b）布置的方式较为恰当，作业干扰少。

第三节　舱 底 作 业

舱底作业是件货码头装卸作业中最基本的工序之一，散件运输，成组装卸时，大都采用人工作业；成组运输，成组装卸时，常借助机械作业。

一、舱底作业的种类

由于各种件货船舶吨位等级及舱室结构的不同、货物特性不同，运输工艺的形式及舱底作业的方式亦不同。归纳起来主要有如下几种：

1. 散件运输，成组装卸

这种方式是指在运输的过程中，货物在舱内以散件的形式堆存，在装卸船的过程中，利用网络或货板，以成组（标准关）的形式通过装卸船设备（起重机）进行吊上吊下（起落舱）作业。其中，卸船时，舱内人力组关，即将舱内待卸的货物用人工的方式装入网络或货板，再通过起重机吊出舱外。装船时，货物通过网络（或货板）吊入舱内，再用人工的方式进行拆组堆码，卸空后的网络或货板通过起重机吊钩吊出舱口，随拖车或叉车带回装货地点循环备货。用货板成组装船时，舱内作业常可采用带推货器的叉车进行散件堆码作业。带推货器的叉车工属具如图 1-3 所示。

2. 成组运输，成组装卸

所谓成组，也称集装单元化。成组运输就是采用各种不同的方法和器具，把具有包装或无包装的货物，整齐地汇集成一个扩大了的、便于装卸搬运的、并在整个运输过程中保持一定形状的作业单元。水运件货成组运输，通常货物在舱内以网络或货板成组、或捆装的形式成组堆码。成组运输，货物单元大、甲板下的空间起重机吊钩也无法达到，因此，必须借助其他装卸设备进行堆码作业。最常用的舱内作业机械是叉车。货板成组时采用普通货叉堆码作业即可，网络成组时采用反叉式网络叉车，如图 1-4 所示。

图 1-3　带推货器的叉车工属具

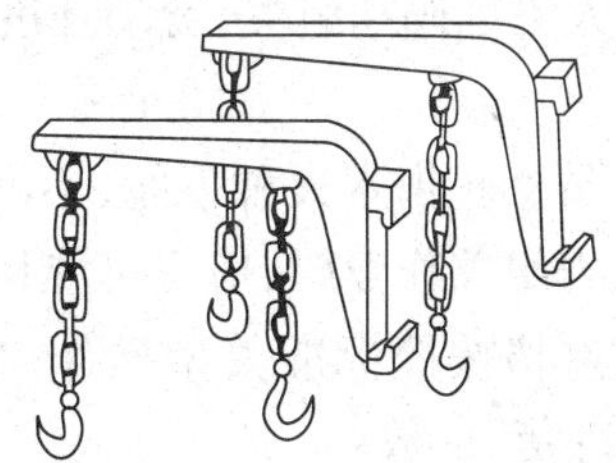

图 1-4　反叉

3. 特形、大件货物的装卸

对于特形、大件货物的装卸，常采用专用吊货工属具。所谓工属具是指装卸工作中针对不同作业要求和不同作业对象（货物形状）所开发的专用工夹具。采用合适的工属具，可大大提高装卸搬运效率和装卸作业的安全性。图 1-5 为吊钢板的钢板夹钳。这种钢板夹钳上有一活动舌头，不但夹卸方便，且起吊时通过舌头对其钢板的压紧作用，能较好地避免钢板滑动，保证操作安全。活动舌头既要在起吊时能压紧钢板不使脱落，又要求不损坏钢板，保证钢板不受压卷边。较薄钢板的起卸，可采用加大舌头踏面的方法，保证钢板不被受压而变形。图1-6为卧桶夹具。卧桶夹具是用来装卸卧放桶装货的一种吊具，它配合起重机一起使用。这种吊具由一个吊架和装在吊架下的8条铁链组成。每条链上都穿有一对活络的铁钩。作业时，先将吊具挂在起重机的吊钩上，然后使每对铁钩钩住货桶两端的凸起边缘即可起吊。起吊后的货物在重力的作用下，链条能勒紧铁钩，使之紧紧夹住货桶。吊架的作用是使铁链之间保持一定的距离，避免链条互相缠绕和货桶碰撞而发生事故。在起吊油桶时，为防止铁钩与货桶碰擦产生火种，可在铁钩表面镀铜。使用卧桶吊具一次可起吊8只桶，装卸效率高，劳动强度低。图1-7为平放卷钢板夹具，其两端的卡板可在水平方向移动自行取卸，操作方便，装卸效率高。

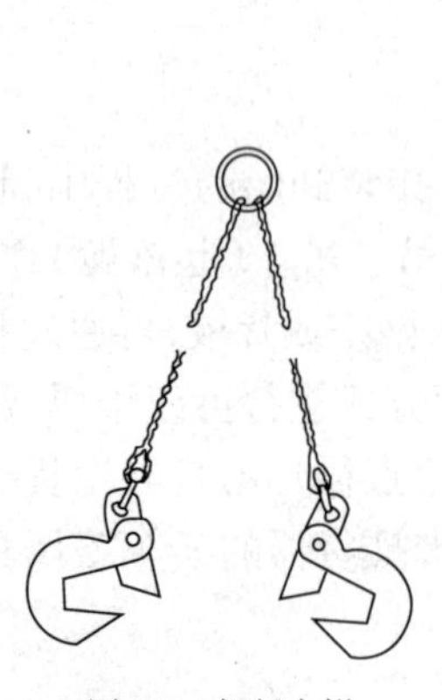
图1-5　钢板夹钳

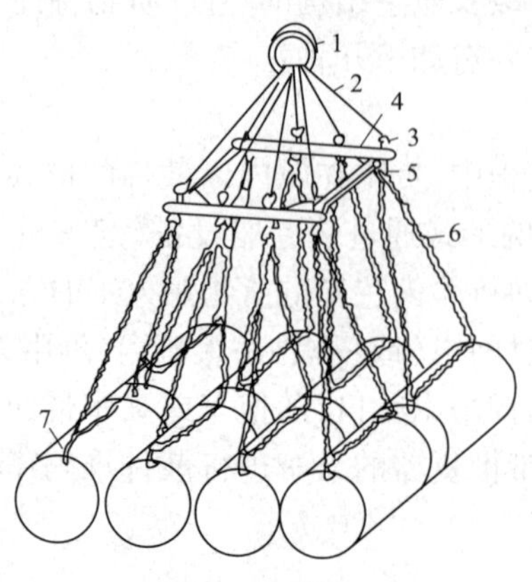

图1-6　卧桶夹具

1-吊环；2-钢丝绳；3-连接环；4-吊梁；5-卸扣；6-链条；7-钩

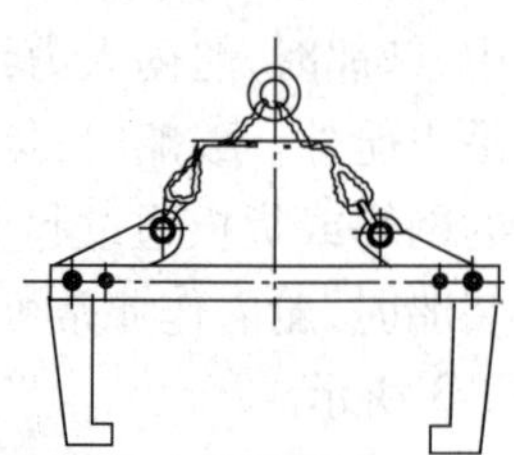
图1-7　平放卷钢板夹具

二、舱底作业注意事项

舱底作业是三内（舱内、车内、库内）作业之一。舱底作业，作业环境差（温度高、空气不流通），作业安全性差，生产效率低。载重量5000t以下的船舶，由于舱室净空小，难以采用机械作业，大都采用人工堆码和组关，劳动强度大，工作易疲劳，为保证装卸作业安全，舱底作业应注意以下问题：

（1）作业人员禁止携带火种下舱，不准在舱口、舱内及甲板上吸烟；

（2）舱内人力组关作业时，应尽可能用专用工夹具，以提高组关效率和作业安全；

（3）组关时严格按照标准关型操作，货物必须码放整齐、稳固，避免起吊时掉件、散件伤人，同时有利于理货、计数；

（4）避免留山挖井现象，以防倒垛伤人和工残事故发生，舱内最高与最低层卸货高度相差不能超过捆高；

（5）关位必须置于舱口直下位置，避免起吊时发生拖关现象；货关出舱时，作业人员应注意避让；

（6）夜间舱内作业应使用防爆灯；

（7）按票均衡装卸货物，严禁混堆、混卸；

（8）卸船时遇有原残情况，要及时与船舶负责人联系，分清货损责任。

(9)上下舱不准披衣服,手中不拿其他物品。在大型散货轮的船舱内,常设有没有任何防护装置的开敞铁梯。上、下这类梯子的人必须两手紧握梯级,否则如果披衣服上、下舱,一旦衣服突然滑动,一定会下意识地用手去抓,就有从梯级坠落的危险。手中如拿着铁锹等工具,手的动作就不灵便,从而会有因抓不紧梯级而坠落的危险。因为这类梯子是垂直的,下落的工具物品,还会砸伤下面的人。

(10)注意照明。白天在光线不好的二层舱作业,晚上在舱口作业,都应注意照明,使操作人员看得清孔洞位置和甲板上各类物品分布。

(11)遵守危险品装卸规则,装卸危险品前,应先弄清危险品的性质,装卸注意事项等问题。应采用正确的防护措施,穿戴好防护用具。装卸时要轻拿轻放,防止包装损坏。一旦发生危险品泄漏,工人中毒窒息等事故,一定要冷静处置,不要盲目救援,以免损害扩大。如果发现舱里有人中毒窒息,绝不能盲目下舱,应根据当时条件,或者是用鼓风机向舱内输送新鲜空气,驱散毒气,再下舱救援;或者是戴上有效的防毒面具,做好完备的防护后再下舱。须知盲目救援,只会越救损害越大。

第四节　起落舱作业

件货装卸船起落舱作业,其实质就是利用装卸船机械进行的货物单元的吊上、吊下操作。

件货码头装卸系统中常用的装卸船机械主要有两大类:

1. 岸上装卸设备

岸上装卸设备是指码头前沿装卸船设备,主要有:门座起重机[图1-8a)]、高架轮胎起重机[图1-8b)]、轮胎起重机等。

2. 船舶自备装卸设备

现代件货船舶大多自备装卸船设备,如双杆吊[图1-8c)]、独杆吊、克林吊等。

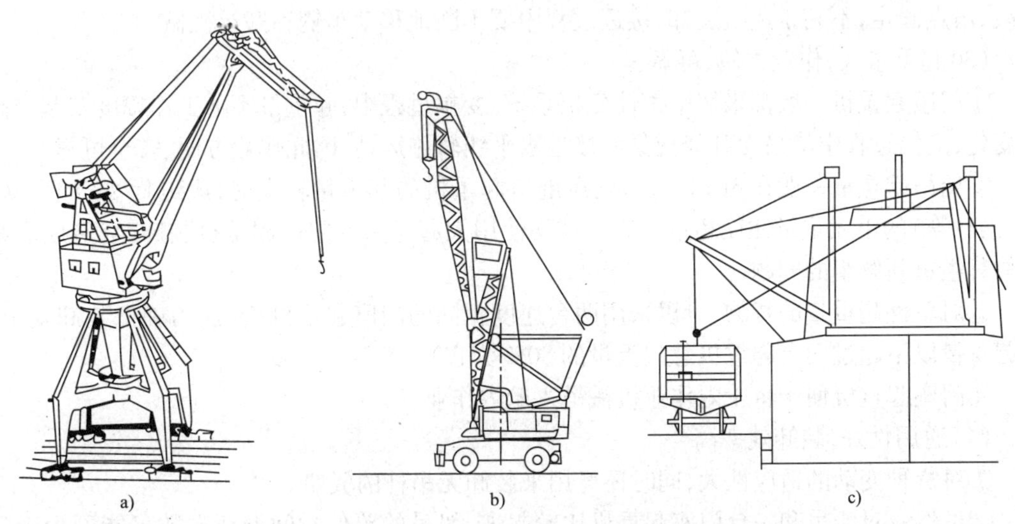

图1-8　件货码头主要装卸船机械

a)门座起重机;b)高架轮胎式起重机;c)双杆吊

一、起落舱作业机械的特点

1. 门座起重机装卸船的工作特点及其参数选择

1)门座起重机装卸船的工作特点

门座起重机是有轨运行、周期性作业的机械,具有起升、变幅、旋转和运行四大工作机构。其工作特点:

(1)起升高度大,能立体交叉作业

①门座起重机的起升高度在轨道面以上22~25m,因此在装卸长钢材和薄钢板等长大货件货物,以及一吊双货组时较方便。

②门座起重机的工作机构是安装在门架上的,因此在码头前沿有铁路车辆通行的场合,由于门座起重机作业的运行轨迹和车辆运行路线是立体交叉而互不影响。

③门座起重机对水位变化的适应性远较船舶吊杆大;在水位差大的固定式码头,低水位船舶吊杆作业困难,甚至无法进行。

④操作室位置高、司机视野好,对司机操作十分有利。

(2)工作幅度大,工作区域宽广

①门座起重机的最大工作幅度一般为25~30m,最小工作幅度约7m,其服务于陆域的面积可达700~1100m^2。因而在“船舶⇔火车”、“船舶⇔卡车”之间换装作业,以及外挡过驳等直取换装作业时,不需移位可同时装卸几辆车辆,以及覆盖多舱口作业,从而使装卸过程中的工艺中断时间大大减少。在进行间接换装时,由于门座起重机具有较大的活动范围,因而便于流动机械的接运。

对于长大件钢材、机械设备,以及需要水转水货物等,门座起重机可直接吊放于其幅度范围内的前沿堆场上,并将这些货物进行装船或装车,减少流动机械搬运作业环节,因此效率高。

②门座起重机工作幅度大,可将货组吊放至舱口的任一点,而船吊的作业运行轨迹是一条直线,吊点固定,不利于成组装卸,接运过程中要不断地移动车辆和搬运机械。

(3)起重量大,作业方便、可靠

①门座起重机一般都采用平衡性变幅系统,变幅过程中,起重量不随工作幅度及起升高度而变化,变幅过程中货吊无升降现象而接近水平线轨迹运动,因此作业方便、安全可靠。

②船吊起重量一般在3t以下,当发运港口起重机的起重量较大时,成组货物(如生铁、纯碱、钢材等)的单元重量往往超过了3t。如不使用大起重量的门座起重机装卸,会造成成组货物的货组重新解组的问题。

③对单件超重量的货物,可以采用两台速度相同的门座起重机抬吊(为确保装卸安全,允许起重量以不超过两台起重机总起重量的80%为宜)。

④门座起重机便于将舱内作业机械吊入舱内作业。

(4)通用性好,装卸效率高

①对货种变动的适应性大,同时还可用来装卸无吊杆的驳船。

②虽然一对船吊和一台门座起重机比较起来,船吊的单位时间循环次数可能不少于门座起重机,但门座起重机便于对重点舱或重点船组织多台集中装卸,和船吊配合则可以同时进行内外舷作业,或者进行铁路、外档驳船直取作业。因此使用门座起重机时,总的装卸速度要比

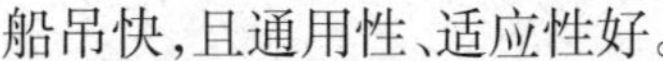

船吊快，且通用性、适应性好。

2)门座起重机有关参数的确定

①件货货种杂、票数多、货批量小，重量大小以及包装形式的多样性，通常都是组成货组起吊，每吊货组重量多为1.2～3.0t左右，但由于考虑到我国件杂货码头上往往有钢材、机械设备等货物的装卸，以及成组运输和吊放舱内作业机械的需要，我国港口件杂货码头门座起重机起重量的选择通常为5t或10t。配备10t起重量的对起吊重件有好处，且作业范围一般都比较大，对大型船舶适应性好。但实践证明，用10t门座起重机装卸件货时，确实有"大马拉小车"，负载率低的现象存在。因此在件货码头上设置的门座起重机以起重量为5t的较为合适。在几个连续泊位上则可配置少量10t起重量的门座起重机，以便装卸重件或其他货物之用。

②门座起重机工作幅度及工作速度的确定

门座起重机工作幅度主要是根据船型的大小，货物装卸情况及装卸要求确定的。在船舶不装载甲板货时，门座起重机的最大工作幅度一般至舱口外侧；在经常堆存甲板货时，门座起重机的最大工作幅度应至船舷外侧。有外挡过驳作业的情况，则应考虑驳船的大小，至少能达到驳船中心线范围。

门座起重机的起重量一般不超过15t，需要更大起重量的作业由起重船进行。从提高生产率和便于操纵的观点出发，门座起重机的其他参数一般为：

臂幅	33m以内；
起升速度	(60m/min)(对吊钩)；(70m/min)(对抓斗)；
旋转速度	2.5r/min以内；
变幅速度	60m/min以内；
运行速度	35m/min以内。

2. 流动起重机装卸船的工作特点

流动起重机包括高架轮胎式起重机、轮胎式起重机、履带式起重机及汽车起重机等。用于装卸船作业的流动起重机主要是高架轮胎式起重机及轮胎式起重机。

1)轮胎式起重机的工作特点

(1)机动性能好，造价低廉。由于机动性好，便于码头前沿作业与库场作业的调遣，甚至不同码头、不同作业区之间的调遣，扩大了轮胎式起重机的应用范围和提高利用率；轮胎式起重机的造价不及门座起重机的十分之一，装卸成本低，经济效果好。

(2)维修保养方便。轮胎起重机结构紧凑，体积小，调遣方便灵活，可进修理车间进行修理养护，减少修理期和保证修理质量。

(3)在装卸小驳船时，由于司机视线好以及吊货索长度小等，操作轮胎式起重机比操作门座起重机方便。

2)使用轮胎式起重机时的注意事项

(1)轮胎式起重机常采用非工作性变幅机构，其起重量是随工作幅度的大小而变化的。通常最大起重量即指幅度最小时的起重量。在装卸作业时，由于要使用较大的工作幅度，因此实际工作的起重量要比最大起重量小得多。否则将影响起重机的稳定性，对作业安全不利。

(2)轮胎式起重机既可以伸出支腿(扩大底盘支承宽度以增加起重机的稳性)作业，也可以不使用支腿作业或吊货运行。但在不使用支腿时，轮胎起重机的起重量要相应减少，根据轮胎负荷而定。

高架轮胎式起重机是在轮胎式起重机的基础上改进而成的,即保留着普通轮胎式起重机的特点:码头前沿不需要安装轨道,既可用于码头前沿装卸船作业,又可到堆场作业,调遣灵活、机动性好,设备可得到充分的利用。操作室离地面高,司机视野好;臂架铰点高,装卸船时不会出现由于船舶干舷高而普通轮胎式起重机不能装卸船舶的现象,方便了装卸作业;配置不同的吊货工属具,可用于件货码头、集装箱码头和散货码头作业,通用性强。

在我国件货泊位上,一般采用门座起重机和船吊或流动起重机联合作业的方式,多年来的实践证明是行之有效的作业组织方式。它兼有上述几种方案的优点。特别在船舶要求速遣的情况下,这种灵活、机动的方式也是符合集中装卸能力的组织作业原则的。在我国现行的内贸船舶装卸费率的情况下,一个泊位上的门座起重机配机台数不宜过多,否则会造成利用率下降,成本上升,利润下降。一般内贸码头上,一个泊位配备1~2台门座起重机较为合适;在外贸泊位上,由于门座起重机装卸费率较高,基本上采用门座起重机作业。

3. 船舶自备装卸设备的工作特点

现代干杂货运输船舶,一般在首、尾货舱和小货舱舱口的一端或大舱(通常又称重点舱)在两端均设置起货设备。起货设备通常为吊杆装置,俗称船舶吊杆,也有采用旋塔形(克林吊)或船舶桥式起重机等。

1)使用船舶吊杆进行船舶装卸作业的优点

(1)码头造价较低。起重量为5t,最大工作幅度为30m的门座起重机,自重为100~125t;起重量为10t,最大工作幅度为30m的门座起重机,自重近200t。门座起重机自重大、轮压大,要求码头有较高的承载能力,因此码头建设投资大。

(2)船舶吊杆结构简单。船舶吊杆结构简单,管理、维修方便,且不需要有专门供电、修理等设施,使用时用岸电或不需岸上供电均可,营运费用低,装卸成本低。而门机结构复杂,其管理、使用、维修保养技术要求都比较高。使用门座起重机方式装卸船舶不仅需要培养司机,同时还要建造修理厂等配套设备以及配备维修人员等。

(3)船舶吊杆不占用码头前沿面积,而使用门机则要占用一部分面积,使前方堆场面积受到一定的损失,如轨距为10.5m,则每个泊位约被占用1400~1900m^2的前沿面积。

2)采用船舶吊杆作业时必须注意的问题

(1)船舶吊杆工作幅度小,吊杆工作时,向码头陆域的伸达点一般不超过7m的距离,货吊的运行轨迹为一条直线,即使吊货索有足够的摆度,其服务宽度一般都不超过4m,因此工作区域极为有限,不超过28m^2,低潮时吊杆在码头上可以达到的范围还要小得多。由于工作区域小,故不便于“船⇔车”间的直接换装。进行“船→库”作业时,船舶吊杆卸在码头上的货物,流动机械必须立即运走;同时,在“库→船”作业时,由流动机械运到码头前沿的货物,船舶吊杆也必须立刻起吊装船,否则稍一延滞,就可能出现货物堵塞,影响装卸进度。

(2)水位差较大的港口,采用船舶吊杆作业时必须验算一下船舶满载低潮时,作业有无困难。

(3)船舶⇔火车直接换装比重大的港口不宜采用船舶吊杆作业。如以铁路车辆为主要疏运方式,且直接换装比重大,则以采用门座起重机较为方便,因为铁路车辆进入码头前沿频繁,会造成船舶吊杆作业经常中断。

(4)陆域狭窄,需要在码头前沿设置多层仓库时,不适宜采用船舶吊杆作业。

(5)当货件单元比较重,且所占的比例又比较大时以采用门座起重机较为有利。

(6)船舶吊杆位置固定,不能移动,只能服务于固定的舱口,不能协作重点舱的装卸,不利于各舱口组织平衡作业。组织平衡作业,常需要岸吊配合。

二、起落舱作业注意事项

(1)作业前及作业过程中,始终保持安全网络处于缚好状态并随着装卸过程的进行而及时调整;进入现场必须戴安全帽,安全帽对坠落物体打击有一定防御作用,特别当安全帽系好扣时,这种抗力更大。所以任何进入操作现场的人,均应戴安全帽,并系好扣。

(2)摘(挂)钩人员要负责指挥装卸机械停放到合理的作业位置。

(3)货关下降至平肩高度才能靠近稳关。注意稳关位置,扶正货关并放稳于装卸搬运机械上。放好货关麻绳,防止拖地损坏。

(4)指挥人员要看清生产现场,集中精神,正确指挥机手(司机),指挥手势要明确,声音清亮。

(5)使用船机卸货作业时,机手要检查、试验、了解吊货设备性能,摆好吊杆位置,拉紧稳索;经常检查稳索松紧度及其连接状况。

(6)"关下"不站人。任何一个进入装卸操作现场的人员,都应注意自己的上空,随时观察货物移动方向,防止意外伤害。无论在舱内作业还是在码头前沿、场地上作业,都应注意绝对不要站在"关下"。"关下"既包括垂直运输机械吊具的垂直下方,也包括其可能经过路线的垂直下方。可能站在或经过这些位置的有装卸工,也包括理货人员、调度人员、水平运输机械司机。有时绝对不站在"关下",或不经过"关下"是不可能的,尤其是在舱内作业时,船吊作直线移动,在这个区域下方舱位的货物也必须装卸。在这些危险区域作业的装卸工,应时时保持警惕。当上方有货物经过时,应停止作业并离开该区域,绝不能存侥幸心理。值得注意的是:当起重机吊着货物时,可能发生物体坠落;当起重机没吊货物时,也可能发生吊钩等本身的意外坠落。甚至在起重机静止没有作业时,吊具也有坠落的可能性。因此,装卸作业人员应注意在任何情况下,都尽量不站在"关下"。

(7)"关路"不站人主要是指船舶甲板上、码头前沿和场地上,不要站在货物与吊具可能经过的路线上。如果在这些路线上有人,"重关"出舱时,货物可能伤害人;"轻关"进舱时,吊具也可能砸伤人,或钩住人的衣服,造成意外坠落。对双杆的船吊,要注意一条直线;对其他垂直运输机械,要注意吊具垂直下方所划出的一个圆弧。操作人员在船舱、甲板或场地作业时,应注意不站"死角",即无可退避的位置。当货物发生意外走动时,也可及时避让。

第五节 水平搬运作业

一、水平搬运机械种类及要求

运输是指通过运输手段使物品在不同地域范围间运动,以改变物品的空间位置为目的的活动。运输和搬运的区别在于运输是较大范围的活动,而搬运是在同一地域之内的活动。港口装卸过程中的水平搬运作业工序,通常是指码头前沿作业地带⇔库(场)、库(场)⇔车辆装卸区或码头前沿作业地带⇔车辆装卸区的运输过程。港口使用的水平搬运机械主要有叉车、牵引车挂车、汽车、蓄电池搬运车等。对水平搬运机械的要求:转弯半径要小,机动灵活;载重量应与码头前沿装卸船机械的起重量相适应。

二、水平搬运机械的选择

水平搬运机械的种类很多。在具体的装卸操作过程中,采用何种水平搬运机械为合适,要根据各码头的具体条件而定。

实践表明,距离100m内使用蓄电池叉式装卸车,距离100~200m使用内燃机叉式装卸车,距离200~500m使用牵引车挂车,距离500m以上使用汽车较合理。

这是符合终点站时间最短原则的。所谓终点站时间,是指单位时间内的搬运周转量在库(场)卸车、堆码过程的等待时间。周转量即搬运货物的重量(t)与搬运距离的乘积(t·km)。显然地,在水平搬运过程中,运输距离短,则每搬运周期相对运行时间少,减少终点站时间的关键主要在于终点站卸车、堆码时间的减少;运输距离长,则减少终点站时间的关键在于提高单位时间内的搬运周转量。

1. 叉车(叉式装卸车)的特点

叉车是一种既可作短距离水平搬运作业,又可堆拆垛和装卸卡车、铁路平板车的机械。其特点是:机械化程度高、机动灵活性好、可以"一机多用"、有利于开展托盘成组集装运输、与大型起重机械相比,成本低、投资少,能获得较好的经济效果。

叉车的动力源主要有汽油、柴油、蓄电池、液化石油气等几种。汽油机体积小,但燃料费用高,一般应用在2~3t以下的叉式装卸车上,柴油机燃料费用较低,但体积大,因此起重量大的柴油机叉车通常用于货场作业。蓄电池装卸车具有无废气污染、噪声小等优点,但蓄电池需经常充电。

叉车的主要取物装置是货叉。使用货叉作业要配备必要的工具,如垫木,万能货板等。在配备与使用各种取物装置如旋转夹、铲斗、圆木夹、串杆、起重臂、夹抱器等时,可以适应各种品种、形状和大小不同的货物的装卸作业,如图1-9所示。叉车常有万能装卸机之称。旋转夹不但有很好的夹抱功能,还能进行货物的翻转作业,最适合于桶状货物的装舱作业和库(场)的堆垛或拆垛装车作业等;铲斗可用于装卸散料货物,扩大了叉车的适应性;圆木夹用于装卸、搬运木材,其上的夹抱机构有效地防止木材在运输途中的翻滚;串杆用于装卸盘圆、卷钢板等中间带孔的货物;起重臂用于起吊货物;夹抱器可直接夹抱捆状、箱状等无叉孔、无起吊装置的货物。

叉车作为水平搬运机械,由于每次搬运货物的单元有限,运行速度也不能过快,但堆拆垛无须辅助作业,装卸速度快,因此作为短距离的水平搬运机械作业,不但机械化程度高,而且经济效果好。

2. 牵引车挂车的特点

牵引车俗称拖车一般为内燃机驱动,如图1-10a)所示。件货码头使用的挂车多为平板车,如图1-10b)所示。牵引车挂车一般由两部分组成,以牵引车作为动力,以平板车作为载货挂车,成组使用,可以一拖一挂、一拖两挂、一拖三挂。一般而言,搬运距离远、道路条件好,库场堆拆垛场地宽敞的情况下可采用一拖两挂、一拖三挂，能充分地利用牵引车的动力。平板车（挂车）结构简单，维修保养方便，机械故障少，工作台面低，也有利于人工堆（拆）垛装卸货作业。

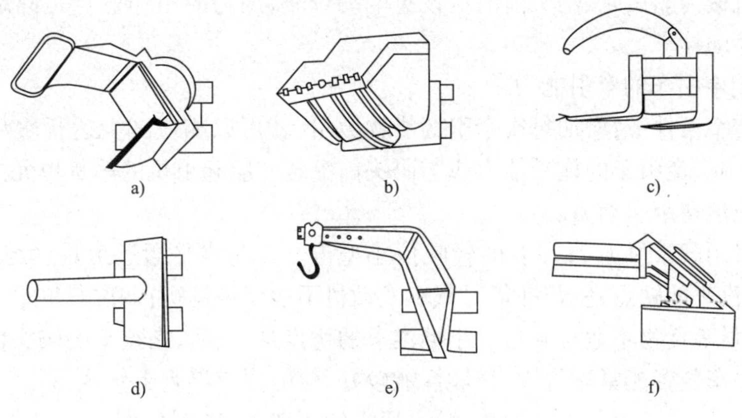

图 1-9　叉车的常用工属具

a）旋转夹；b）铲斗；c）圆木夹；d）串杆；e）起重臂；f）夹抱器

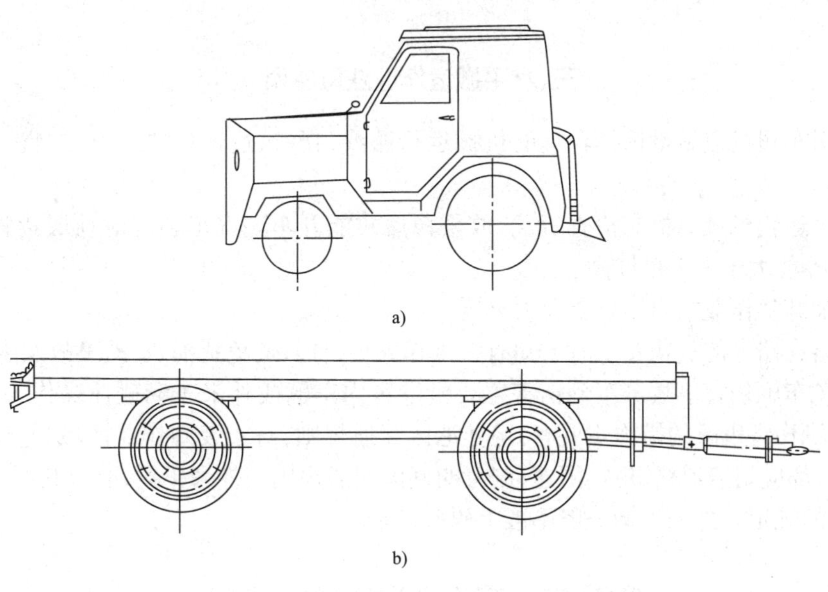

图 1-10　牵引车挂车

a）牵引车；b）平板车

合理使用牵引车挂车的方法：

1）循环拖带

采用循环拖带，尽可能减少牵引车因装卸货而停止运行的时间。一般一台牵引车配备 3 组挂车，每组挂车根据牵引车的牵引力、挂车的载重量，以及现场作业条件由若干辆挂车组成。我国港口件货码头，一般一台装卸船起重机，配备一台牵引车组成作业线。一台牵引车通常拖带 3 组挂车，循环拖带。一组在码头前沿装（卸）船；一组在库（场）拆（码）垛；另一组在拖带运行。理想的作业状态为：拖带货物的牵引车挂车到达库场时，库场平板车上的货物已经堆码完毕,拖车放下重载平板车待库场堆码,换拖已卸空的平板车向码头前沿运行,到达码头前沿时,码头前沿的平板车已装载完毕,拖车卸下空平板车换拖重车返回库场,如此循环。国外有的港口一台牵引车拖带 4 ~6 辆挂车,与 2 ~3 台装卸船起重机配合作业。

当装卸船机械为船吊时,码头前沿应设置电动绞车,因为船吊作业点是固定的,在作业过程中需要依次移动挂车。

2)充分利用牵引车的牵引能力

在同样生产率条件下,增加每次牵引的货物数量,就可以相应减少运行次数,从而减少燃料消耗,节约成本。牵引车的拖带能力应与码头前沿装卸船起重机的吊货单元成比例关系,避免货物的解组或浪费牵引动力。

有的港口采用载重量为2t左右的轻吨位小型汽车作为水平搬运工具。与牵引车挂车比较,轻吨位小型汽车的缺点是:装卸货时汽车发动机不能用于运行;一次载货量小;对货物的适应性较差,长钢材等货物不适合载运。小型汽车的优点是:灵活,在狭窄的码头作业比较方便,在仓库内作业停车位置能紧靠货垛;爬坡性能较好,较能适应浮码头作业。

码头后方库场,一般离码头的距离较远,通常使用载重量较大的汽车作为搬运工具。随着公路运输的发展,货主和运输公司的汽车往往直接行驶到件货码头前沿,进行船舶与汽车之间的直接换装。

三、水平搬运作业注意事项

(1)牵引车司机应尽量选择合理的机械运行路线,拐弯、过道口要一看、二慢、三通过,注意安全行驶。

(2)水平运输机械司机应检查货关,放平稳后才能开车。汽车装运时顶层货物高度超出汽车太阳架不能大于1/2单件高。

(3)参加卸货作业的内燃机要套灭火罩。

(4)掉落在路上的货物要及时通知有关工作人员拾回,避免货损、货差事故发生。

(5)避免车辆伤害事故。车辆伤害主要指港区内车辆或外来车辆碰撞操作人员,发生伤害。避免车辆伤害事故的措施主要有:遵守港区交通规则,对于装卸作业区域,仓库和企业内的生活区等,都应划清道路,规定限速,制订明确的交通规则。外来车辆,要求其严格遵守港区内交通规则的规定。外来车辆一般不准上码头前沿。

第六节　库(场)内、车内作业

港口库场是货物的集散场所,在进出口货物与运输工具之间起衔接作用;也是货物在一定时间内的储存场所,在运输过程中起缓冲和调节作用,包括出口货物的集货和进口货物间接换装时的货物临时存放作业。其基本作业是进库货物的卸车、堆码,出库货物的拆码、装车;同时也是进行货运作业,办理商务手续的场所。

一、库(场)内作业的种类

库(场)内作业常伴随着车内作业,即卸车或装车。火车主要有敞车和棚车两种。汽车多

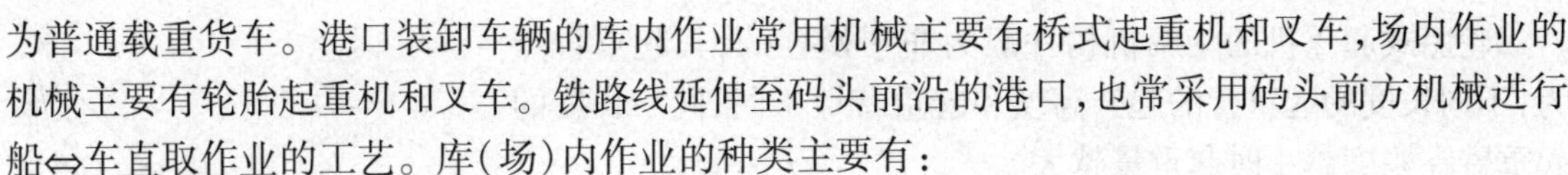

为普通载重货车。港口装卸车辆的库内作业常用机械主要有桥式起重机和叉车，场内作业的机械主要有轮胎起重机和叉车。铁路线延伸至码头前沿的港口，也常采用码头前方机械进行船⇔车直取作业的工艺。库(场)内作业的种类主要有：

1. 港内换装要求的作业

它是指满足港口换装过程中的必要工序所进行的装卸车作业。港内换装作业车辆主要是平板车。

(1)人工卸(装)平板车⇔堆(拆)货垛(库内散件堆存常用此方案)；

(2)平板车⇔叉车⇔货垛(库内成组堆存常用此方案)；

(3)平板车⇔桥式起重机⇔货垛(重件单元货物常用此方案，如卷钢板、捆装钢材、大型机电设备等)；

(4)平板车⇔轮胎起重机⇔货垛(库场人工散件堆存)。

2. 货物集散要求的作业

它是指货物以陆路进出港收货与发货所进行的装卸车作业。货物集散作业车辆主要是汽车或火车。

(1)汽车⇔货垛(库内人工散件堆存)；

(2)火车⇔桥式起重机(轮胎起重机)⇔平板车⇔库(场)(散件堆存或成组堆存)；

(3)火车⇔桥式起重机⇔库(散件堆存或成组堆存)。

二、库(场)作业机械的种类

1. 桥式起重机

桥式起重机(图1-11)一般架空布置于仓库堆存空间的上方，轨道支承于仓库建筑物立柱的牛腿之上。桥式起重机有起升、小车运行和大车运行三个工作机构，工作范围为吊具最大起升高度、仓库跨度与长度所包容的长方体空间，服务范围广、起重量大。因此常用于重件仓库的专用设备。如卷钢板、捆装钢材、大型机电设备等专用仓库，常配合专用吊货工属具使用，如配备平放卷钢板夹具、钢板夹钳等。自动化程度高，生产效率高、安全可靠。也可用于库内成组堆存、散件堆存提升货组等，通用性好。

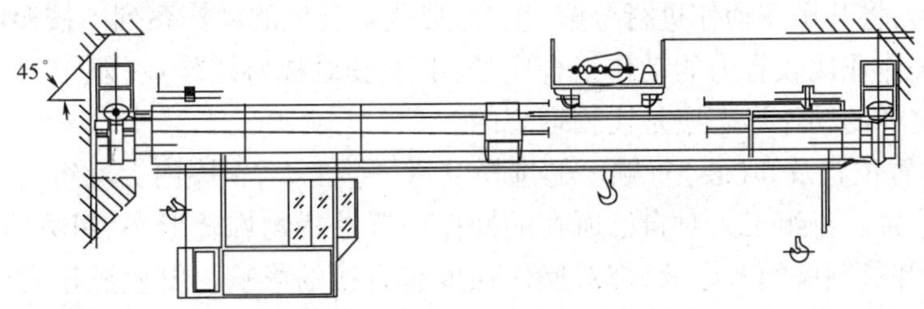

图1-11　桥式起重机

2. 轮胎式起重机

轮胎式起重机(图1-12)为流动机械，具有起升、变幅、回转和运行4个工作机构。其特点是流动性好，调遣方便、灵活。既可作堆场作业机械，也可调遣到码头前沿进行小型船舶、货驳的装卸船作业、或配合码头前沿主体机械进行重点舱的赶时速遣作业。

轮胎式起重机的变幅机构一般为非平衡性的，其起重特点为：不同长度的起重臂的起升高度和起重特性不同；同一长度的起重臂在幅度越小时起重量越大。

轮胎式起重机作为堆场机械，可用于成组货物堆存吊装，也可用于散件堆存时提升货组至货堆之上，供人工堆码。正是由于轮胎式起重的上述特性，使用时一般将臂架调整至45°倾角。因为，角度过大、货组体积过大，会影响轮胎起重机的有效起升高度；若角度过小，则会影响轮胎起重机的有效起重量。

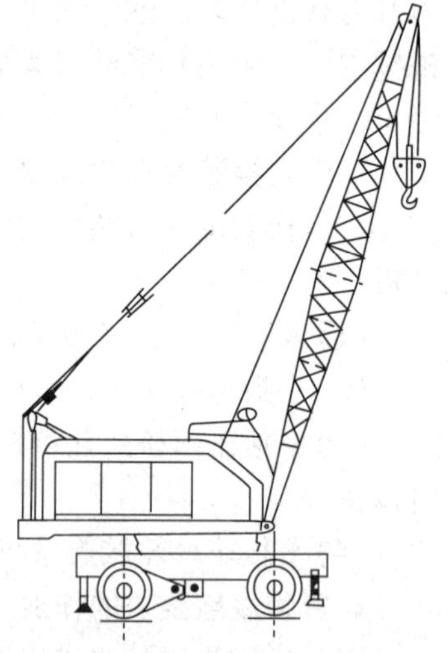

图1-12　轮胎式起重机

3. 装卸车过程

1）起重机装卸车过程

港口库场利用起重机装卸车，实际上是利用起重机的起重功能，即吊上吊下作业，比较适合于成组运输。但目前件杂货的陆路运输仍多采用散件运输。在装卸车的过程中，起重机只适合敞车的上装、上卸作业。车内仍以人工堆装为主。卸车时人工组关，库内可采用成组堆存或散件堆存，视港口成组工具而定。

和舱内组关一样，人力组关的体力消耗很大。影响其作业强度的因素通常有以下几个方面：

（1）两个工人配合的默契程度。协同组关的两个工人，往往有相对固定的搭配。而且在两个工人中，往往由一个为主，一个为辅。由比较有经验的工人，决定网络放置的位置、拆垛货物的顺序及网络堆码的顺序等，而另一个工人则主要配合作业，这样一组工人的作业思路就比较清晰，每一关网络放置也合理，操作效率也很高。

组关操作中工人搭配的这种选择，一般是下意识形成的。如果作业管理者有意识地加以引导，则可形成很多长期配合的默契"搭档"。固定搭配，动作配合默契，可以避免一个发力、一个尚未发力；一个朝东、一个朝西的失误，操作相对省力。对改进操作，提高组关效率肯定大有好处。

（2）工人的操作动作。对几组动作配合最协调、操作效率最高的工人进行录像，然后对录像资料进行分析，将其操作动作进行分解、组合，形成最合理的动作系列。按照动作经济原则，袋货或箱货组关作业比较省力的动作组合应是：上下肢对称协调作业；躯干动作尽量小；弯腰程度尽量小。这样的动作形态应是比较理想的。

（3）网络放置位置及卸（装）货顺序的选择。每一组工人，在库内拆垛组关时，总有一个相对固定的操作位置。每组工人对自己所在的操作位置及货物堆叠形态、组关货物时其网络的放置位置、合理卸货顺序的考虑等，都对操作强度有直接的影响。要使操作省力，对货物与网络（或托盘）的空间位置关系必须十分重视。这里存在两个重要的"度"：一是待卸货物是在网络的上面、同一平面还是在下面；二是待卸货物离网络的距离。按动作经济原则并充分利用重力原理，货物应尽量在网络的上面，即所谓"高站台、低货位"原理。

例如，标准关型为5个"袋高"时，则货物原来的堆叠形态，较理想的应该是7个袋高。这样就可以做到，前三袋均为自上取货，利用重力向下堆码，第四袋其"高"正好持平，第五袋才需要自下取货，向上堆码。库内不可能自然形成这样的货物堆叠形态，这就需要有经验的装卸工人合理选择卸货顺序,有意识地形成这样的货物堆叠形态。待卸货物离网络的平面距离当然也应该是越近越好,但这里应考虑的不是某几袋货物距离网络很近,而是整关货物的平均搬运距离最近的问题。这就需要考虑一个动态的水平距离的变化问题。如以 4 个"脚宽"的关型为例,组关时,有经验的工人往往先把网络折叠起来,尽量靠拢货堆,先堆码最远端的两个"脚",取得最近的水平搬运距离。然后将网络逐渐展开,按从远端到近端的顺序组关,这样就能达到整关货物平均搬运距离最近。可以计算,如果网络一下展开,则每袋货物平均搬运距离为 4 个袋宽;而先将网络迭起一半,待组关完此一半后再将网络逐渐展开,则每袋货物的平均搬运距离可缩短为两个袋宽,甚至更短,作业就更省力了。

2)叉车装卸车过程

对于铁路棚车的装卸,叉车是比较合适的。叉车可以通过月台直接把货物送达车内,成组运输或散件运输均可。叉车装卸卡车的情况和装卸铁路车辆的情况大体相同,但无论是装卸普通载重卡车还是装卸厢式卡车,大都从车尾作业,如图 1-13 所示。

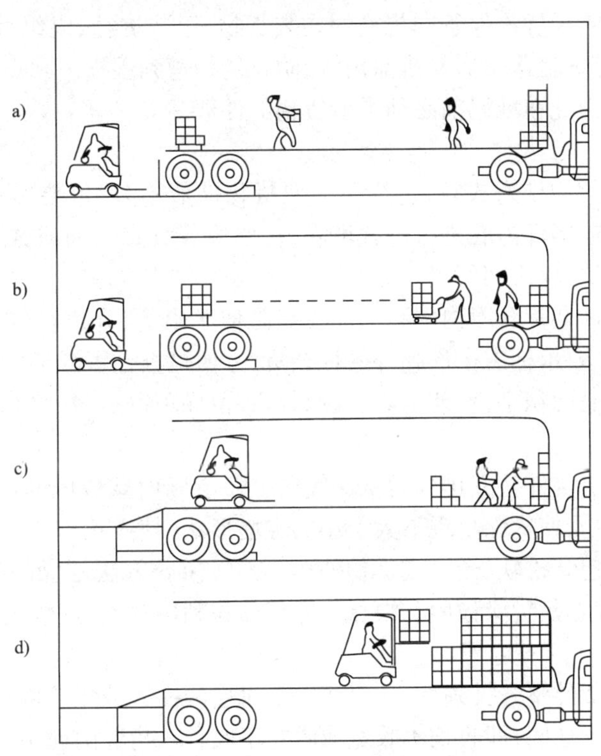

图 1-13　叉车装卸卡车的基本过程

图 1-13a)所示为传统汽车散件运输的装车过程,可视为不要装车台,利用叉车的举升功能,直接从车后尾板处将货组送入车厢,车内由人工搬运堆装。

图 1-13b)所示为在图 1-13a)的基础上,车内搬运使用人力车。

图 1-13c)所示为通过装车台,叉车将货组送入车厢内,再由人工堆装的情况。

图 1-13d)所示为成组运输的情况,通过装车台,叉车直接进入车厢成组堆放。

不难看出,改进装卸车工艺是提高装卸车效率的重要途径;成组运输是一种高效率的运输,但需要成组工具,目前普及率还不是很高。

三、库场货物的垛型

垛型是指货物经堆垛后货堆的形状。在确定货物的码垛形式以及货垛的大小、高度时，要考虑到货物的理化性质、批量大小、包装质量、形状、保管场所（仓库或堆场），以及库场面积、负荷、净空高度和操作搬运工具、季节、保管时间等条件。码垛主要形式有如下几种：

1. 平台垛

此类垛型成长（正）方形，垛顶呈平面，每层件数相同。采用重叠法或纵横压缝法堆垛。

这种垛型适用于库内堆垛同规格的箱装货物、成组货物等。其优点是整齐、便于清点、查核，有效面积浪费较小。缺点是采用重叠法堆成的垛形不够稳固，不能堆得太高。

2. 起脊垛

起脊垛是先按平台垛堆码，待堆到一定层数以后，再开始压缝起脊（两面逐步收），直到顶部收尖成屋脊形。

这种垛型多用于露天货物保管同规格的袋装货物、箱装货物、成组货物等。如纯碱粉、化肥、饮料等。其优点是覆盖篷布后易排泄雨水，防止货物遭到湿损。缺点是拆关堆放的货物较难点清货物的件数。因此在堆码前必须点清货物的件数。

3. 行列垛

行列垛是将每票货物排列成行，适用于一票货物件数不多，包装形式各异的零星件杂货物。堆码方法以单件或多件为底进行重叠堆垛，每票堆成具有一列或数列的小货垛。为防止差错，常一票一垛。垛与垛之间留出一定间隔。

这种垛形适用于件杂货仓库内堆码。其优点是便于出货、分票、计数。出货后仓位虽小，亦可利用，尤其适用于要求标志全部朝外的件杂货，方便检查是否混唛。如日用百货、小五金、危险品等。缺点是垛底面积小，不能堆高，且垛数多，留垛距也多，有效面积浪费较大。

4. 宝塔形垛

宝塔型垛是将底层货件整齐排列后从垛底向上每层四面减数压缝堆垛，即上层的每件货物压住下层的四件货物，使货垛呈现下大上小的宝塔形状（棱锥状）。

这种垛型适用于包装松软、光滑或货物外形不易按重叠方法堆垛的货物。如缸或坛装的酒、榨菜等货物。其优点是货垛稳固。缺点是库场面积利用率差，点数较难。

5. 梯形垛

梯形垛是将底层货件整齐排列后，从垛底向上每层两面减数压缝堆垛，即将上层的每件货物压住下层的两件货物之间，即收长不收宽或收宽不收长。货垛两面呈现梯形或三角形。

这种垛型适用于内外横卧或直立堆码的桶（筒）状货物。如汽油桶、烧碱桶、卷筒纸、盘圆等。其优点是垛型较稳固，易于点数。缺点是库场面积利用率稍差。横放桶（筒）货堆垛时，底层两端必须用木楔垫紧，以防滑动。

6. 井形垛（十字垛、格子垛）

井形垛是将货件一层横一层直地堆垛，每层件数相同或每两层件数相同，从垛顶俯视呈井字状。

这种垛型适用于钢材、钢管、木材等长形货物。其优点是垛型稳固，易于堆高，且便于点清货件。缺点是操作较费工，场地宽度要求大。在堆码井型垛时，应不超过库场安全技术负荷定额,每层要在两端用木楔卡牢,并用绳子捆扎,以防滚动。

四、库(场)内、车内作业注意事项

(1)车上作业人员中,应指定专人配合机械作业;

(2)装棚车时,应优先配用带夹具铲车;

(3)夜间装卸作业照明,应使用低压灯照明;

(4)在选择用于装卸卡车或铁路平板车的叉式装卸车机型时要注意货叉的长度,叉架的宽度和起升高度。因为货叉太短,难以把尺寸较大的货物放到车辆的中间,或从车辆中把货物取出,叉架宽度不够或起升高度小,则薄钢板会因两端下垂太长而装车不便。

第七节　件杂货码头装卸作业组织

港口装卸作业组织即是港口装卸公司(装卸队)根据调度指挥部门对装卸任务及作业要求(昼夜船舶装卸轮班作业计划、单船作业计划等),对其机械设备、工属具及人员等进行落实的具体安排。

一、基本组织程序

1. 指泊计划

是指当港口生产调度部门接到船舶到港的预报后,认真分析船舶积载情况,根据船舶尺度、吃水要求,船上所载货物的种类及保管要求,特殊货物(长件货物、重件货物、易腐货物等)的装卸要求及其在各舱的分布,以及重点舱情况等,结合港口条件(包括泊位条件、机械设备条件、库场保管条件)及各泊位当前作业情况等,寻求能力与任务的平衡,对该船所作出的停靠泊位计划的安排,即确定船舶的具体停靠位置,并纳入昼夜船舶装卸轮班作业计划及单船作业计划正式下达。

2. 根据港口装卸工艺标准配置装卸作业线能力

港口装卸工艺标准又叫作业技术标准(或称工艺卡),是船、车装卸、堆码的技术文件。

所谓工艺卡(港口装卸工艺标准)是指在一定的生产技术和生产组织条件下,以泊位区的专业方向作为基础,根据不同货种、船型、车型和不同的装卸作业条件,规定出的不同装卸工艺流程、操作过程和搬运方法的标准。

经过港口的主要货物都要按进口和出口编制工艺卡。工艺卡按规定的格式编制并装订成册。港口的计划、调度、安全监督、劳动工资等部门都应备有工艺卡汇编。工艺卡汇编有两种类型:一类是规范型的,它反映港口已经在实行的工艺流程;另一类是试验型的,适用于初次到港的货物,或用来在现有营运条件下检验新设计的工艺。

工艺卡是港口推行先进工艺,实施工艺管理、监督工艺纪律的重要手段,是衡量港口车船装卸作业的质量、效率、成本的综合标准,是组织生产的依据。工艺卡一般包括如下内容:分配各作业环节的人数、计算作业线生产率、规定作业标准和安全事项等。

二、作业组织实例

例1　某港作业区3号泊位港口装卸工艺标准如表1-1所示。表中图1-14为该泊位作业

机械化系统。

现根据长治 3 号轮的到港指泊及相关作业安排过程说明如下：

长治 3 号轮，载有袋装精盐 2720t，确报 5 月 5 日 14:30 抵港。船舶各舱载货量分别为：一舱:400t、二舱:1000t、三舱:800t、四舱:520t。计划在港停留时间 18 小时。

1. 安排泊位（指泊计划）

纳入昼夜船舶装卸轮班作业计划、单船作业计划，其考虑的依据在于：

（1）考虑是否能停靠专业化泊区。在此 3 号泊位恰好是进口袋装精盐的专用泊位，包括仓库等，并有完整的港口装卸工艺标准，可直接参照执行。操作过程为：船→库，拟采用的装卸工艺流程为：船（人力组关）→门座起重机→牵引车挂车→库（人力堆码）。

（2）为了合理调配机械和人力，满足船期为 18 小时的时间要求，合理地配置装卸作业线的能力，其主机台数（或同时开工舱口数的确定）：

$$N_{主} = \frac{q}{T \cdot P_{主}} = \frac{2720}{18 \times 40} = 3.78 \approx 4(台)$$

式中：$N_{主}$——计算所需主机台数，台；

q——船舶载货吨数，t；

T——船舶要求的装卸时间，h；

$P_{主}$——主机小时生产率，t/（台·h）。

事实上，该泊位可同时开作业线 5 条，根据装卸标准规定时间 18 小时的要求，开出 4 条即可满足作业要求。

2. 有关装卸工艺标准制定的计算

该精盐为尼龙袋包装，每袋净重为 50kg，舱底作业采用人力装网络（1.7m×1.7m），标准关为 40 袋（2t）；吊机平均周期为 180s，牵引车平均每次拖带 4t，平均周期时间为 320s，船舱内每两人一组，每组一关货物花费 340s（包括摘挂钩时间），库场堆码作业每两人一组，堆码一关货物平均需要时间为 335s。

港口装卸工艺标准

某作业区 3 号泊位　　类别：规范性　　　　表 1-1

货种： 袋装精盐	规格： 80cm×40cm×30cm	件重： 50kg
装卸机械系统： 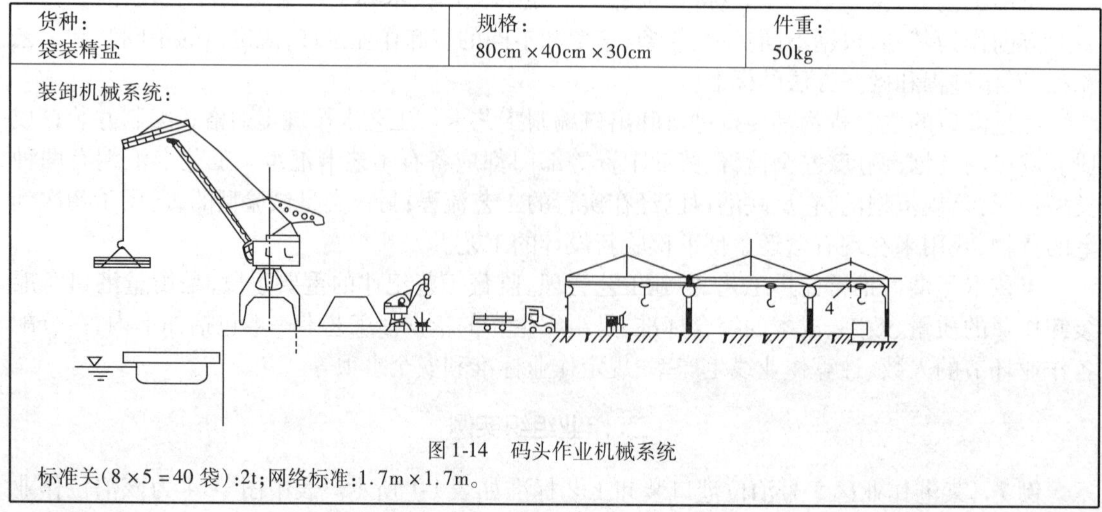 图 1-14　码头作业机械系统 标准关（8×5=40 袋）:2t；网络标准：1.7m×1.7m。		

续上表

主要操作过程	作业线主要技术经济指标
船(人力做关)→起重机→牵引车挂车→库(人力堆码) 可同时开作业线5条	作业线各环节人数:13人。其中:门机司机2人;牵引车司机1人;舱内人力做关4人;码头前沿摘挂钩2人;库内堆码4人 作业线生产率:40t/h;工班定额:244t(工时利用率90%) 每个人的工班产量:18.8t;机械操作比重:50%
船(人力做关)→起重机→驳(人力堆码) 可同时开作业线5条	作业线各环节人数:15人。其中:门机司机2人;舱内人力做关6人;驳船内人力堆码6人;桥板指挥手1人 作业线生产率:60t/h;工班定额:366t(工时利用率90%) 每个人的工班产量:24.4t;机械操作比重:33%
说明:船→驳直接外挡过驳时,每条作业线须设桥板指挥手1人 货物库内堆码形式:齐缝式紧密垛,垛高12层	

(1)主机生产率:

$$P_{吊}=3600/180\times2.0=40(t/h)$$

(2)水平搬运机械的配置:

牵引车台时生产率:$P_{牵}=3600/320\times4.0=45(t/h)$

牵引车台数配置: $n_{牵}=40/45=0.89$(台),取1台

(3)装卸工人数配置:

舱内工人配置: $P_{舱}=3600/340\times2=21.2(t/h)$(每组两人)

$N_{舱工}=40/21.2\times2=3.8$(人),取4人

库内工人配置: $P_{库}=3600/335\times2=21.5(t/h)$(每组两人)

$N_{库工}=40/21.5\times2=3.7$(人),取4人

则该操作过程每条作业线所需要装卸工人数为13人,其中:

舱内作业:4人;

开关手和岸边摘挂钩的工人:2人;

库内作业:4人;

起重机司机:2人;

牵引车驾驶员:1人;

(4)工班纯作业时间:

$$t_{纯}=(8-t_{工范})\times f_{修正}=(8-t_1-t_2)\times f_{修正}$$
$$=(8-0.67-0.67)\times0.9=6.1(h)$$

式中:$t_{纯}$——纯作业时间;

$t_{工范}$——工时规范时间;

t_1、t_2——分别为工人吃饭休息时间;准备和结束等辅助时间,各为40min;

$f_{修正}$——作业修正系数取0.9。

胶带输送机司机配工表　　表1-2

机械名称	每组台或米数(台或米)	每组每班值勤司机人数(人)	定员(人/组)		
			一班制	两班制	三班制
移动胶带输送机	3	1	1	2	3
固定胶带机	100	1	1	2	3

起重机械、装卸机械司机配工表 表 1-3

<table>
<tr><th rowspan="2">机 械 名 称</th><th rowspan="2">每班执勤司机(人)</th><th colspan="3">定员(人/组)</th></tr>
<tr><th>一班制</th><th>两班制</th><th>三班制</th></tr>
<tr><td>门座起重机、龙门起重机、集装箱装卸桥、集装箱跨运车、汽车起重机、轮胎起重机、履带起重机、浮式起重机、单斗装载机</td><td>2</td><td>$2\frac{1}{3}$</td><td>$4\frac{2}{3}$</td><td>7</td></tr>
<tr><td>叉式装卸车、牵引车、蓄电池车、小型、简易起重机(如苏州吊)、螺旋卸车机、链斗卸车机、螺旋喂料机、堆料机、滚龙机、链斗装载机</td><td>1</td><td>$1\frac{1}{6}$</td><td>$2\frac{1}{3}$</td><td>$3\frac{1}{2}$</td></tr>
<tr><td>门式滚轮堆料机、翻车机、斗轮式取料机、吸粮机、袋货装船机</td><td>2</td><td>$2\frac{1}{3}$</td><td>$4\frac{2}{3}$</td><td>7</td></tr>
</table>

(5)工班作业量:

$$P_{班} = P_{纯} \times P_{线} = 6.1 \times 40 = 244(\text{t/工班})$$

机械司机要求持证上岗,按专机专人配备,其值班司机人数对不同的机械有不同的要求,具体要求见表 1-2 胶带输送机司机配工表和表 1-3 起重机械、装卸机械司机配工表。

三、组织平行作业

本案例计划安排 4 台生产率分别为 40t/(台·h)的门座起重机进行装卸,即开工作业线为 4 条。船舶各舱载货量分别为:一舱:400t、二舱:1000t、三舱:800t、四舱:520t。全船最短的装卸作业时间为:

$$T_{最少} = \frac{全船载货量}{船舶装卸生产率} = \frac{400 + 1000 + 800 + 520}{40 \times 4} = 17\text{h}$$

事实上,各舱需要的作业时间分别为:

一舱:$t_1 = \frac{400}{40} = 10\text{h}$;二舱:$t_2 = \frac{1000}{40} = 25\text{h}$

三舱:$t_3 = \frac{800}{40} = 20\text{h}$;四舱:$t_4 = \frac{520}{40} = 13\text{h}$

显然,二舱和三舱不能按照全船最短的装卸作业时间完成,必须重新分配每台起重机在各舱口的作业时间。具体安排时间见表 1-4。

作业机械舱时分配表 表 1-4

<table>
<tr><th rowspan="2">舱　别</th><th rowspan="2">载货量(t)</th><th colspan="17">作 业 进 度(h)</th></tr>
<tr><th>1</th><th>2</th><th>3</th><th>4</th><th>5</th><th>6</th><th>7</th><th>8</th><th>9</th><th>10</th><th>11</th><th>12</th><th>13</th><th>14</th><th>15</th><th>16</th><th>17</th></tr>
<tr><td>一</td><td>400t(10h)</td><td colspan="17">11111111111111111111111111111111111</td></tr>
<tr><td>二</td><td>1000t(25h)</td><td colspan="17">11111111111111111111111111
2222222222222222222222222222222222222222222222222222222222222
33</td></tr>
<tr><td>三</td><td>800t(20h)</td><td colspan="17">33333333333333333333333333333333333333333333333333333333333
444444444444</td></tr>
<tr><td>四</td><td>520t(13h)</td><td colspan="17">4444444444444444444444444444444444444444444444444</td></tr>
</table>

注:表中 1111~;2222~,3333~,4444~表示该号起重机及其在各舱的工作时段。

一舱:1 号起重机在本舱作业 10h 后,移至二舱作业 7h;二舱:2 号起重机在本舱作业 17h,

1 号起重机作业 7h,3 号起重机作业 1h;三舱:3 号起重机首先支援二舱作业 1h,然后回至三舱作业 16h,4 号起重机在三舱作业 4h;四舱:4 号起重机首先移至三舱支援作业 4h,再回至四舱作业 13h。

若船舶有速遣要求或港口有压港现象,此时,港口必须充分利用码头的装卸船能力,尽可能快速装卸船。

例 2　设某船舶有 4 个舱口,各舱载货量分别为:一舱:800t、二舱 2200t、三舱 1800t、四舱 1200t,全船共载货 6000t,所载货类各舱相同,使用岸上 5 台门机装卸,台时生产率为 50t/(台·h),并假定每一舱口开双头作业时,门机装卸互不干扰,求全船最短作业时间及门机在各舱作业时间的分配。

(1)求全船最短的装卸作业时间:

$$T_{最小} = \frac{全船载货量}{船舶装卸生产率} = \frac{6000}{50 \times 5} = 24\text{h}$$

(2)求各舱需要的装卸时间:

$$一舱:t_1 = \frac{800}{50} = 16\text{h};二舱:t_2 = \frac{2200}{50} = 44\text{h}$$

$$三舱:t_3 = \frac{1800}{50} = 36\text{h};四舱:t_4 = \frac{1200}{50} = 24\text{h}$$

(3)确定重点舱并平衡舱时:

因为　$t_2 > T_{最小};t_3 > T_{最小}$

所以二、三舱是重点舱。具体对各舱的安排调整见表 1-5。

一舱:1 号门机在一舱作业 16h 后,调至二舱作业 8h;二舱:1 号起重机作业 8h,2 号门机作业 24h,3 号门机在二舱作业 12h;三舱:3 号门机在二舱作业 12h 后,调至三舱作业 12h,4 号门机在三舱作业 24h;四舱:5 号门机在四舱作业 24h。

作业机械舱时分配表　　　　表 1-5

舱　别	载货量(t)	作业时间分配(h)											
		2	4	6	8	10	12	14	16	18	20	22	24
一	800(16h)	11111111111111111111111111111111111111111											
二	2200(44h)	1111111111111111111 22222222222222222222222222222222222222222222222222222222222222 3333333333333333333333333333333											
三	1800(36h)	3333333333333333333333333333333 44444444444444444444444444444444444444444444444444444444444444											
四	1200(24h)	55555555555555555555555555555555555555555555555555555555555555											

现代很多间杂货船舶,都自备有船舶装卸设备。当港口繁忙,装卸机械紧张时,船舶可以利用自备的装卸设备自行装卸,同时还可以降低装卸成本。

一般地,船舶自备装卸设备为固定式,即不能移动,对平衡作业组织不利。这时船舶可以少量租用港口装卸设备,协同平衡作业组织,对提高船舶装卸效率,缩短船舶停时,降低船舶装卸成本能起到双重的效果。

例 3　设某港区某泊位将装卸一艘 5 个舱口的船舶。各舱室的载货量为:一舱为 1000t、二舱为 2000t、三舱为 1800t、四舱为 1600t、五舱为 1200t。其各舱的船吊生产率为 20t/(台·h),同时配备一台生产率为 40t/(台·h)的门座起重机,且起重机与船吊在同一舱室作业时,互不干扰。求全船最短装卸作业时间和门座起重机在各舱室的作业时间的分配。

(1)求各舱使用船吊时要求的装卸作业时间 t_i:

$t_1 = 1000/20 = 50\text{h}$;$t_2 = 2000/20 = 100\text{h}$;$t_3 = 1800/20 = 90\text{h}$;$t_4 = 1600/20 = 80\text{h}$;$t_5 = 1200/20 = 60\text{h}$。

(2)求按机械生产率计算的全船最短作业时间 $T_{最小}$:

$$T_{最小} = \frac{\sum_q}{\sum_P} = \frac{1000 + 2000 + 1800 + 1600 + 1200}{20 \times 5 + 40} = 54.28\text{h}$$

(3)比较 t_i 与 $T_{最小}$,因为 $t_1 < T_{最小}$,故可在全船最短作业时间内完成,不需要门机帮助作业,所以可以除去不计。

(4)计算除去一舱以外的全船最短作业时间 $T_{余最小}$:

$$T_{余最小} = \frac{\sum_{q-q_1}}{\sum_{P-P_{吊1}}} = \frac{7600 - 1000}{140 - 20} = 55\text{h}$$

(5)求门机分别在二至五舱的装卸作业时间:

$$t_{门2} = \frac{2000 - 20 \times 55}{40} = 22.5\text{h} \qquad t_{门3} = \frac{1800 - 20 \times 55}{40} = 17.5\text{h};$$

$$t_{门4} = \frac{1600 - 20 \times 55}{40} = 12.5\text{h} \qquad t_{门5} = \frac{1200 - 20 \times 55}{40} = 2.5\text{h};$$

门机作业舱时分配见表 1-6。

门机作业舱时分配表 表 1-6

舱别	载质量(t)	作业时间分配(h)										
		5	10	15	20	25	30	35	40	45	50	55
一	1000											
二	2000(22.5h)	jjjjjjjjjjjjjjjjjjjjjjjjjjjjjjjjjjjjjjjjjjjjjjjj										
三	1800(17.5h)					jjjjjjjjjjjjjjjjjjjjjjjjjjjjjjjjjjjj						
四	1600(12.5h)									jjjjjjjjjjjjjjjjjjjjjjjjjj		
五	1200(2.5h)											jjjj

由以上可知,如果不增加一台门机,而仅用船吊作业,则船舶装卸时间为 100h(即第二舱的作业时间)。增加一台门机后,全船作业时间为 55h,减少了近一半的时间。可见合理安排机械组织船舶装卸,有效平衡舱时,对缩短船舶在港停时其效果是非常显著的。

复习思考题

1. 件货装卸的基本要求有哪些?
2. 在具体设计件货码头的装卸机械化时,要注意调查哪些资料?其作用是什么?
3. 何为间接换装方案?何为直接换装方案?港内货物操作过程可归纳为哪几种?
4. 何为工序?件货操作过程可划分为哪些主要工序?
5. 举例计算说明装卸机械化程度的含义。

6. 简述操作系统合理组织原则主要有哪些?

7. 调查现行件货码头常用的吊货工属具的种类及其特点。

8. 简述门座起重机装卸船的工作特点有哪些?

9. 简述件货码头库场货物堆垛的垛型主要有哪些? 各种垛型适合的货物种类有哪些?

10. 通过叉车装卸卡车的基本操作过程的改进,举例说明其他装卸操作过程的改进是什么?

实　训　题

1. 设某港区用 4 台台时效率分别为 40t 的门座起重机,装卸一艘 4 个舱口的船舶。船舶各舱的载货量分别为:一舱 400t,二舱 1000t,三舱 800t,四舱 800t。在求船舶的最短作业时间和门机在各舱的作业时间的基础上,拟作出生产组织安排。

2. 设某港区用 5 台台时效率分别为 50t 的门座起重机,装卸一艘 4 个舱口的船舶。全船载货共 6000t,所载货类各舱相同。并假定每一舱口开双头作业时,门机装卸互不干扰。船舶各舱的载货量分别为:一舱 800t,二舱 2200t,三舱 1800t,四舱 1200t。在求船舶的最短作业时间和门机在各舱的作业时间的基础上,拟作出生产组织安排。

3. 某港区装卸一艘 5 个舱口的船舶。其各舱的船吊生产率分别为 20t/(台・h),同时配备一台效率为 35t/(台・h)的门座起重机,且起重机与船吊在同一舱工作时,互不干扰。各舱的载货量分别为:一舱 1000t,二舱 2000t,三舱 1100t,四舱 1500t,五舱 1200t。在求船舶的最短作业时间和门机在各舱的作业时间的基础上,拟作出生产组织安排。

第二章 集装箱码头操作

主要内容

1. 泊位分配图的制作方法；
2. 堆场策划的基本原则；
3. 船舶实配图的制作方法；
4. 闸口工作的一般程序；
5. 现场操作种类与方法；
6. 装卸船作业；
7. 编更方法；
8. 码头值班室功能；
9. 码头控制室职责；
10. 量化管理方法。

本章实训

1. 制作泊位分配图；
2. 制作集装箱码头堆场箱位分布图；
3. 制作实配图。

第一节 泊位策划

什么是泊位策划？

泊位策划（Berth Allocation，简称 BA）是码头操作的一个重要组成部分。具体来说，泊位策划是指预先为每天到港的船舶安排一个停泊的位置（泊位）。

为什么需要做泊位策划呢？其原因主要是：

（1）为了在船舶到港之前让有关部门知道船舶的确切到港时间、停泊位置，以便有关部门做好准备工作；比如说需要出口的集装箱基本是提前 2 ~ 4 天时间进入码头，这时就需要泊位策划所提供的靠泊计划来设定集装箱的收箱位置。

（2）船舶在码头的停泊位置，受船舶本身以及码头等客观条件限制，并不是可以任意停靠的，它与船舶本身的长度、泊位的岸线长度、船上所装卸货物的装卸位置以及需在本港装船的集装箱在码头堆场的堆放位置有关。例如：2 号泊位岸线长 260m，则对于 300m 长的大船来说，就不可以安排停靠在 2 号泊位；1 号泊位的最大水深为 14m，则吃水大于 14m 的船舶便不能靠在 1 号泊位；又比如，如果需在本港装船的货物在堆场上的位置靠近 4 号泊位的地方有特殊情况发生需要重新调配泊位，则需要考虑这条船出口箱的数量和位置，尽量不要把船舶安排在距离4号泊位较远的泊位，因为堆场到船边的距离太远，势必占用较多的搬运时间，影响作业效率。

所以，泊位策划是一项非常重要的工作，泊位策划的好坏，直接影响到船舶在港时间的长短和码头装卸作业的快慢，最终影响到集装箱运输的生产效率。

泊位策划的首要任务就是制定合理而有效的泊位分配计划，绘制码头每日作业用的泊位分配图，负责船舶的靠泊、离泊等事项的安排。此外，由于船舶策划、堆场策划、控制室、闸口等部门的许多电脑操作都是在每艘船舶的特定航次下进行的，在电脑系统中为每艘船舶预先建立准确的航次并输入相关的信息是码头操作的前提条件，因此，泊位策划的另一项工作就是要准确建立各船舶航次，将相关信息及时输入电脑，同时还要熟练掌握挂靠码头的船公司及每条航线的船期与船舶动态，为码头及有关单位提供准确的船舶、航线资料和相关信息。

一、泊位分配图

制作泊位分配图（Berthing Allocation Map，简称BA MAP）是泊位策划部门工作的中心内容。在泊位分配图的主页面上主要显示最近几天码头的各个泊位的船舶动态，靠泊时间和靠泊位置、离泊时间、装卸箱量等信息。一张完整的泊位分配图应包括以下内容：

（1）标题，即标明“某码头泊位分配图”；

（2）泊位分配图的制作日期与时间；

（3）码头现有泊位分布情况，按比例据实绘出，并标出装卸桥或门座起重机的配置情况和位置限制情况，码头系缆桩的号码和位置；

（4）按船舶到港日期的先后整齐排列从当天起至未来5天的到港船舶情况，包括船名、航次、靠泊的泊位、靠泊方向（左舷靠泊或右舷靠泊）、靠泊位置、ETA、ETB、ETD等相关靠离泊时间等，以及预计使用的岸吊数量、大概装卸数量；

（5）另外在BA MAP上专门列出Berth & QC Maintenance（泊位和装卸桥保养消息）和Remarks（备注）这两项内容，分别注明每日有关泊位的装卸桥维修保养安排和靠离船舶的需要特殊跟进事项。

图2-1是某国际集装箱码头所用的泊位分配图，现按从上到下的顺序说明如下：

（1）×××TERMINAL BERTH ALLOCATION MAP为×××国际集装箱码头泊位分配图。

（2）Date/Time：2005/10/10 12：11表示此泊位分配图是2005年10月10日上午12：11制定的。

（3）Berth & QC Maintenance：此处注明泊位和装卸桥的维修保养安排，如Berth 7 11/0600 11/2000 335.0—349.0 Cable project following up代表7号泊位，位置在335号和349缆桩号之间，从11号早上6点到晚上20点有电缆项目跟进，意思就是说此段时间内不能靠泊；QC20 11/0800 11/1700 184.0—186.0 BOOM DOWN；IMMOBILE；Annual Examination代表20号装卸桥11号从早上8点到下午17点要进行年度检查，这时装卸桥停在184号缆桩和186号缆桩之间，没有大车落泵状态，意思是这段时间这部装卸桥不能作业。

（4）Remarks：此处注明的是靠离船舶所需要跟进的特殊事项，如APL NEW YORK/Target ETD 10/1500hrs意思就是表明这条船对离港时间要求很严，目标离港时间在10号下午15点之前；如HUI HUA LOAD ONLY表示这条船没有卸箱，只有装箱。

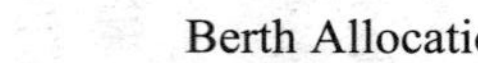

Yantian International
Container Terminals

Berth Allocation Map

CONFIDENTIAL
Date: 09/11/07 15:41:31

Berth & QC Maintenance

QC 047 09/0800 09/1800 511.0-509.0 BOOM DOWN; IMMOBILE; Project follow-up
QC 052 09/0900 09/1800 537.9-539.8 BOOM DOWN; IMMOBILE; Project follow-up

Remarks

N-New Vessel
B-Bunkering Supply
H-Next Port HKG
$-Tandem lifting operation
@-Previous port is from domestic
?-ETA not confirm
%-Twin lifting operation
&-Double trailer operation
T-Target ETD

B7--NAFE--CMA CGM VANILLE
LOA-248,new service,SUPPLY F.W 150MT,
N

B6--HTW--HATSU ETHIC
ATA 1500/09
B9--AE10W--MERSK TANJONG
LOA-332m
B11-MJAD--MSC TOMOKO
ATA:09/0300
B6--AWE4--VICTORIA BRIDGE
CSI 1000/10,DIS 144*20'
B13--AWE5--YM COLOMBO
phase out
B8--USXT--YM SEATTLE
Dis only 177×20',BUNKER 2000MT(H#6 & H
#B)(?)

B11--YPNW--YM ZENITH
PHASE OUT.ATA 1200/10
B7--APLN--APL CORAL
VOR:-1.0MPH BPR:0.0MPH
B12--CMA--CMA CGMLA TRAVIATA
VOR:-1.0MPH BPR:0.0MPH
B7--CMA--CMA CGM VANILLE
VOR:-1.0MPH BPR:0.0MPH
B12--CMA--CMA CGM VERLAINE
VOR:-1.0MPH BPR:0.0MPH
B9--COSG--COSCO TIANJIN
VOR:-1.0MPH BPR:0.0MPH

B9--COSE--COSCO VANCOUVER
VOR:-1.0MPH BPR:0.0MPH
B7--EGL--EVER UNIQUE
VOR:-1.0MPH BPR:0.0MPH
B13-EGL--EVER USEFUL
VOR:-1.0MPH BPR:0.0MPH
B6--HML--HATSU ETHIC
VOR:120.0MPH BPR:0.0MPH
B8--HMM--HYUNDAI,FREEDOM
VOR:-1.0MPH BPR:0.0MPH
B9--MKL--MAERSK TANJONG
VOR:-130.0MPH BPR:0.0MPH
B11--MSUS--MSC TOMOKO
VOR:-1.0MPH BPR:0.0MPH
...

AWE5 CKYH/YMCOLO/0005WD516
YM COLOMBO 582.7-570.3-565.3?
10/2300 11/0000 11/0700 R13 HKHKG 10/1700

FAL2 CMCS/XINSHA/0015D25/L1007
XIN SHANGHAI 585.0-568.2-562.9H@
10/0400 10/0500 10/1500 R18

UAME EGLT/EVEUSE/057ED1892/L892
EVER USEFUL 584.5-570.9-565.8H
ETD 09/2300 C6 R16

FAL1 CCMO/CMATRA/FL382W D50/L1000
CMA CGM LA TRAVIATA 560.6-544.7-538.6
10/0600 10/1100 10/2200 R17 HKHKG 10/0100

FAL3 CCFA/CMAVER/FM004WD76/L414
CMA CGM VERLA/NE 558.9-543.8-539.1@
10/0100 10/0200 10/0900 R16

YPNW CKYH/YMZEN1/90WD543
YM ZENITH 533.9-520.2-515.87
11/0030 11/0130 11/0830 R13 HKHKG 10/2030

PSW2 CKYH/YMWEAL/39E AD9.0MD641/L530
YM WEALTH 535.7-523.7-517.6H
09/2100 09/2200 10/1000 R16

MJAD MSCL/MSCTMKN745R AD9/6MD15/L169
MSC TOMOKO 534.8-518.2-513.0@
ETD 09/1700 A3 R17

TPS EGLT/EVEUNQ/095E AD9.1MD1944/L270
EVER UNIQUE 326.2-339.8-345.0H
ETD 09/2100 A6 R16

PSW NWA/HYFREE/113E AD11.5MD551/L945
HYUNDAI FREEDOM 348.9-360.7-367.0?
ETD 09/1700 C5 R16 HKHKG 08/2300

AEH4 CKYH/COSVAN/031W AD11.2MD1340/L1611
COSCO VANCOUVER 370.9-385.8-390.6@H%
ETD 10/0200 A6 R17

HTW EGLT/HATETH/049ED230/L2100
HATSU ETHIC 303.9-317-323.6
09/1800 09/1900 10/1200 R17 HKHKG 09/1100

USXT CKYH/YMSEAT/001WD1738
YM SEATTLE 347.7-360.4-364.8%B
09/1700 19/1900 10/0600 R13

NAFE CCFA/CMAVAN/NF032ED1486
CMA CGM VANILLE 326.1-338.2-342.4N
09/2300 10/0000 10/1000 R13

AE10W GMNS/MSKTAN/0704/L1400
MAERSK TANJONG 370.1-386.7-391.9H@TN
10/0300 10/0400 10/1600 R17

AWE4 CKYH/VICBR1/017ED1318/L800
VICTORIA BRIDGE 303.9-318.1-323.3@H
10/1300 10/1400 11/0800 R13

TP6 GMNS/SORMSK/0709D1204/L1700
SOROE MAERSK 345.3-360.8-368.1H
10/0700 10/0800 11/0400 R17

PSI NWA/APLCOR/1461 AD10.5MD926/L600
APL CORAL 325.5-337.6-343.6H
10/1730 10/1830 11/0830 R16

CSEA CKYH/COSTIA/047E D1200/L1500
COSCO TIANJIN 372.5-385.4-390.9?
10/2230 10/2330 11/1930 R16 HKHKG 10/1830

图2-1 泊位分配图（一）

(5)剩下的内容就是BA MAP的主要内容了。首先,BA MAP中心所显示的B1、B2、B3、B4、B5、B6,一直到B9,说明这个码头共有9个泊位,B1到B9表明泊位的位置。与这些数字相连的就是码头岸线了,在这个岸线上共有4行字,在岸线以内的那行数字如101、103一直到303是表明缆桩的号码和位置,这些缆桩是我们考虑泊位进行定位的主要参考依据;然后就是标注在方框内稍微大一些的数字表明装卸桥的号码,在这个方框后方所表明的数字是这个装卸桥的位置限制了,意思就是这个装卸桥左右移动所能到的最远地方;最后一行字标在最外面,如R18是表明这部装卸桥最大能操作18列集装箱的船舶。

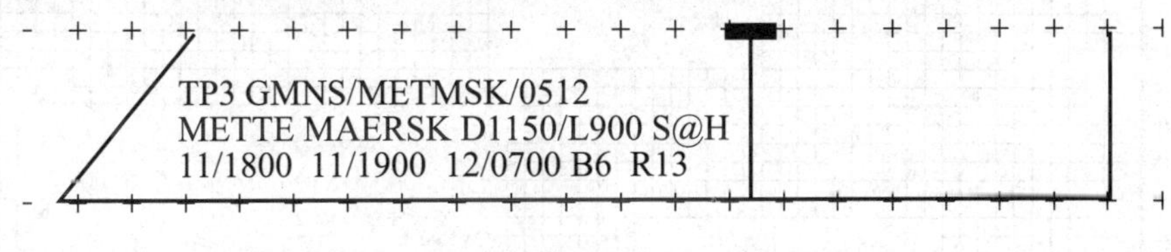

图2-2　BA MAP中的典型图例

(6)图2-2为BA MAP中的典型图例,其具体含义为:TP3表示航线,此航线是码头为特定船公司所定义的航线,TP3表明Trans-Pacific第3航线;GMNS/METMSK/0512是这一航次在电脑内部的代号,GMNS表示船公司联盟,METMSK是船名的缩写,0512表示航次;第二行METTE MAERSK是船名的全称;D1150/L900表明大概卸1150个箱子,装900个箱子,后面的字符表示意思可以在Remarks中找到相应代表的意思,不再说明;第三行共有三个时间数字,第一个是ETA然后分别是ETB和ETD;B6表示B更靠船预计6部岸吊作业;R13表明船舶宽度为13列集装箱。

反映泊位分配图中的内容可以有多种形式,图2-1只是其中一种,一般来说,各个集装箱码头都有自己习惯的表达方式。图2-3是另一国际集装箱码头所采用的泊位分配图,由图可见,在图的左侧表示每艘船舶的靠离泊时间,该图表示的时间为1月21日(星期四)至1月24日(星期日),共4天,每天的时间又以2小时为间隔。每艘船舶用一个长方形表示,图中1号泊位安排有3艘船舶,2号泊位安排有4艘船舶,长方形的宽度表示传播的靠离泊时间间隔(上下二条长边分别对应左侧的日期和时间),对于尚未确定的时间仍然用????/表示。图2-3在内容上没有图2-1那么详细,但基本上也能反映到港船舶的动态以及泊位安排情况。

二、泊位分配图的制作

良好的泊位策划是码头顺利运作的前提保障,泊位策划员应具备良好的沟通、协调与应变能力。充分利用码头泊位及装卸桥资源,对码头可用泊位做出合理的安排,以满足不同的船舶作业需要。

(一)制作泊位分配图的依据

泊位分配图的制作通常根据以下信息来进行:

1. 船公司的船期表

船公司一般将近三个月内的船期表、一个月内的船期表以及每艘船准确的船期提前传真给泊位策划部门,泊位策划部门根据船公司提供的信息,在电脑里建立船公司代号、船名、船期、船的总长、航次代号、航线靠泊港、目的港等资料,并输入截箱期、免费仓储期。

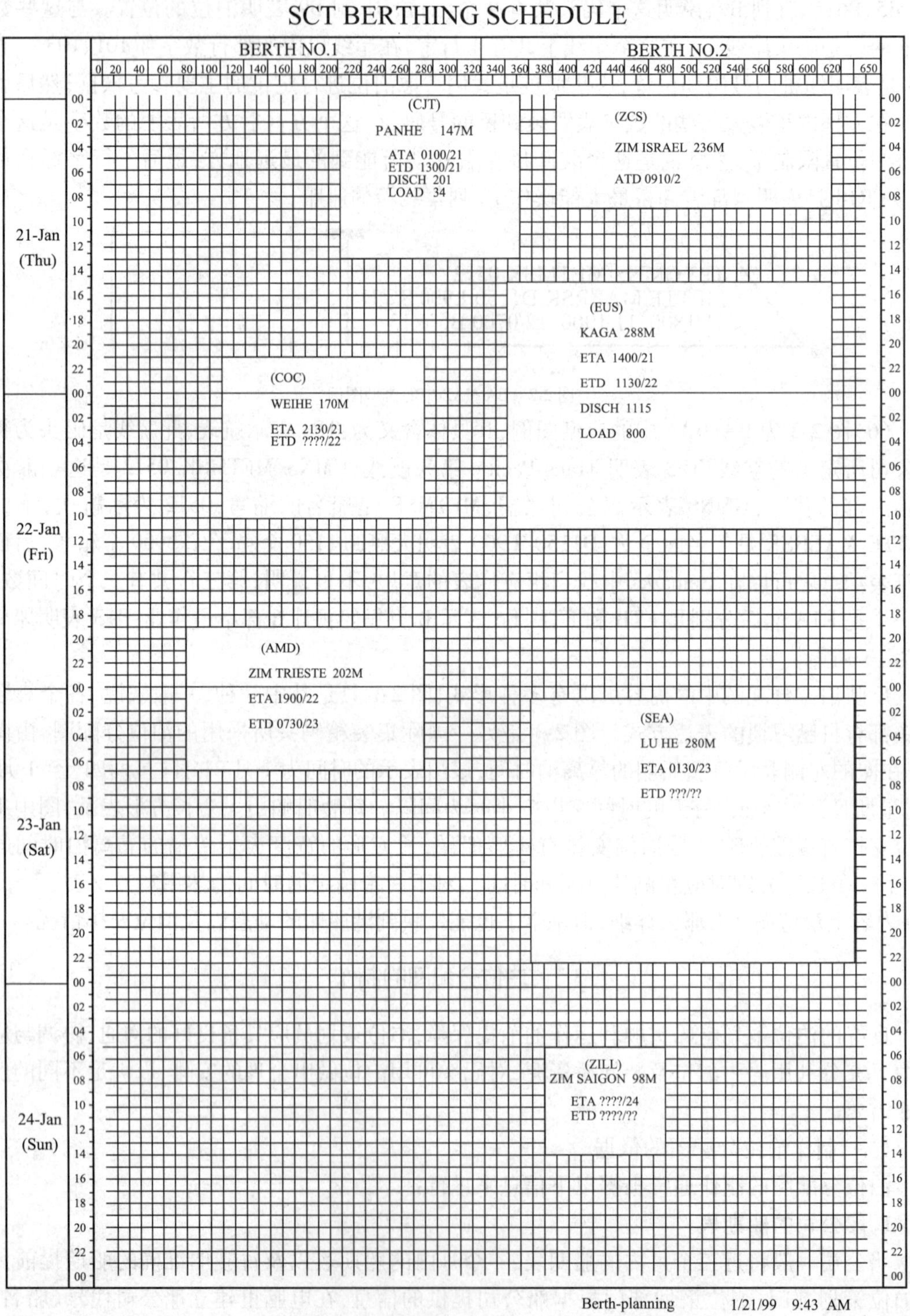

SCT BERTHING SCHEDULE

BERTH NO.1　　BERTH NO.2

0 20 40 60 80 100 120 140 160 180 200 220 240 260 280 300 320 340 360 380 400 420 440 460 480 500 520 540 560 580 600 620 650

21-Jan (Thu)

00 02 04 06 08 10 12 14 16 18 20 22

(CJT)
PANHE 147M
ATA 0100/21
ETD 1300/21
DISCH 201
LOAD 34

(ZCS)
ZIM ISRAEL 236M
ATD 0910/2

(EUS)
KAGA 288M
ETA 1400/21
ETD 1130/22
DISCH 1115
LOAD 800

(COC)
WEIHE 170M
ETA 2130/21
ETD ????/22

22-Jan (Fri)

00 02 04 06 08 10 12 14 16 18 20 22

(AMD)
ZIM TRIESTE 202M
ETA 1900/22
ETD 0730/23

23-Jan (Sat)

00 02 04 06 08 10 12 14 16 18 20 22

(SEA)
LU HE 280M
ETA 0130/23
ETD ???/??

24-Jan (Sun)

00 02 04 06 08 10 12 14 16 18 20 22 00

(ZILL)
ZIM SAIGON 98M
ETA ????/24
ETD ????/??

Berth-planning　　1/21/99 9:43 AM

图 2-3　泊位分配图(二)

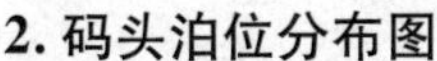

2. 码头泊位分布图

每个码头均有自己的泊位配置,每个泊位的岸线长度及泊位水深决定了该泊位所能停靠的船舶大小,在制作泊位分配图时,必须清楚了解码头泊位的配置情况及每个泊位的特点。

3. 收箱及出口箱情况

掌握每条船、每个航次的收箱情况以及出口箱在堆场内的摆放位置,以便合理安排泊位,配备适当的装卸机械数量。

4. 装卸桥情况

掌握装卸桥最新使用情况及维修情况。

(二)泊位分配图的制作方法

现代国际集装箱码头均采用电脑化管理,所以,泊位分配图的制作通常也是用电脑进行的。具体步骤如下:

(1)绘制码头泊位分布图。码头泊位分布图是以一定的比例反映出码头泊位的布置和每个泊位的大小的真实情形(即岸线长度),如:码头现有多少个泊位,每个泊位所占岸线长度是多少,位置在哪里等。通常均已事先绘制好,存储在电脑里,使用时直接调用便可。

(2)根据电脑里已有的船期资料,找出从当天至未来 2 天的船舶到港情况,如船公司、船名、航次、到港时间、装卸数量等,并与船公司电话联系,对船期作进一步确定。

(3)对于装有危险品集装箱的船舶,要求外代提供经有关部门批准的"船舶载运危险货物申报单"。

(4)根据每条船的长度以及待装货物在堆场上的存放位置决定该船的泊位,同时还应考虑装卸桥的情况是否良好。

(5)每艘大船在泊位图上的位置应准确无误,大船在桥位上的安全间隔应不小于 30m。

(6)将已定好泊位的船舶在泊位分布图上相应泊位的上方按到港日期的先后从下到上图示出来,要求图形整齐美观,层次感强,方便阅读。

(7)在图形中的适当空位加注注意事项,如装卸桥的状况,哪些装卸桥在维修,什么时候可维修好等。

(8)泊位分配图每天制作二次。通常上午 10 点和下午 4 点完成,并打印出来,送给堆场、调度室、策划部、操作机械部、财务部、杂货组、海关、港监、外代、外理、轮驳、引航、理货组。

三、泊位策划的日常工作

泊位策划除制作泊位分配图外,在实际工作中,尚需注意和处理以下几个方面的工作:

(1)经常与船公司及其代理沟通,与船公司及其代理保持紧密联系,了解船公司对码头服务的要求,以不断提高码头为船公司的服务水平。

(2)与政府各口岸管理机构及引水站、轮驳公司保持良好关系,以取得他们的积极配合与支持,保证船舶安全顺利地抵港。

(3)协作船公司及其代理办理船舶进出口手续,保证到港船舶按期靠泊和离泊。

(4)统筹管理船公司资料。除管理好船公司原有船舶资料外,船公司如有新的船舶挂靠本港,应将新船资料提前输入电脑,船公司资料应及时通报给码头各部门,以便码头各部门及时掌握船舶在港的动态,增加工作的主动性,保证各部门操作顺利进行。

(5)随时掌握码头装卸桥的维修情况。

(6)每周五要向港监、边检、引航站、轮驳公司及代理预报下周抵港船舶动态,船到前一天还应传真“抵港船舶动态”给以上单位,确认第二天抵港船舶的确切时间。

(7)在每艘船到港前。应分别致电外代、船公司、拖轮公司、边检、海关、务必使他们都明白无误地知道船期,并在船舶靠泊前,准时派人在桥边待命,以便船舶靠泊后及时办理有关手续,尽早进行装卸作业。

(8)如船舶靠离泊时间有变,应尽快通知各有关单位更改时间(尤其在下班后、午饭时以及星期六、星期日等时间内),以免延误船期。

(9)当需要海关在非办公时间(如节假日)或下班后继续办理货物清关和船舶进出口清关手续时,泊位策划的职员应与船公司及其代理认真协商,将需要加班的时间及有关部门加班的事项(如清关货物和转关货物的数量、船名及航次等)清楚写明在“海关加班申请表”上并报当地海关审核批准。

(10)对于每一艘靠离泊的船舶,泊位策划的职员均应编写“泊桥报告”。泊位报告是一份反映船舶从进入港口水域到离港的整个过程情况的文件,其中包括引水、边检检查、装卸货等具体操作的时间,从中可以看出船舶泊港时间及码头作业效率。

泊位策划工作牵涉面广,要求职员工作时认真细致,考虑周详,同时还要求职员具有较好的对外沟通能力,以保证泊位策划与政府有关部门及船公司关系融洽,各部门间配合默契,确保船舶按期靠离泊。

第二节 堆场策划

什么是堆场策划?

堆场策划是操作部的一个分支机构,它主要负责集装箱在码头堆场内的摆放位置的划分与确定,指挥及控制集装箱在码头堆场内的合理而有效的移动。

为什么要做好堆场策划呢?

码头堆场是存放集装箱的场所,是集装箱码头最大的工作场所,由于堆场面积大、存放的集装箱数量、种类繁多,堆场内通常存放有空箱、重箱、危险货物箱等,同时又分进口箱、出口箱,而且箱的结构尺寸也不一样,箱主也不同,这些都使得堆场的管理变得困难。堆场策划的目的就是要克服这些困难,充分利用有限的堆场面积,合理划分堆场,给每一个集装箱配置理想的位置,提高堆场利用率和码头生产的作业效率。

一、堆场策划基础知识

作为堆场策划人员,要想做好堆场策划工作,首先应该掌握以下基本知识:

(1)了解码头现有堆场情况,对码头堆存集装箱的能力做到心中有数;

(2)对于新开设的集装箱堆场,能根据需要熟练进行堆场区域的合理划分,并能准确计算堆存能力;

(3)了解码头对危险货物处理的有关规定,以便妥善处理危险货物;

(4)了解码头的泊位分布并掌握泊位分布图。

(一)码头现有堆场情况

码头堆场是堆场策划人员的工作对象,对堆场的划分与布置必须清楚明了,如:码头现有几个堆场、分几个区、堆场的大小、堆场的性质(是存放空箱还是重箱),此外,还必须掌握每个堆场所能存放的箱的数量。

通常,应根据堆场实际地理位置进行分工,有的作为空箱堆场,有的作为重箱堆场,有的则用来存放烂箱,对于每一个堆场,都应在地面上清楚画线标明该堆场的区域代号和具体箱位,码头每扩建一个堆场,均应这样做。然后将堆场实际的箱位图按比例绘制成书面图纸,这个图就是堆场平面图(Layout)。根据堆场平面图,不用到实地现场,就能给集装箱配位。所以,绘制堆场平面图是进行堆场策划时要做的第一件事。图 2-4 为堆场放箱规划图,图中每一个小长方形代表一个箱位,有阴影线的地方为受客观条件限制不可以放箱的位置(S1 处有 5 个箱位,S9 处有 2 个箱位),整个堆场根据其实际形状分为(R1 ~ R9、S1 ~ S9、T1 ~ T5 三个区域,其中 R1 ~ R5、S1 ~ S5、T1 ~ T2 安排放 45ft 箱,其余安排放 40ft 箱。

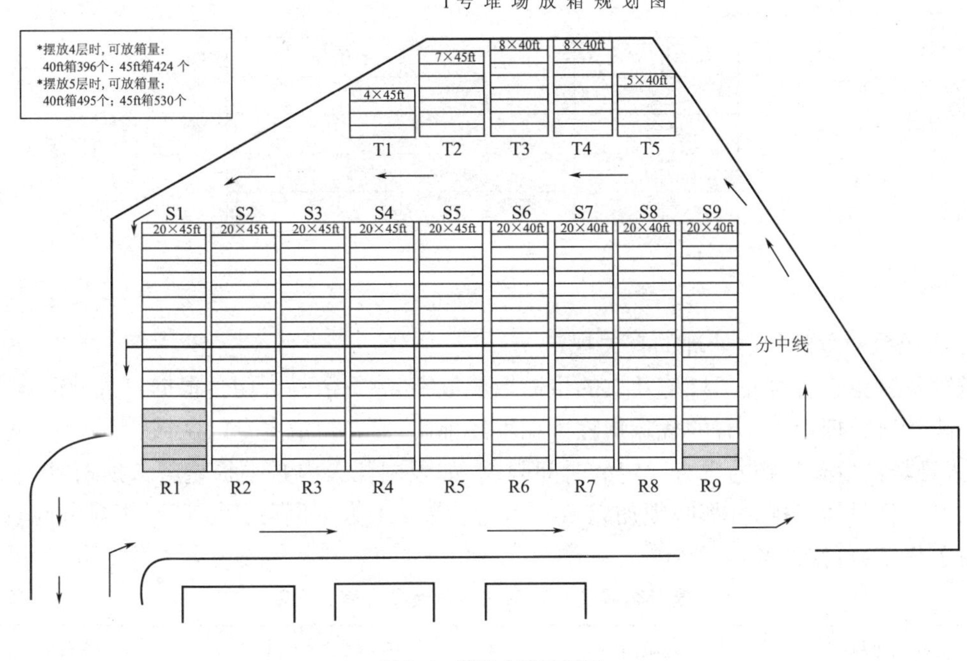

图 2-4　堆场放箱规划图

(二)堆存能力的计算

对于每一个堆场,其每个箱位的允许堆高层数要根据具体的装卸机械来定,如有的铲车只能堆码 4 层,有的可堆 5 层,龙门起重机也有堆 4 层和 5 层的区别。所以计算堆场的堆存能力或给集装箱配位时,应注意到这一点,本来只能堆 4 层如果按堆 5 层计算,结果会使实际操作无法进行;反过来,可堆 5 层,绝不要按 4 层考虑,因为这会造成堆场空间的浪费。另外,在同一个间位,不能将所有行都堆高至 4 层或 5 层,必须在每个间位靠边的 1 ~ 2 行上留出足够的空位,作为在装卸作业时(特别是取箱时)翻箱之用,见 2-5 图。比如说想取 1 行底或 3 行底的箱,就必须先将压在那个箱上面的所有箱移开,才能取出。上面的箱移到哪呢? 答案是:移到翻箱位。实践证明,堆放 4 层时,应留 3 个翻箱位,堆放 5 层时,应留 4 个翻箱位。所以,6 行 4

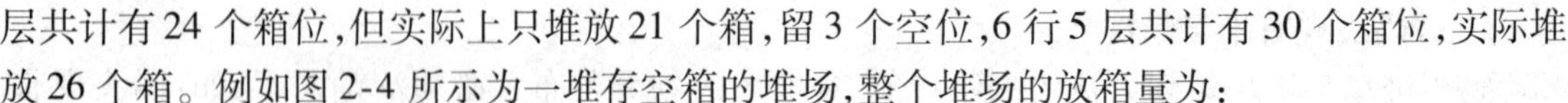

层共计有24个箱位,但实际上只堆放21个箱,留3个空位,6行5层共计有30个箱位,实际堆放26个箱。例如图2-4所示为一堆存空箱的堆场,整个堆场的放箱量为:

(1)摆放4层时可放箱量:40ft箱396个,45ft箱424个;

(2)摆放5层时可放箱量:40ft箱495个,45ft箱530个;

(3)如果摆放20ft的标箱,最多可摆放2050个。

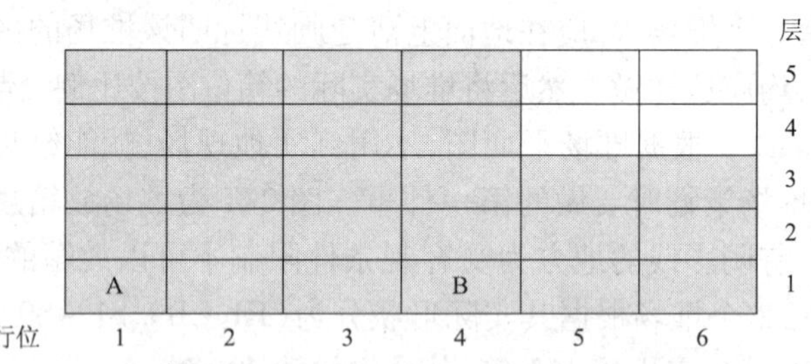

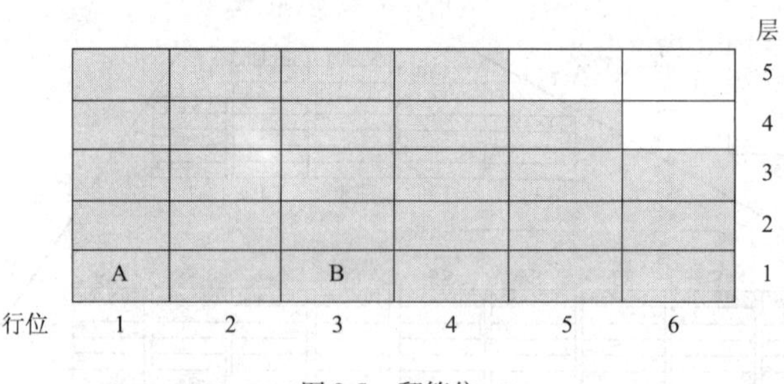

图2-5　翻箱位

(三)码头对危险货物处理的有关规定

危险货物由于会对外部环境及人的生命造成危害,故每个码头均会根据自身的情况,制定一些危险货物处理规定。有的危险货物可在堆场堆放,但必须指定专门区域,有的则不可以存放,存入堆场的危险货物通常有一定的时间限制,如限制几天内必须提走等。所有这些,堆场策划人员在作具体安排时,都必须加以认真考虑。表2-1为某国际集装箱码头对危险货物处理的有关规定,可作参考。

某集装箱码头处理及储存危险品的有关规定　　表2-1

危险品等级	危险品种类	可否在码头内作业	允许存放码头的时间
1.1～1.5	爆炸性物体	除少量军火或鞭炮外,一般情况下都不可处理	不能存放在码头之内
2.1～2.3	压缩气体	容许	3天
3.1～3.3	易燃液体	容许。但处理无水醋酸时需要有海关签发的搬运证方可卸货及存放在码头	3天
4.1	易燃固体	容许	一般为21天
4.2	高度易燃物体	容许	一般为21天
4.3	遇水后放出易燃气体	容许	一般为21天
5.1～5.2	助燃物体	容许	一般为21天

续上表

危险品等级	危险品种类	可否在码头内作业	允许存放码头的时间
6.1～6.2	有毒或感染性物体	除抗振性汽车燃料混合物体外,一般容许	一般为21天
7	辐射性物质	要经由有关的政府部门批准	一般为21天,但只可摆放在码头岸边
8	腐蚀性物体	容许。但处理无水醋酸时需要有海关签发的搬运证方可卸货及存放在码头	一般为21天
9	其他	容许	一般为21天

(四)码头的泊位分布及泊位分配图

了解泊位分布,掌握泊位分配图,对于做好堆场策划工作也是很重要的,因为泊位分配给出了未来挂港船舶将停靠的泊位,堆场策划就应根据泊位策划的结果相对应地给出集装箱货物在堆场的位置,即待装船的集装箱应尽量安排在靠近船舶停靠泊位的堆场上。

(五)堆场策划的基本原则

掌握了上述堆场策划的一般知识后,堆场策划人员还应该掌握一些有关堆场策划的基本原则。管理方式多种多样,个人处事也各有不同,但是,某些基本原则却是不能违背的,堆场策划应依据以下基本原则灵活处理各种问题:

(1)装船的集装箱应按照船舶、卸货港、集装箱种类、箱重的不同分开堆放;

(2)到同一卸货港的集装箱应尽量堆放在一起;

(3)装船的集装箱应尽量堆放在靠近船舶停泊的泊位附近堆场区域,以缩短从堆场搬运集装箱到船边的距离和时间;

(4)如果有几艘船同时到港装箱,应尽量将这几艘船的装船箱分开堆放,避免在装船时拖车在同一位置取箱,造成互相等待的拥挤局面;

(5)空箱场的空箱堆放,一般是,同一箱主同一尺寸的箱堆放在一起。

二、堆场策划的日常工作

堆场策划的日常工作主要有堆场给位和后勤工作两个方面:

(一)堆场给位工作

所谓堆场给位,就是指给客户(拖车)送到码头的集装箱(出口箱)或从船上卸下的集装箱(进口箱)安排一个堆场存放位置。这个位置的安排不是随意的,必须依据前述有关原则作出合理安排。

1. 出口箱

(1)对即将靠泊的船舶,检查需装在该船上的集装箱在堆场上的位置是否合理,如有需要,应作适当变动。

(2)根据未来出口箱的情况、泊位分配以及装卸桥的使用数量,预先给即将卸到堆场的集装箱安排位置。

(3)根据客观实际随时更改集装箱位置。如船期改变、船舶舱位不够、转船转港等原因,都需要对集装箱的堆放位置做出相应的变动。

2. 进口箱

(1)预先与船公司核对并确认即将靠泊船舶的卸箱数量,以便在堆场预先留出足够的卸箱位。

(2)对于特殊货物集装箱,如冷藏箱、危险货物箱等,应根据有关规定做出妥善安排。

3. 其他

(1)紧密监控拖车在堆场提箱、交箱的作业秩序,合理安排拖车提箱、交箱的先后顺序。在同一位置作业的拖车应错开作业时间,以免发生拖车同时到某一堆场位置提箱或交箱的情况,影响码头作业效率。

(2)调整堆场用途。例如由于工程部的需要,某些地方需摆放龙门吊,或者需进行维修等,这样,原堆场的这一位置便不可以使用,需要及时做出修改,以免错误估计堆场的堆存能力。

(二)后勤工作

(1)每天准备空白的堆场平面图并交给堆场给位组,以用于每天的给位工作。

(2)控制拖车到堆场提箱、交箱的时间先后和位置,避免拖车作业互相干扰。

(3)检查码头堆场里的坏箱情况,并安排将坏箱送到修理厂维修。

(4)收发传真件,并分送有关部门,以便有关部门就有关事项作好安排。

(5)检查船公司或客户的集装箱在码头的堆存时间是否过长,如有过期箱,应安排尽早提出码头。

(6)按堆场给位组的要求安排转堆(Marshalling)。转堆即是将集装箱从一个堆场位置移到另一个堆场位置。转堆工作在堆场管理中是不可避免的,造成转堆的原因很多,常见的有以下一些:

①集装箱需转船(改装在另一艘船上)或转港(改变卸货港)。

②由于堆场策划的失误,造成许多拖车在同一时间到同一地点取箱的情况(即抢更现象)。如提早发现这种情况,就应将部分箱转堆,以免出现抢更现象。

③海关手续问题。如有的箱海关已放行,可以装船,有的箱海关未放行,不能装船,但能装船的箱又被不能装船的箱压着,此时就应该将不能装船的箱转堆到另一个地方,以保证装船作业的流畅。

④散箱放位不准。这主要是由于龙门吊司机操作失误造成的。龙门吊司机在收箱时没有将箱堆放到堆场策划指定的位置,即放错位,经检查发现后,应作转堆处理。

⑤在作业繁忙时,堆场策划来不及给出合适的位置,这时只好将运到堆场的大量集装箱先暂时收下,放在堆场缓冲区(一个用于周转箱的空位)。这样收下来的箱必然是杂乱无章的,等到作业比较空闲时,再将这些箱转堆到合适的位置。

⑥新造的空箱需装船运出码头时,需作相应的转堆。

⑦冷藏箱作 P. T. I/P. C(运前检查/预冷)、海关验箱等,亦需转堆。

在实际操作中,要想完全避免上述情况的发生,几乎是不可能的,即便是完全克服,转堆操作也同样需要。比方说,在3C段位上原来摆放有某公司的5000个空箱,现该公司已逐步提走了4800个,剩下200个在3C段位上,那么,对于这200个箱是转堆还是继续留在原位等这家船公司来提好呢? 显然应该将这200个箱转堆到其他地方。因为,空箱场的堆放原则是同一箱主、同一尺寸的箱堆放在一起,如果让这 200 个箱继续放在 3C 段位上,显然太浪费,将之移走后,可以重新考虑放置另一船公司或另一尺寸的大批量箱。由此可见,转堆是不可避免的。

(7)按客户要求对冷藏箱作 P. T. I 和 P. C。

P. T. I(Pre-Trip Inspection)即运输前检查,是指对冷藏集装箱的制冷功能作全面检查,以保证冷藏箱能起到制冷作用,通常 P. T. I 的制冷温度为 -18℃,检测时间为 8h(小时)。

P. C(Pre-Cool)即预冷,冷藏箱经 P. T. I 以后,客户在提箱装货前会要求先将箱预冷,达到预先设定的温度以便装载冷藏货。

通常 P. T. I 和 P. C 是客户需要装冷藏货时向码头提出来的,堆场策划根据客户要求对冷藏箱进行操作。

①P. T. I 工作程序。

P. T. I 的工作任务是:检查箱体的完整程度及测试机器的制冷是否正常(8h 内达到 -18℃为正常)。工作程序如下:

a. 接收船公司要求作 P. T. I 的传真文件;

b. 根据船公司传真文件,挑选符合要求的箱,在电脑中输入相应的代码 PI("PI"表示被选作 P. T. I 或 P. T. I 在进行中);

c. 把所选的冷藏箱转堆到雪地(雪地是指冷藏箱存放的堆场位置)位置后,开作业纸给电工进行作业;

d. 跟进电工操作进度,一般每个冷冻冷藏箱作 P. T. I 需要 7 ~ 8h,温度为 -18℃;

e. 记录 P. T. I 结果并输入电脑,输入"TC",表示 P. T. I 完成(P. T. I OK)或输入"TX",表示 P. T. I 失败(P. T. I FAILURE);

若有箱需要进修理,在作业纸上注明修理,电脑输入相应的备注"REPAIR"。

f. 闸口部根据结果配给拖车;

g. 根据电工完成结果(通/断电的时间)填写作业纸并交给财务部,作为收费依据。

②P. C 工作程序。

P. C 的工作任务是:冷藏箱在 P. T. I 结束后将箱制冷,以达到预设定的温度直至拖车提箱。

a. 接收船公司要求作 P. C 的传真文件,每间船公司要求对集装箱进行 P. C 时,都必须向码头操作部提供书面文件,码头操作部收到船公司的文件后方可对集装箱做 P. C;

b. 根据船公司传真文件,挑选符合要求的冷藏箱,在电脑中输入相应的代码,如输入"TC",表示此集装箱目前在做预冷(P. C);

c. 输入与 P. C 相关的资料有:订舱单号、箱量、箱型、箱的尺寸、温度等;

d. 把所选的冷藏箱转堆到雪地位置后,开作业纸给电工进行工作;

e. 跟进电工操作进度,一般根据船公司要求设定的温度确定每个冷藏箱作 P. C 所需的时间;

f. 记录 P. C 结果并输入电脑,如在电脑中输入"CX",即表示 P. C 失败(P. C FAILURE),若有箱需要进行修理,在作业纸中注明修理,电脑输入相应的备注"REPAIR";

g. 闸口部根据结果配给拖车;

h. 根据电工完成的结果(通/断电的时间)填写作业纸并交给财务部,作为收费依据。

第三节 船舶策划

船舶策划又叫船舶配载,船舶策划的实质是船位的策划,即集装箱在船上具体摆放位置的安排。其主要工作有两部分,一是制定船舶装卸计划,即根据船舶需要装卸集装箱的位置安排合适的装卸桥数量以及作业顺序;二是确定每个集装箱的装箱顺序和在船上的位置。

集装箱船舶也像码头堆场一样,每个集装箱在船舶上的位置都是可以用一个具体数字来表示的,如:Bay 18-05-84 表示该集装箱位于 18 行、05 列、84 层的位置。在集装箱装卸过程中,码头作业的指挥、控制是对箱位进行的,即具体哪个箱位摆放什么箱,先装哪个箱后装哪个箱等,预先都已作好安排。预先做这些工作的目的是:

1. 使装卸作业流畅,提高生产效率

在船舶到港前,对作业的顺序作好具体安排,以便作业人员预先做好准备,避免工作时由于无计划所带来的盲目混乱,保证生产有条不紊高效率的进行。

2. 确保船舶安全

我们知道,船舶重心越高,稳性越差。由于各个集装箱所装货物不同,其重量也各不相同,有的甚至相差很大,为了保证船舶稳性,应注意将重箱放在轻箱下面,避免头重脚轻,这就必须由船舶策划部门事先予以安排,指定箱号及装载位置,并打印成书面作业计划,指导现场作业。

3. 充分合理地利用集装箱船舶的舱容

由于集装箱船舶的结构各不相同,其装载集装箱的数量、种类及可装载位置也各不相同。如有的舱室只能装 20ft 箱,不能装 40ft 箱,而有的舱室 20ft 箱和 40ft 箱均可以装,此外,对于冷藏箱和危险品箱,通常均有固定的装载场所。所以,要想充分合理地利用舱容,就必须预先加以全盘考虑,作好妥善安排。

总之,为了既能充分合理地利用集装箱船舶的容量,又能保证船舶的安全航行,同时还可以保证码头作业的效率,船舶策划工作是必不可少的一个重要环节。

一、船舶策划基础知识及基本原则

(一)船舶策划基础知识

船舶策划是一项综合性的工作,它需要许多专业理论知识作指导,只有在实践中综合运用这些知识,才能准确高效地进行船舶策划。船舶策划基础知识主要包括:

1. 船舶稳性和集装箱绑扎知识

稳性对船舶航行安全是至关重要的,集装箱船除了舱内装载集装箱外,其甲板上也装载了大量的集装箱,其重心较高,这对船舶稳性造成很大的影响,所以原则上应将重箱装在舱内,轻箱装在甲板上,以降低船舶重心高度。此外,船舶横向左右的配载也应注意重量的均衡,重箱在船舶横向方向左右对称布置,尽量平均分配,这样不仅可以保持船舶处于正浮状态,而且可以减少船舶因左右不对称受力而产生扭转弯矩对船体结构的不利影响。

但是,也不能为了保证稳性而将重心高度调得很低,因为船舶重心太低,会使船舶的初稳性高度过大,致使船舶横摇周期过短,从而使甲板上的集装箱受到很大的加速度,这不仅对集装箱本身的强度造成影响,而且对甲板上集装箱绑扎设备的强度也有很大的影响。所以,应综

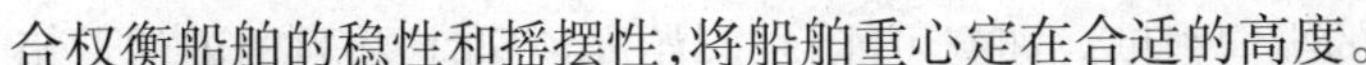

合权衡船舶的稳性和摇摆性，将船舶重心定在合适的高度。

一艘船舶在配载工作完成后，都应进行船舶重心和稳性的计算，以保证船舶安全航行。

2. 船舶结构知识

作为船舶策划人员，不仅应懂得集装箱船的基本结构，更重要的是还应知道不同的集装箱船，其结构是互不相同的。所以，在进行船舶策划时，首先应了解清楚所策划的集装箱船的结构对集装箱装载的限制，不然的话，就会造成脱离实际而使计划无法实施的结果。以APL（美国总统轮船公司）船公司某集装箱船为例，其船舶结构对装载集装箱有以下要求：

（1）舱面05、06行位上的集装箱压两块舱盖，即05、06行位舱面上集装箱的底座横跨在这一行位上的两块舱盖。如果想卸这两块中任何一块舱盖下的集装箱必须把05、06行上的集装箱先卸下，以避免造成无谓的倒箱工作。

（2）舱底16层的列位可以全部摆放H/C箱（H/C表示高度大于8.6ft的集装箱，此处指45ft长，9.6ft高的超高箱）。

（3）舱底18层的列位全部摆满时，则不可以摆放H/C箱；舱底按照正常情况摆7个G/P箱和2个H/C箱，如果全部摆放H/C箱，最多能摆放8个。

（4）45ftR箱（45ft冷藏箱）的安排：

H10、H18、D26、D34、D42、D50、D58（H代表舱内排号，全称为Hold，，D代表甲板排号，全称为Deck）。

甲板上46行和62行的82～84层不可摆箱。

（5）48ftR箱的安排：D18和D50。

（6）只有D26、D34可摆电压为440V和220V的冷藏箱，其余甲板上只能摆220V的冷藏箱并指定发动机的朝向。

（7）D10如摆5层时，每列只允许摆两个H/C箱。

（8）舱面摆6层时的要求：

①船尾：D62、D59、D54、D50、D46；

　驾驶室前：D42、D39、D34、D30。

②先船尾，后驾驶室；

③重要要求：90层——10t以下；92层——9t以下；

④必须征得船长同意并签字。

（9）在9层高的列位中，一定要摆8个H/C箱才能摆满，舱底16层的列位，尽量摆H/C箱。

由以上要求可看到，该集装箱船对于45frR箱，48frR箱以及冷藏箱的摆放位置有特殊要求，而对于舱面摆放6层高的集装箱，则有位置、装载先后以及重量方面的要求。由于H/C箱为9.6ft高的超高箱，如果在9层高的列位中，摆9个H/C箱，则累计高度超高，舱盖板盖不上，所以只能摆8个H/C箱，见上述要求(9)。

其次，应注意保证船舶的纵向强度和局部强度。集装箱船舶大多为艉机型，机舱、油舱、淡水舱集中在船尾部。由于这些结构上的特点，使集装箱船舶长期处于中拱状态，为克服这个不利因素，重箱应相对地多配一些于船舶中部，以抵消集装箱船舶的中拱变形。在船舶策划时，特别是在起始港预配时应充分考虑到途中挂港的装卸情况，预防在中途港装卸后，出现船舶中部集装箱量或重量减少而影响船舶的纵向强度。如有可能,在起始港预配时,将目的港的重箱配于船中。

此外,在集装箱船舶的甲板上和舱内,每列集装箱的重量均不应超过其允许的堆积负荷,否则将影响船舶的局部结构强度。通常集装箱船舶的堆积负荷是按舱内20ft集装箱每层平均重量为20t,40ft箱每层平均重量为30t设计的,甲板上的舱盖上是按20ft集装箱平均每层重量为15t,40ft箱平均每层重量为20t设计的。当总重量大的集装箱较多时,容易出现超负荷现象,在甲板的舱盖上更容易超负荷,必要时应减少集装箱的堆积层数,以防损伤船体结构。

3. 港口的有关规定

各个港口由于其本身的地理环境、投资规模以及业务大小的不同,都会有一套适合自身特点的规定。这些规定主要针对以下两个方面:

1)对危险货物装卸和过境的规定

随着危险货物运量的增加,各港口为了保证港口的安全,防止因危险货物事故造成对港口安全的威胁和对港口环境的污染,大多对危险货物在港口的装卸和过境作了严格的规定。如深圳某集装箱码头对危险品的限制有允许摆放与不允许摆放两种规定,允许摆放的危险品在时间上也有限制,最短为3天,最长为21天,不能摆放码头的危险货物,须由货主将拖车或驳船直接开到船边将危险货物提走。又如新加坡港,对载有新加坡当局规定的一级危险货物的船舶,不准其靠岸。若船舶要靠岸才能装卸其他普通货物时,须先在锚地将危险货物过驳,然后才能靠码头;如该危险货物是过境的,须在锚地重新将危险货物装船。总之,世界上多数港口对危险货物在港口的装卸和过境,都有一套严格的规定。所以,在船舶策划中如要安排装卸危险货物时,必须充分了解船舶挂靠港有关危险货物的规定,并按照该港口的有关规定,促使船公司做好危险货物的装卸和过境的申报和安排,并要求他们提供由当地海事局批准的危险品申报单。

2)对非标准集装箱的规定

非标准集装箱(U/C, Uncontainer,也有的称为B/B, Break Bulk,或者是OOG, Out Of Gauge)是指超长、超宽、超高或超重集装箱。由于港口的集装箱泊位上的集装箱专用装卸设备是按装卸常规集装箱设计的,对非标准箱就不一定能够装卸,因此,在船舶策划时,必须清楚了解挂靠港对非标准箱的限制和装卸费用等,以维护货主和船公司的利益。

4. 其他知识

其他知识包括船位概念、船舶配载图、集装箱的种类、泊位策划、堆场策划等。详见相关教材和前面有关章节。

(二)船舶策划的基本原则

在船舶策划过程中应遵循以下基本原则:

1. 尽量节省资源,少用岸吊

在确定好每一船舶需要进口和出口的集装箱数量和类型,即需要装卸多少集装箱后,根据船公司所提供的预配图中所需要装卸集装箱的位置和数量分布,尽可能少安排岸吊的数量,如果是位置太散,如果有可能可以安排两部岸吊共用一批工人。

2. 尽量避免中途港倒箱,以提高船舶装卸效率

集装箱运输大多是班轮运输,有固定的航线,沿途挂靠港较多,在船舶策划时,应注意挂靠港的先后顺序以及各个集装箱的卸货港,原则是先挂靠港的集装箱应后装船,而后挂靠港的集装箱应先装船,在实际操作中不要发生后挂靠港集装箱压前挂靠港集装箱的错误,如果这类错误在本码头被发现,会产生倒箱操作,从而降低装卸效率,延长船舶在港停泊时间,延误船期,如果这类错误在本码头没有发现,而在其他码头发现,那么倒箱作业就会在其他码头,船公司的这笔费用会向本码头索赔。

3. 避免到同一卸货港的集装箱过分集中

由于集装箱装卸桥结构上的原因,使得两台集装箱装卸桥不能并列在一起同时装卸相邻位置的集装箱。所以如果相邻行位的集装箱装卸量过多,会造成船舶在码头停留时间过长,影响船舶的整体操作效率,因此如果船舶空余舱位合适,可以建议船公司配载中心尽量把集装箱分散配载在不同的舱内,以便在装卸时可以采用多台装卸桥同时进行作业,保证船舶的装卸速度。

4. 应考虑特殊集装箱积载的特殊要求

1)冷藏箱

冷藏箱由于需要电源,而船上的电源插座大多是固定设置在某几个位置,所以冷藏箱的配置是固定的,不能随意放置,即应配置在靠近电源插座的地方。

2)危险货物箱

在预配时应先了解船舶本航次共配了多少危险货物箱及其国际危险级别,危险货物箱的积载与隔离一定要严格按照国际危险品规则来执行。在中途港加载预配时,还应查看原配载图,了解船舶是否装载危险货物,这些箱与加载的危险货物箱是否符合国际危规的积载隔离要求,若不符合,一定要加以调整。在预配时,还应考虑船舶建造规范要求,因为有些舱是不能装载危险货物箱的。

3)超重箱

由于这种箱超过集装箱装卸桥的负荷,必须用浮吊或陆上其他装卸机械来进行装卸。预配时,其舱位应便于浮吊或其他装卸机械作业,并应尽可能不妨碍码头装卸桥作业的正常进行。此外超重箱不应配置在船首或船尾附近的箱位上。因为这些部位使浮吊和其他装卸机械并靠和作业均较困难。

4)超长和超宽箱

这类箱的特点是,当超长箱的长度超过两行集装箱的间隙或超宽箱的宽度超过两列集装箱之间的间隙时,它将侵占相邻行或列的箱位,使船舶箱位利用率降低。在预配时,对这类箱的配位,应在不妨碍接卸港配位的前提下,相对集中,合理安排箱位,以减少箱位的过多损失。

5)超高箱

超高箱的积载位置,不论在甲板上还是在舱内,永远应配在最上层。如超高箱配在舱内,只要其超高的尺寸不大于该舱内舱盖底与最高一层集装箱的间隙,则不必减少集装箱的堆积层数,反之,则应减少装箱层数。

6)平台箱

此类集装箱只能配在舱内或甲板上最高一层,因为它的上面无法堆积任何集装箱。如它装货或其长、宽、高超过常规集装箱时,除按平台箱预配原则处理外,还应按超长、超宽或超高箱进行配位。

7)选港箱

此类箱应配在所要求选择的卸货港都能自由卸下的位置。配载时常将此类箱配在集装箱船舶的后甲板平台的箱位上,或配在被选卸货港中最后一港的集装箱箱位上。选港集装箱上面,除被选卸港中第一选卸港的集装箱可配在其上外,其余卸货港的集装箱均不能配在选港箱的上面。

5. 应注意使船舶具有适当的吃水差

通常由于船舶外形以及驾驶瞭望视线的要求,在船首附近箱位较少,如果装配不当,会造成船尾吃水过大,需用较多的压载水来调整首尾吃水差。所以,在船舶策划时,应注意集装箱重量在船舶纵向的分配,较重的集装箱应配置在船艏的箱位上。

二、船舶策划的日常工作

船舶策划的最终目的,是要获得船舶整体装卸顺序(CWP)和用于指导集装箱船舶装卸作业的实配图,所以,船舶策划的日常工作中最重要也是最主要的一项工作就是确定船舶整体装卸顺序(CWP),制作实配图。

CWP 的中文名称为装卸桥工作程序,意思是装卸桥对一艘船作业时的先后顺序和走势。一艘大型集装箱船舶通常会根据其装卸集装箱的数量和在船舶上的位置情况安排合适的装卸桥同时作业,装卸桥数量的安排和走势的安排,将影响码头整体操作效率和码头成本。CWP 的制定一般遵循以下原则:

(1)注意是否有自然长更。所谓自然长更是指装卸作业量最大的连续两个行位的作业(见图 2-6)。由于装卸桥有自身的宽度,船舶不能满足两部装卸桥同时作业相邻的行位,比如说 Bay14 和 Bay18 不能同时作业,只能一个行位作业完毕后才能够对另一个行位进行作业。自然长更应尽量用一部装卸桥作业,不要更换装卸桥,避免由于换装卸桥所引起的走机和对机时间。

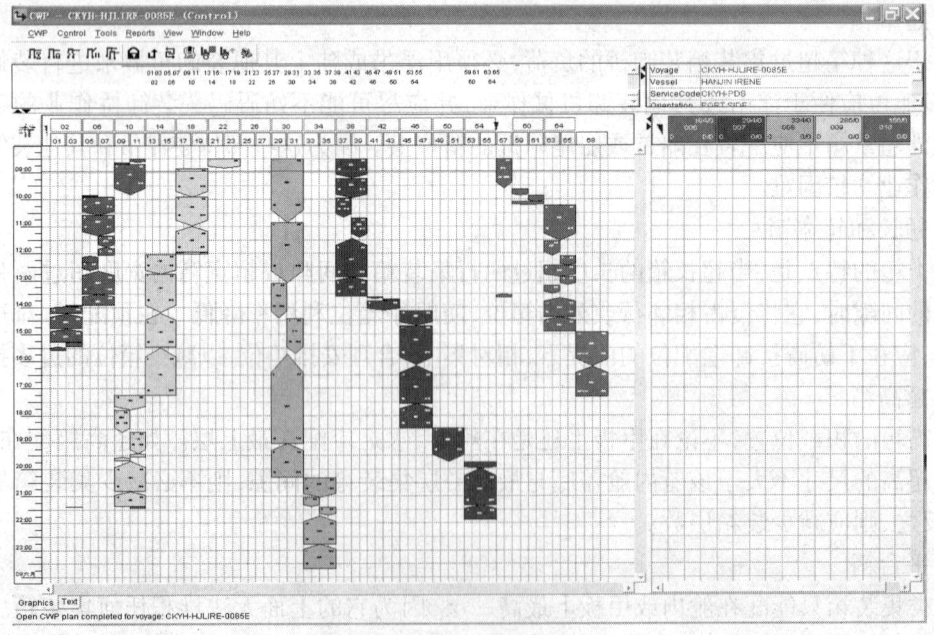

图 2-6 装卸桥装卸工序图

(2)满足 ETD 的要求下安排工人数量。如果船舶的 ETD 时间要求较早,则在安排工人数量时应该按实际需要来安排。如果船舶的 ETD 时间要求较晚,码头有充足的时间进行装卸而且泊位后面没有船舶等着靠泊,这时候就可以考虑减少工人数量,比如两部装卸桥共用一批工人,这样可以节省码头人工成本。

(3)各装卸桥间要装卸结合,避免大装大卸。在进行 CWP 安排时,要尽量考虑全船的整体操作,不同装卸桥之间装卸协调进行,条件允许下尽量不要同时全部装或者全部卸,如果全船同时装或卸会给堆场造成一定的压力。

实配图包括封面图(Loading Plan & Discharge Plan)和行箱位图(Hatch Print)。封面图是反映在本港装卸货物的整体情况的,分装箱和卸箱两种;而行箱位图是现场实际装卸作业的指导性文件,其内容包括船舶每个位置上所要装集装箱的信息:包括箱号码、装卸桥号码、装箱顺序号码等。一艘大型集装箱船通常会安排 4 个以上的作业班同时作业,而每个班组作业的进行,就是根据各班组手头上的行箱位图来安排的。所以说,船舶策划的好坏,直接影响到码头的生产效率。

(一)前期准备工作

在制作实配图前,船舶策划人员需做的前期准备工作如下:

(1)核对船东所给预配图集装箱数量和电脑集装箱数量。有时候船公司所给预配图的资料和码头内部集装箱数量是有差距的。目前船公司提供预配图有两种途径:一种是提前向码头索要资料;二是根据船东自己的 Booking 来提供预配图。不管是哪种方式,由于时间上的原因,都有可能出现船公司所提供的预配集装箱数量和码头实际收下的集装箱数量不符的情况,如果不符合,要修改预配图并和船东确认。

(2)与船公司核对集装箱数量。由于目前很多船公司在航运经营中采取共舱的方式,船东仅负责配载,核对集装箱数量的工作都由箱主船公司自己负责,因此在装箱之前都需要将要装箱数量、海关放行数量、收到海关放行条数量与船公司一一核对,确保码头和船公司一致。

(3)船公司如有任何对集装箱资料的更改,比如说 COV(Change of Vessel)、COD(Change of Destination)都应在电脑中做出相应更改,并记录存档。

(4)船公司如有新的船舶(以前未挂靠过本港)将挂靠本港,船舶策划组应将该新船的船位图,船舱结构以及对装卸集装箱的要求等事先输入电脑,以便随时调用。

(二)实配图的制作程序

实际操作中,实配图的制作程序是:

(1)根据船舶泊桥时间至少提前一天向船公司索取“进口资料”,包括进口集装箱清单、特殊集装箱清单、上一港口的行箱位图、上一港口的离港报告(TDR)以及在本港装卸的出口箱的预配图等。船公司的资料也可以通过 EDI(电子数据交换)方式传给码头。

(2)收到船公司的“进口资料”后,船舶策划组职员据此绘制“留船箱图”和“卸船箱图”。留船箱是指留在船上不动,即其卸货港不是本港的集装箱。卸港箱是指卸货港为本港的集装箱,即进口箱。同时,在电脑中输入进口箱的资料,必须注意的状况(空箱或重箱),注明冷藏箱和危险品箱。

(3)根据进口箱清单和上一港的行箱位图核对卸箱位置是否正确,然后打印卸箱清单,并与船公司的进口清单一一核对销数。注意修正箱的状态,确保卸箱清单与船公司进口箱清单一致。

(4)根据船公司提供的出口箱预配图以及出口箱数字。绘制装卸图(Loading Color Plan)。装载图上用不同的颜色代表不同的卸货港,注明特殊箱,并向船公司索取这些特殊箱的资料。

(5)船公司如果提出对某一箱做转船(COV)或转港(COD),必须在电脑中作相应的更改。

(6)卸箱图和装箱图结合起来,计算总的装卸箱量,根据装卸的舱位和使用的岸吊数,确定岸吊作业程序。应注意使每个作业班组的作业数量平均,以使各班组作业差不多在同一时间完成。另外,应保证各作业班组作业互不影响。

(7)据装箱图进行各行位拼箱,绘制行箱位图。如果是出口重箱,必须有海关的放行条才可以安排装船。拼箱时应注意箱的重量对船舶稳性及吃水的影响,还应留意箱的堆场的情况,避免取箱混乱。有关拼箱的原则在本章第一节已有详细说明,这里不再赘述。

(8)打印行箱位图,复印一份特殊箱清单,并准备一份到港报告,待船舶泊桥后,将这些资料送上船交给大副,经大副审查同意后,取回正本行箱位图(Master Bay Plan),实配图至此就正式完成了。

(三)收尾工作

船舶装卸完毕,需做的收尾工作:

(1)在上一港口的实配图上,将在本港的卸箱去掉,再加上在本港的装箱,即成为本港的实配图中的封面图,并将此封面图复印一份,作为离港实配图。

(2)根据各作业班组送来的桥边作业纸(即行箱位图的实际完成情况)在电脑系统中进行确认,并修正卸箱在堆场的位置,然后与到港实配图和离港实配图核对消数,确保实际卸箱和装箱准确无误。

(3)打印装箱清单和卸箱清单分派给有关部门。

(4)船舶离港后,制作以下报告,分给所需部门。

①泊桥报告(Berthing Report);

②离港报告(T. D. R);

③码头操作报告(Terminal Performance Report),每月制作一次。

(5) 整理出以下文件并存档:

①船公司有关转船、转港、翻箱的指示文件。

②在卸箱时发现烂箱,将箱号及烂箱损坏图传真给船公司的传真件。

③船舶操作报告(指塔机作业),内容包括:

a. 船公司、船名、航次、靠(离泊)时间;

b. 实际操作:装卸桥数量、开始作业时间、完成作业时间、毛(净)作业时间、装卸数量、装卸速率;

c. 误工记录:装卸桥号码、误工时间(从几点到几点)、误工原因、是否影响生产工具效率。

④装箱清单、卸箱清单、翻箱清单、内容包括:

a. 船公司、船名、航次、到港时间、离港时间、卸货港(或装货港)。

b. 箱号、状态、箱型、堆场位置、装船(卸船、倒箱)位置、箱重、危险品等级。

⑤坏箱清单,主要注明船公司、船名、航次、坏箱号以及箱损坏情况。

⑥出口箱数量清单,要求注明船公司、船名、箱的种类和数量。

⑦非标准箱货物操作报告，主要注明专用工具准备时间及操作时间。

⑧危险品清单、冷藏箱清单。

⑨海关放行条。

⑩现场各班组使用过的箱位图。

⑪船公司传真过来或 EDI 过来的预配图、进口箱清单以及出口箱清单。

⑫本港所作的实配图。

⑬离港报告（T. D. R）。它是一份总结性文件，内容包括船舶停泊、装卸箱数量和种类，实际操作工时等。

综上所述，船舶策划的目的是制作实配图（封面图和行箱位图）用于指导生产。但要制作实配图，又必须做大量的准备工作，再运用制作实配图的原则，在船公司提供的预配图基础上进行合理的折箱，最终得出生产用的行箱位图。船舶装卸完毕，船舶策划人员又须就本航次的整个工作过程作一个全面系统的总结，并将有关的文件资料整理存档。

第四节　闸　　口

闸口又称大门，是集装箱码头的门户，闸口的功能是办理所有进出集装箱码头的集装箱出入交接手续。

一、闸口的构成

集装箱码头是水陆联运的中间枢纽，是集装箱运输中集装箱由陆运转水运或由水运转陆运的一个重要的不和缺少的中转站，所有集装箱都在这里转变运输方式。所以，进出集装箱码头的集装箱是相当频繁的，闸口的构成原则主要是为了使集装箱进出码头时方便快捷，具体地说就是交接手续办理方便，闸口处交通畅通，保证集装箱运输的安全高效。

图 2-7 为闸口构成示意图，由图可见，闸口是集装箱码头与外界的分界处，共有 2 个门户，一个负责载箱拖车进闸和空架拖车进闸，出闸也有空架拖车出闸和载箱拖车出闸之分。作这样的划分，主要是因为：

（1）各种情况出入码头时需办理的手续不一样；

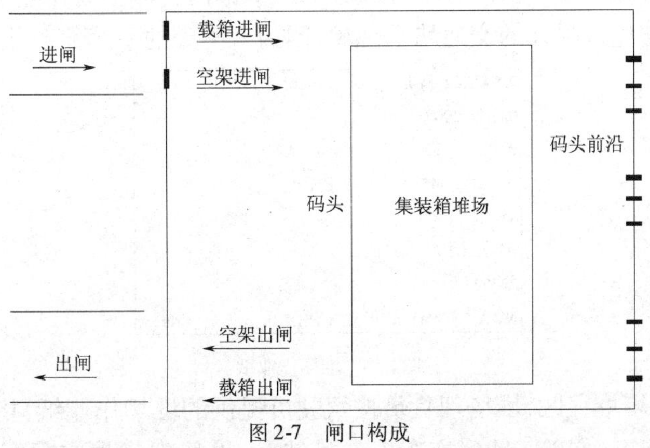

图 2-7　闸口构成

(2)各拖车分别行驶自己的线路,可保证闸口处的交通畅通。

二、闸口工作的一般程序

闸口工作程序分为收箱程序和交箱程序。收箱是指客户将载有货的集装箱(重箱)或空箱送交码头寄船或暂存,此时码头须与客户办理一个收到箱的手续。交箱是指客户派拖车到码头来领取装货重箱或者未装货的空箱,此时码头须与客户办理一个已给箱的手续。总的说来闸口的工作就是这两类,具体执行程序我们以下面一个常见的例子来说明。

例1 某客户有一批货需运到美国,决定用集装箱装载付运,于是该客户就向某船公司订舱。船公司接受订舱后,便安排好船只、航次,并通知该客户在什么时间内应将集装箱货物送到指定码头。由于客户装货时需有集装箱,所以就得到码头提一个空箱,提到空箱,客户装好货后,又得将此箱在规定时间内送到码头,以便装船。因此,这里就有两方面的工作:

(1)客户到码头提取空箱用于装载货物(码头交箱);

(2)装货后,客户将重箱送到码头(码头收箱)。

实际操作程序如下:

(1)船公司安排拖车或通知客户安排拖车去码头提取空箱。

(2)拖车驾驶员去码头提箱前先到船公司打单(拿交收箱用的集装箱收发单),该收发单通常为一式6联,见附录2~附录6。同时,船公司还会发给驾驶员封条(实际是一把锁),封条为每个集装箱一个,装货完毕,加封在集装箱箱门上。

(3)拖车驾驶员开车到码头闸口处,从空架进闸处入闸,在入闸口处停车,将集装箱收发单的第1联(附录1)递交给入闸口处码头职员,用于办理入闸手续。驾驶员递交收发单第1联后,无需等候,可开车进入码头专用停车场等候通知。

(4)闸口职员将第1联中的有关数据输入电脑,如船公司名称、船名、航次、箱主、订舱单号、拖车号以及集装箱类型和尺寸等,然后安排取箱位置(堆场位置)和集装箱号码,打印出一张堆场作业纸(图2-8)给驾驶员,至此,入闸手续便办理完毕。堆场作业纸上注明有箱号和取箱的堆场位置,拖车驾驶员便可开车到堆场作业纸上指定的堆场位置提取空箱。有的集装箱码头将入闸手续分两步办理,即入闸处码头职员先输入有关数据到电脑,然后由另一个称为集装箱服务系统(CMS,即 Container Movement Service)的部门打印堆场作业纸给拖车驾驶员。这样做的好处是可以避免入闸处的交通堵塞现象,因为入闸处的手续简单化了。

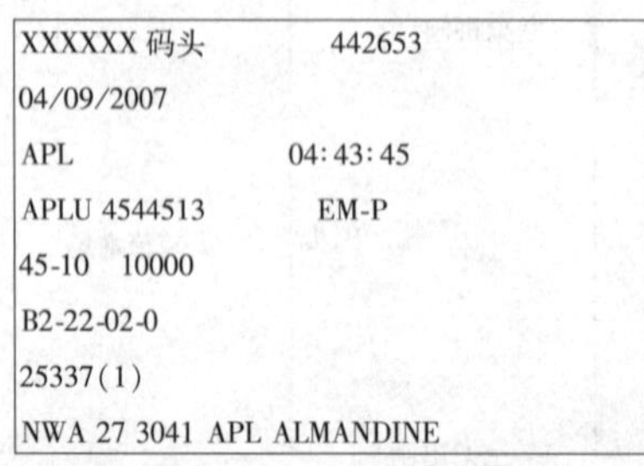
XXXXXX 码头　　442653
04/09/2007
APL　　04:43:45
APLU 4544513　　EM-P
45-10　10000
B2-22-02-0
25337(1)
NWA 27 3041 APL ALMANDINE

图2-8　堆场作业纸

(5)如果是在空箱堆存区,堆场理货员按驾驶员提供的堆场作业纸,指挥铲车驾驶员或龙门吊司机将指定集装箱(空箱)吊到拖车上。吊装时,堆场理货员应观察集装箱底部有无损坏，如有损坏，堆场理货员应通知闸口更换集装箱，此时拖车驾驶员须持原有堆场作业纸回入闸处改单，即更改集装箱箱号和取箱位置，再回到新的堆场位置取箱，直到所取集装箱完好为止。如果提取龙位空箱，龙门吊司机可以从电脑系统内看到拖车及集装箱的信息，如：车牌号、集装箱号码、堆放位置等。当拖车驾驶员将车移到相关位置后，龙门吊司机便按照电脑系统内的指示将集装箱摆放到拖车上。

(6)拖车驾驶员取箱后开车到验箱处验箱。出闸前须经过详细的验箱，因为集装箱装到拖车上后，底部与拖车架接触，无法观察，所以堆场理货员验箱是检查箱底。而出闸前的闸口验箱是检查集装箱底面以外的其他所有部位。验箱应做到以下几点：

①外部检查，即对箱体的表面察看，是否有变形、损坏等；

②内部检查，检查时理货员进入箱内，关上箱门，观察有无漏光现象，由此判断集装箱是否破损；

③箱门检查，箱门应完好、水密；

④清洁检查，检查箱内有无残留和污染、锈蚀、水湿、异味等；

⑤根据货种及有关要求进行其他检查，如防虫防病疫检查等。

理货员根据验箱结果在堆场作业纸上记录签字，具体说明箱型、材质以及箱体是否完好，然后交给驾驶员。

(7)驾驶员持堆场作业纸（已加验箱记录）和入闸时剩下的5联收发单到载箱出闸处办理出闸手续。出闸处职员根据驾驶员递交的材料重新核对箱主、订舱单号、拖车号等，看电脑记录是否有错，同时检查实际取的箱是不是堆场作业纸上指定的箱，即核对箱号，核对正确无误后，出闸处职员收下堆场作业纸及收发单第6联（附录6）留存，同时打印一份设备交接单（通称出闸纸，图2-9a）同剩下的4联收发单一起交给驾驶员。设备交接单上记录有拖车号、箱号、订舱单号等。

(8)拖车驾驶员凭设备交接单出闸离开码头。

至此，提取空箱的工作就全部结束了，码头交空箱过程见图2-10。

(9)客户拿到空箱后，即安排装货。装好货后，在箱门上加装厂家船公司封条，（出口货物还应经海关检查批准后加封海关封条，）上了封条的集装箱不能随意打开，以保货物不致丢失。

(10)集装箱装箱完毕，加封后，再安排拖车将装有货的集装箱（重箱）送到码头。此时拖车从载箱进闸处进闸，在进闸口处递交集装箱收发单（此时驾驶员携带的运输文件就是上次取空箱时剩下的4联集装箱收发单，见附录2～附录5），办理交接箱手续。在办手续前，先经过理货员验箱，验箱的内容为：

①箱体外观检查，是否有损坏、翘曲、破裂现象。

②核对箱号是否与单证上相符。

③记录封条号码，包括船公司封条或海关关封及厂家施加的厂封。

④注明集装箱的类型、材质。

验箱内容写在集装箱收发单第2联（附录2）上。

(11)验箱完毕，闸口处职员审单（即审查集装箱收发单），并将有关箱的资料记录输入到电脑。例如：拖车号、箱号、船名、航次、订舱单号、卸货港、封条号、箱毛重等。输入完毕，撕下

设备交接单(YICT)

船公司:KKKY
航　次:LEGO/80/L294
航　名:LUEN SHING

箱　号　:EKLU2091374⌊43/00⌋
车　牌　:* * * GDPKO450
拖车公司　:ZT
封条号码　:BH53502　　状态:XF(G)
卸货港　:HIT　　目的地:HKG
重量(kg)　:25000　　特殊代码:
装运单编号:K0118EMS048W
要求温度　:

货名/数量　:GENERAL CARGO 海关封条:

超高/超宽/超长(cm):
发货人:KKKY
收货人:
检　查:OK　　危险品代码:
备　注:

进闸时间:24/11/00　　13:33:48
出闸时间:24/11/00　　13:56:56

a)

设备交接单(YICT)

船公司:CSCL
航　次:CCPE/11/E04L
航　名:P&O NEDLLOYD AGULHAS

箱　号　:CCLU5036116⌊43/10⌋
车　牌　:* * * GDB34830
拖车公司　:ZT
封条号码　:005091　　状态:IF(P)
卸货港　:YIC　　目的地:
重量(kg)　:27989　　特殊代码:
装运单编号:
要求温度　:

货名/数量　:GENERAL CARGO 海关封条:

超高/超宽/超长(cm):
发货人:
收货人:CSCL
检　查:OK　　危险品代码:
备　注:

进闸时间:24/11/00　　11:33:25
出闸时间:24/11/00　　12:35:06

CCLU5036116D0

b)

图 2-9　设备交接单

a)提空箱用;b)提重箱用

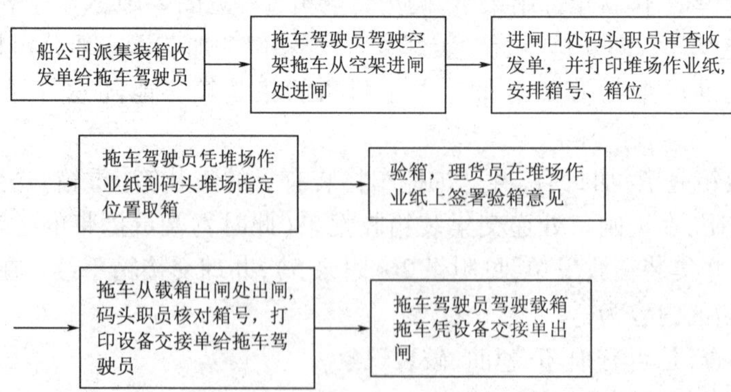

图 2-10　码头交空箱程序

收发单第 2 联(即附录 2)留存,其余3 联交给驾驶员,并打印一张堆场作业纸给拖车驾驶员。此堆场作业纸同上次提空箱时的堆场作业纸形式一样,只是一个用于提箱,一个用于交箱,堆场作业纸上注有卸箱的堆场位置,拖车驾驶员到指定堆场位置,将堆场作业纸交给堆场理货员。

(12)堆场理货员先审查拖车驾驶员提交的资料，如没有问题，即指挥龙门起重机卸箱。卸箱完毕，堆场理货员应在堆场作业纸上签字确认。

(13)拖车离开堆场到空架出闸处办理出闸手续。出闸处码头职员重新核对进闸时输入到电脑里的文件资料记录，应特别注意核对箱号、船名、航次、卸货港以及堆场作业纸上有无堆场理货员确认已卸箱到堆场的记录，然后打印设备交接单(即出闸纸)，撕下收发单第5联(附录5)留存，剩余2联收发单连同设备交接单交给驾驶员，此设备交接单与上次来提箱时的设备交接单一样。

(14)拖车驾驶员凭设备交接单出闸。

至此，将重箱交给码头的工作便全部结束，码头收箱过程见图2-11。

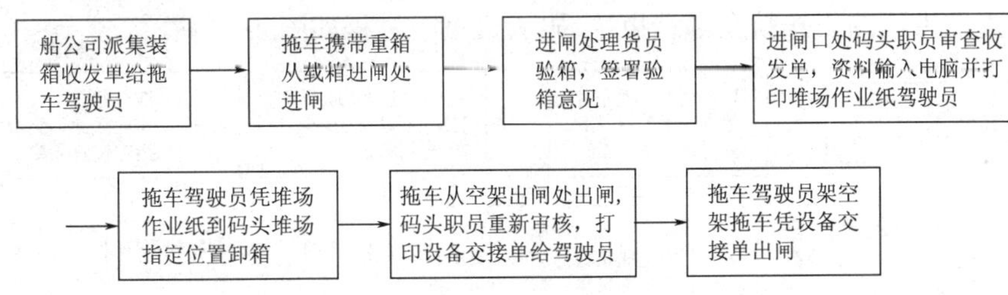

图2-11 码头收重箱程序

至交箱结束时，拖车驾驶员原持有的6联集装箱收发单现只剩下两联(即附录3和附录4)，其中一联(附录3)用于报关，另一联(附录4)由运输公司保留。

例2 某客户有一进口重箱卸在某集装箱码头，停放在码头堆场内，现需去提货。

实际操作程序如下：

(1)船公司安排拖车或通知客户安排拖车去码头提取重箱。

(2)拖车驾驶员去码头提箱前先到船公司打单(拿交收箱用的集装箱收发单)，该收发单通常为一式6联，形式同附录2～附录6。

(3)拖车驾驶员开车到码头闸口处，从空架进闸处入闸，在入闸口处停车，将手中收发单的第1联递交给入闸口处码头职员，用于办理入闸手续。驾驶员递交收发单后，无需等候，可开车进入码头专用停车场等候通知。

(4)闸口职员根据收发单将有关数据输入电脑，如箱主、拖车号以及集装箱类型和尺寸等，然后安排取箱位置(堆场位置)和集装箱号码，打印出一张堆场作业纸(见图2-8)交给驾驶员，至此，入闸手续便已办理完毕。堆场作业纸能够注明有箱号和取箱的堆场位置，拖车驾驶员便可开车到堆场作业纸上指定的堆场位置提取重箱。有的集装箱码头将入闸手续分两步办理，即入闸处码头职员先输入有关数据到电脑，然后由另一个称为集装箱服务系统(CMS)的部门打印堆场作业纸给拖车驾驶员，这样做的好处是可以避免入闸处的交通堵塞现象，因为入闸处的手续简单化了。

(5)堆场理货员按驾驶员提供的堆场作业纸，指挥龙门吊司机将指定集装箱(重箱)吊到拖车上。吊装时，堆场理货员应观察集装箱底部有无损坏，如有损坏，应作好详细记录并通知船公司加以确认。

(6)当拖车停靠到指定位置后，龙门吊司机会根据看到的车牌号调出集装箱资料，把集装箱吊装到拖车上，如果发现箱顶部有损坏，应立即通知作业班长。

(7)驾驶员持堆场作业纸(已经堆场理货员确认)和提到箱子后驾驶员持入闸时剩下5联收发单到载箱出闸处办理出闸手续。出闸处职员根据驾驶员递交的材料重新核对箱主、箱号、拖车号等,看电脑记录是否有错,同时检查实际取的箱是不是堆场作业纸上指定的箱,即核对箱号。核对正确无误后,出闸处职员收下堆场作业纸及收发单第6联留存,同时打印一份设备交接单连同剩下的4联收发单一起交给驾驶员。设备交接单上记录有拖车号、箱号等,此设备交接单与提空箱时的设备交接单[图2-9b)]基本一样,唯一不同的是提重箱时的设备交接单带有条形码,拖车驾驶员出闸时凭此条形码开启电子锁(通过电子扫描),出闸处的交通栏杆即会自动抬起。同时,闸口验箱员会仔细检查箱体是否有损坏。

(8)拖车驾驶员凭设备交接单出闸离开码头。

至此,提取重箱的工作就全部结束了,码头交重箱过程如图2-12所示。

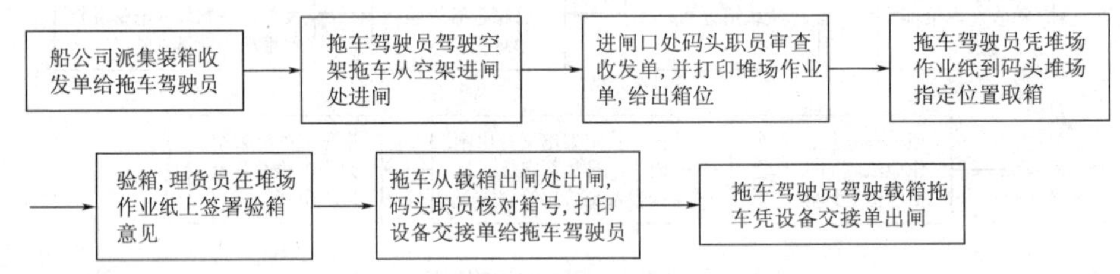

图2-12　码头交重箱程序

(9)客户提到重箱后,即安排卸货。

(10)集装箱卸货完毕,拖车将空箱送回码头,此时拖车从载箱进闸处进闸,在进闸口处理处递交集装箱收发单(此时驾驶员携带的运输文件就是上次提重箱时剩下的4份收发单),办理交接箱手续,在办手续前,先经过闸口处理货员检箱,验箱的内容为:

①箱体外观检查,是否有损伤、翘曲、破裂现象;

②核对箱号是否与单证上相符;

③集装箱的类型、材质。

验箱内容写在收发单第2联(附录2)上。

(11)验箱完毕,闸口处职员审单(即审查集装箱收发单),并将有关箱的资料记录输入到电脑。例如:箱主、拖车号、箱号等。输入完毕,撕下集装箱收发单第2联(附录2)留存,其余3联收发单交给驾驶员并打印一张堆场作业纸给拖车驾驶员。此堆场作业纸同上次提空箱时的堆场作业纸(图2-8)形式一样,只是一个用于提箱,一个用于交箱,堆场作业纸上注有卸箱的堆场位置,拖车驾驶员到指定堆场位置,将堆场作业纸交给堆场理货员。

(12)堆场理货员先审查拖车驾驶员提交的资料,如没有问题,即指挥铲车卸箱,卸箱完毕,堆场理货员应在堆场作业纸上签字确认。

(13)拖车离开堆场到空架出闸处办理出闸手续。出闸处码头职员重新对进闸时输入到电脑里的文件资料记录,特别注意核对箱号、箱主以及堆场作业纸上有无堆场理货员确认已卸箱到堆场的记录,然后打印设备交接单,撕下集装箱收发单的第5联(见附录5)留存,剩余2联连同设备交接单交给驾驶员,此设备交接单与提空箱的设备交接单一样。

(14)拖车驾驶员凭设备交接单出闸。

至此,将空箱交给码头的工作便全部结束,码头收空箱过程见图2-13。

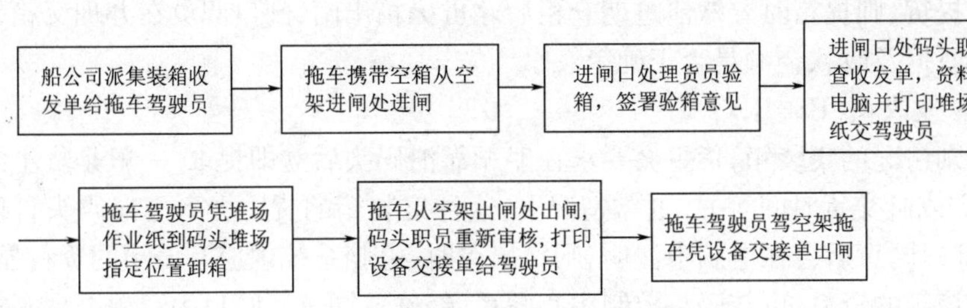

图 2-13 码头收空箱程序

至交箱结束时，拖车驾驶员原持有的 6 联收发单现在只剩下 2 联(即附录 3 和附录 4)，其中一联(附录 3)交驾驶员，另一联(附录 4)由船公司保留。

在以上交箱与收箱的过程中，拖车进入闸口时都有审查文件(即审单)的问题，那么，文件审查工作到底应审查什么呢？入闸处职员在审单时应注意审查的内容主要有以下几个方面：

(1)船公司文件上须有船公司的签名或盖章；

(2)文件不得有涂改现象，如有涂改或需更改文件内容，需船公司盖章确认；

(3)船公司的封条代号必须与船公司名称相符；

(4)卸货港是不是本港，如文件上卸货港不是本港，说明驾驶员走错地方；

(5)核对箱号，是指交箱时，理货员注明的箱号是否与文件上的箱号相符；

(6)如果是向码头交重箱，文件上必须写明船名、航次、卸货港，如发现此船名、航次已发出或取消，则应更改船名、航次，并由船公司盖章确认；

(7)对于提重箱，应注意提箱日期与到港日期，看是否超过免仓租期(通常为 7 天)，如果过期，则应先交清仓租，才准提箱；

(8)对于提重箱，还应有海关的放行条；

(9)对于转关货物，即需要由海关检查重新加封再运到另一港口的货物，在拖车来提箱给海关查验时，需要有"汽车运载的进口转关货物专车申请表"。

在出闸处的审查工作，主要是核对入闸处以及堆场操作是否正确，作进一步确认，如箱号、船名、航次，订仓单号是否正确等。出闸处所有的文件通常是代船公司收的，每天出闸处都会按不同船公司对文件进行分类整理后交给船公司。

三、闸口特殊情况处理

闸口的工作除正常的交箱收箱外，经常会有一些特殊情况发生，一般有以下几种情况：

(一)出口重箱倒箱和取消寄船

以上两项是指一个出口重箱已经交到码头，因某种原因(如货物数量、品种不符等问题)货主或船公司需要从码头再取出该箱进行倒箱(如更新货物品种、增补数量等)或是取消寄船。此时码头要收取吊箱费，并要在提箱文件上注明该费是由货主支付，如果该箱需要取消寄船，还需另加收堆存费。提取此两项重箱出闸都必须经海关批准，凭海关签署的退关证明才可办理提箱出闸手续。

(二)过期仓租

通常一个进口重箱，码头都会给船公司及货主一个允许存放的时间期限，如果过了此期限货主还未安排提货，则提箱时要缴清过期仓租后才可提箱出闸，闸口职员在办理交箱手续时应注意核对缴款收据及收款金额是否正确等。

（三）取箱/速取箱（Hot Box）

有一些特别情况的集装箱，货主会要求在船舶靠泊码头后立即提取，一般是货主急需该货物（如生产急需或赶交货时间等）。通常情况下，这种集装箱的货主会事先向码头管理部门申请，码头管理部门同意后会在电脑中注明，闸口出单时，电脑系统内应有该箱的资料显示，如果此时电脑内无该箱的资料，可与码头控制中心联系，经确认同意后闸口手写单办理提箱手续。

（四）海关扣留箱

海关扣留箱是指因查货而被海关暂时扣留的集装箱。提取海关扣留箱时，拖车驾驶员所持文件应盖有海关放行章及海关人员签名，并且要有海关签发的放行货物通知单，凭此二单，闸口职员方可办理海关扣留箱的提箱手续。

（五）查验箱

海关有时因工作需要需检查某些物，此时海关会发出"查货通知单"，通知单上注明有需查验的集装箱箱号，码头闸口可据此通知单核对箱号后即可放行。

（六）转关货

转关货是指从某一海关管辖地转运到另一海关管辖地的货物，由于卸货港分属于不同海关，所以称为转关货。通常转关货是不离开码头的，只是在码头内改变一下关封，转关货在起运前，需由海关查验，重新施加关封，并签发放行条，本地海关还会函寄一份关封给另一地海关。集装箱从码头堆场提至海关查验场海关检查时，货主应填写"汽车运载的进口转关运输货物专车申请表"报海关批准，码头提箱处凭此申请单办理提箱手续。

（七）烂箱的处理

如果是提空箱外出装货，出闸验箱时若发现箱体有损，首先应视损坏程度是否严重，轻微者，可将箱拖至维修厂修补后出闸，若损坏程度较严重，且不可能在短时间内修复，则要换取另一集装箱。

如果是交箱回码头（空箱或重箱），入闸验箱时若发现箱体有损，无论损坏程度是轻还是重，闸口职员都必须填写烂箱检查报告并通知船公司，在得到船公司签字认可后，闸口才能收箱。

四、闸口工作程序实例介绍

为了使读者更进一步了解掌握闸口的运作，我们借助某国际集装箱码头的闸口运作程序作为例子，向读者介绍闸口的实际运作情况。

（一）闸口收箱程序

图 2-14 为某集装箱码头的闸口收箱流程图，下面就根据流程图上的序号讲解实际运作过程。

图中（1）为船公司的职责。派单是船公司将集装箱收发单（附录 2 ~ 附录 5）交给拖车驾驶员，拖车驾驶员凭此收发单将重箱交到码头。改单是指在船公司集装箱收发单制作有错时，如未注明船名、航次，或者收发单上有涂改现象，需船公司改单并盖章确认。除了改单确认外，如送交的箱有损坏，船公司也需盖章确认，否则码头不会收箱。

图中(2)是指拖车驾驶员拿到船公司集装箱收发单后到客户处装运集装箱。

图中(3)是指拖车驾驶员驾驶载箱拖车到入闸口处,验箱员需对箱体检查,检查内容见本章第二节。

图中(4)为闸口A房。这是一个专门负责办理收箱手续的办公室,拖车驾驶员在此交集装箱收发单的第1联后便可离开。因为车多,且每份收发单都要审查,还要将有关的资料输入到电脑,所以每份收发单的处理需要一定时间,为保证闸口处交通畅通,一般驾驶员递交第1联收发单后,即持剩余收发单开车离开入闸处,到码头指定停车场等候。闸口A房的职员应依次将递进来的收发单进行审查,将数据输入电脑,如果收发单有问题。闸口A房的职员会通知集装箱移动服务系统(CMS房),将持有该集装箱收发单的驾驶员的拖车号码显示在告示牌上。

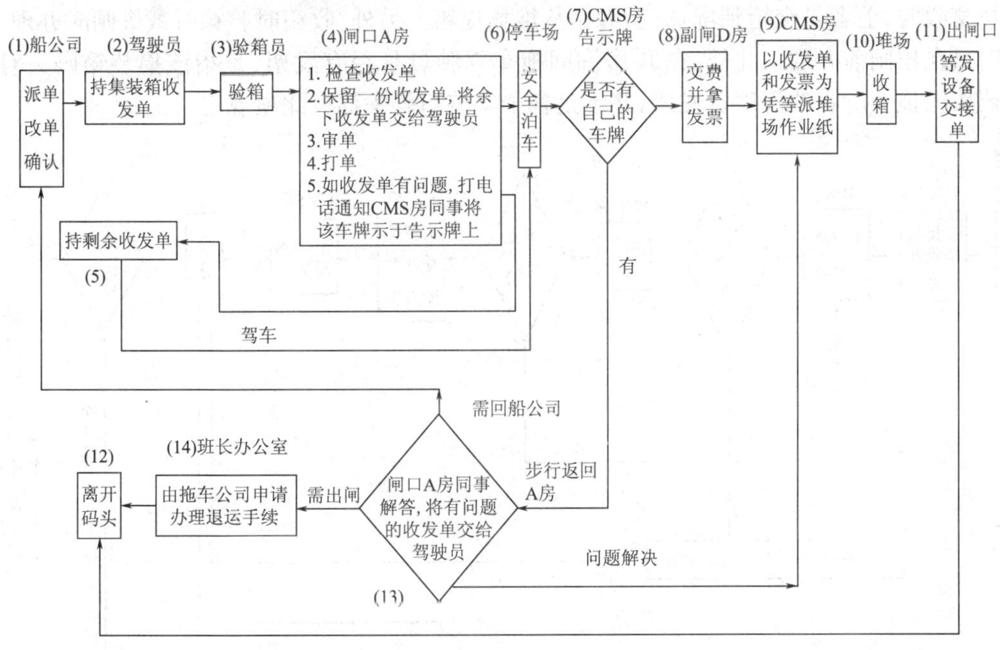

图2-14　闸口收箱流程图

图中(5)、(6)为驾驶员泊车后等候。

图中(7)是指驾驶员查看CMS房告示牌上是否有自己的车牌号码,如果有,拖车驾驶员就立即返回闸口A房重新办理入闸文件处理手续,如果没有,则进行下一步。

图中(8)为副闸D房。这是一个交纳码头拖车管理费的场所。这是码头自身管理的规定,并不是所有集装箱码头都有的,拖车驾驶员在此交费、拿发票。

图中(9)为CMS房,拖车驾驶员凭集装箱收发单和管理费发票等候CMS房打印出一张堆场作业纸(图2-8),此作业纸上注有集装箱在堆场的卸箱位置。

图中(10)为堆场收箱,即堆场理货员根据拖车驾驶员出示的作业纸指挥铲车驾驶员或龙门吊驾驶员将箱卸在堆场指定位置。

图中(11)为卸箱后拖车驾驶员驾驶空架拖车到出闸口处,递交集装箱收发单及作业纸。出闸口处码头职员重新审查,确定一切无误后,打印一张设备交接单(即出闸纸),同时撕下第6联收发单连同作业纸一起留存,并将设备交接单及剩余的收发单交给驾驶员。

图中(12)拖车驾驶员拿到设备交接单后,即离开码头。

在执行步骤(7)时,如果拖车驾驶员发现告示牌上有自己的车牌号码,说明自己提供的文件有问题,应立即返回入闸口 A 房处理,即进行步骤(13)。如果问题不大,驾驶员稍加解释即行解决,便可以接着进行步骤(4);如果收发单需要更改或有涂改现象需船公司盖章确认,则驾驶员需将收发单拿回公司,即执行步骤(1)、(2)、(4);如果问题较大,譬如说驾驶员走错地方,其所载集装箱根本不是送到该集装箱码头,而应该送到其他码头的,这时,拖车驾驶员应该到闸口班长办公室申请办理退运手续(14),经批准同意后,离开码头。

(二)闸口交箱程序

图 2-15 为某集装箱码头闸口的交箱流程图,具体实施过程与前述收箱基本相同,只不过载堆场交收时,前者是交箱到堆场,后者是从堆场提箱。另外,收箱时验箱时载进闸时办理,而交箱时是在出闸前办理。此外,在 B 房询问拖车驾驶员是否有发票,是指该集装箱码头对进出该码头的拖车所收的管理费发票,并不是各个集装箱码头都有此项规定。

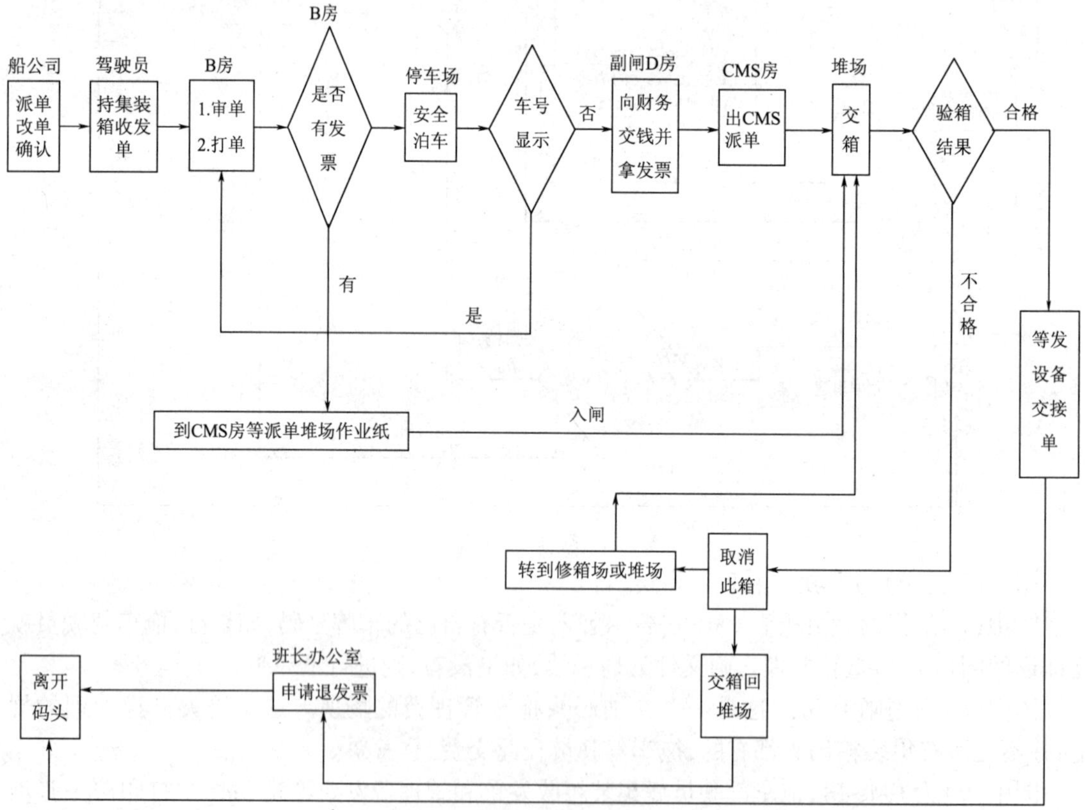

图 2-15 闸口交箱流程图

第五节 集装箱码头现场操作

集装箱码头现场操作是对集装箱码头操作部所制订计划的具体实施。前面已介绍过了泊位策划、堆场策划和船舶策划,这三种策划分别对船舶靠泊码头、集装箱在堆场的合理摆放以及装卸船的有序进行作了具体的计划与安排，并有相应的书面指导文件。现场操作就是在这些指导文件的指导下，通过有效地调动机械和人力组织进行码头的现场作业，集装箱码头的现场作业是围绕着以集装箱船的装卸作业为中心的一系列作业的总称，它包括集装箱堆场上空箱、重箱与货主进行交接的作业，船舶的靠离泊作业以及船舶的装卸作业等。

一、集装箱码头装卸工艺

集装箱的装船和卸船作业主要有三种方式，即：吊上吊下式、滚上滚下式、浮上浮下式，其中滚上滚下式只适用于滚装船的装卸，浮上浮下式是指载驳货船的装卸，这两种装卸工艺在一般集装箱码头上并不常见，所以，这里仅介绍吊上吊下式的几种工艺。

(一)龙门起重机系统

龙门起重机系统的作业方式是在码头岸边(即船边)采用装卸桥装卸，堆场使用龙门起重机装卸，岸边与堆场之间采用牵引车搬运集装箱，见图2-16。

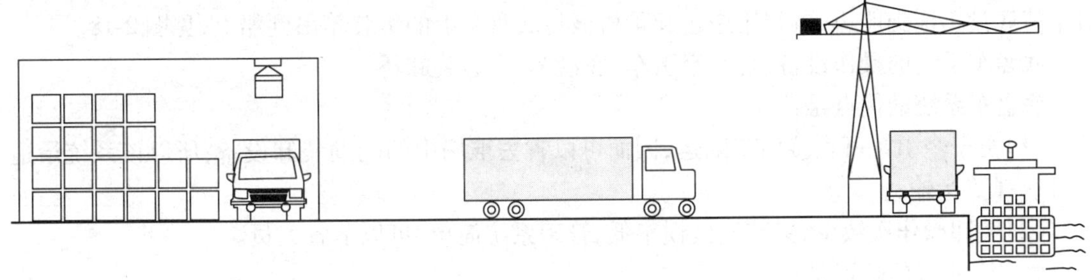

图2-16　龙门起重机系统

龙门起重机系统的操作设备包括：龙门起重机(轮胎式或轨道式)、牵引车(含车架)、岸边装卸桥。

龙门起重机系统的优点是：堆场集装箱可堆放4～5层高，所需堆场面积小而堆放量大，提高了堆场利用率，十分适合堆场面积较小而操作箱量较大的集装箱码头。

龙门起重机系统的缺点是：提取多层箱垛底层的集装箱时必须倒箱，取箱时间较长，此外轨道式龙门起重机只能沿轨道运行，作业范围受限制。

(二)跨运车系统

跨运车系统的作业方式是装卸船仍采用装卸桥作业，而岸边到堆场的运输以及集装箱在堆场的堆放，均由跨运车来完成，集装箱在堆场内的堆放高度一般为2～3层高，见图2-17。

跨运车系统的操作设备包括：轮胎式跨运车、岸边装卸桥。

跨运车系统的优点是：机动性强，跨运车能单独完成搬运、堆码和装卸车作业，十分灵活。

跨运车系统的缺点是：

(1)跨运车造价较高，且液压件多，容易损坏，完好率低；

(2)操作视野较差，有一些死角，操作时需配备一名辅助人员；

(3)跨运车由于载箱行走，轮压力大，对堆场道路承载能力要求高，故土建投资费用大；

(4)由于跨运车只可以堆码2～3层高，故堆场利用率较龙门起重机系统低。

(三)底盘车系统

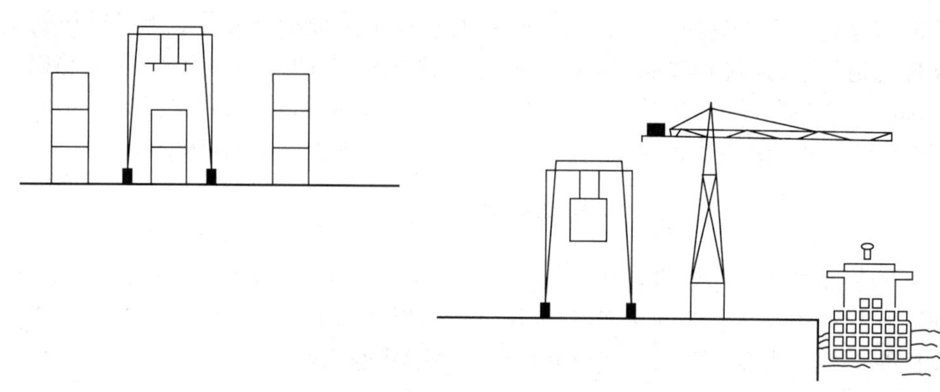

图 2-17　跨运车装卸系统

底盘车系统的作业方式是由码头岸边起重机械或装卸桥进行集装箱装船或卸船，卸船时，集装箱直接放在底盘车上，然后由牵引车将底盘车连同集装箱拖到集装箱堆场，而装船时，牵引车将底盘车拖到船边，再利用岸边起重机械将底盘车上的集装箱吊到船上，见图 2-18。

底盘车系统的操作设备包括：牵引车、底盘车、岸边装卸桥。

底盘车系统的优点是：

（1）由于牵引车可直接用于陆运，因而可以省去堆场中的辅助装卸设备，所以该系统最适合"门—门"运输；

（2）装卸操作次数少，集装箱破损率低，管理系统简单，可以节省人员。

底盘车系统的缺点是：

（1）投资大，每一个集装箱需配备一台底盘车；

（2）所有集装箱均放在底盘车上，仅能堆放一层，因而需要庞大的堆场，堆场利用率低。

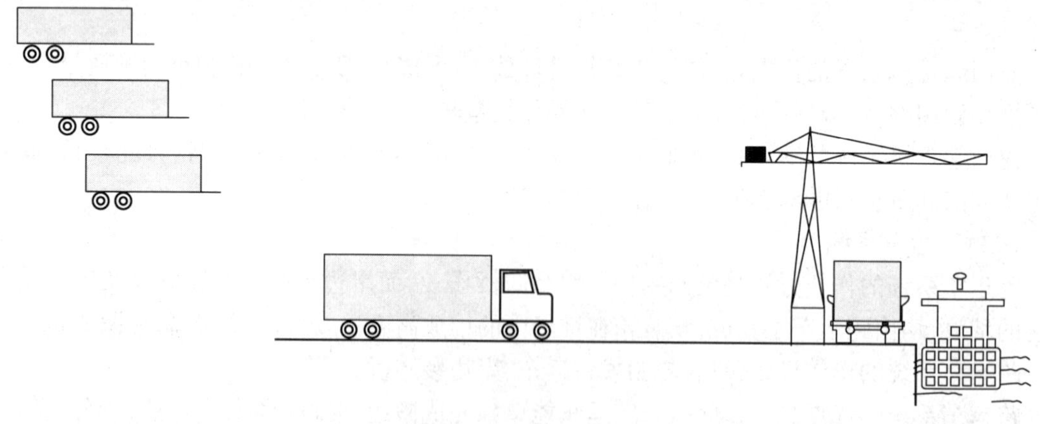

图 2-18　底盘车装卸系统

（四）叉车系统

叉车系统与龙门起重机系统在作业方式上类似，区别是堆场装卸箱作业不使用龙门起重机，而是使用铲车，见图 2-19。

叉车装卸系统的操作设备包括：大型铲车或前置式铲车、牵引车、底盘车、装卸桥。

叉车装卸系统的优点是：重箱可堆 4 层，空箱可堆 8 层，堆场利用率高；

叉车装卸系统的缺点是：

(1)作业时回转半径大,需要的作业场地大；

(2)作业不灵活,取箱时间长,装卸效率低。

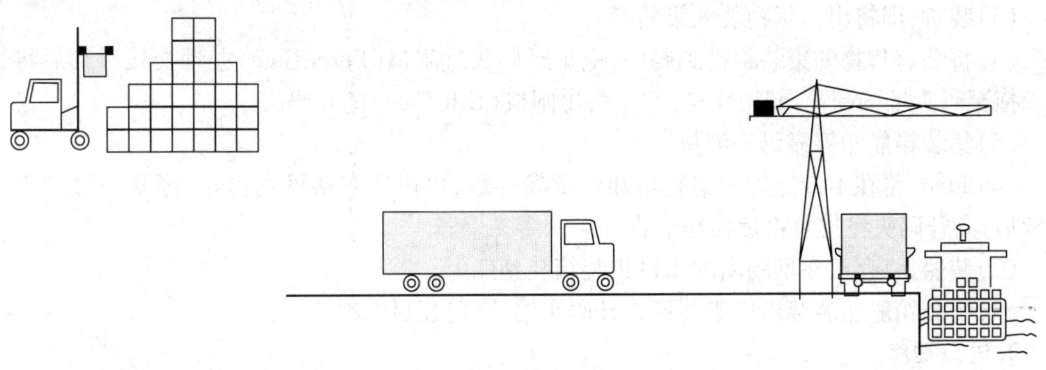

图 2-19　叉车装卸系统

在以上所述 4 种吊上吊下式装卸系统中,目前码头上最为常见的装卸工艺系统是龙门起重机系统。因此,在本章的后续章节的介绍中均是对龙门起重机系统而言。

二、集装箱码头进出口程序及现场操作项目

集装箱码头现场操作的具体项目与集装箱货物经码头进出口时的工作密切相关,下面首先介绍码头进出口程序。

(一)装箱码头进出口程序

1. 出口程序

图 2-20 所示为集装箱货物出口流程图,具体操作步骤如下：

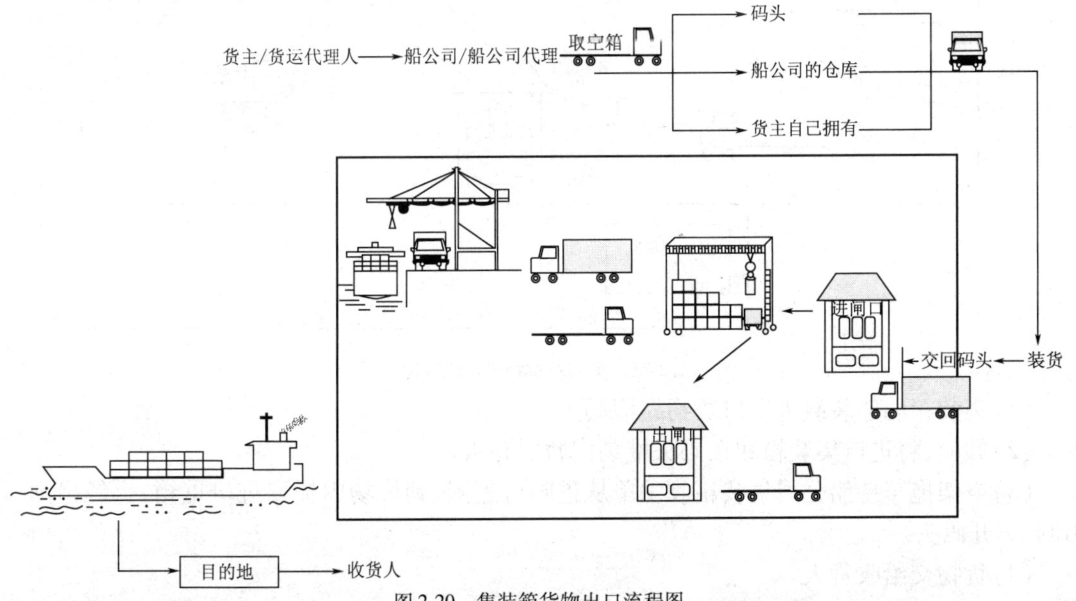

图 2-20　集装箱货物出口流程图

(1)货主或货运代理人有货物出口,于是与船公司或船公司代理联系订舱,即确定集装箱

船、航次及舱位。

(2)提取空箱。空箱的来源有三个:一是从码头提取,二是从船公司的仓库提取,三是货主自己拥有。

(3)装货,即将出口货物装入集装箱。

(4)将装有货物的集装箱送到码头,拖车经码头进闸口(Entry Gate)办理交接手续后将集装箱拖至码头堆场卸箱,卸箱完毕,空车由出闸口(Exit Gate)离开码头。

(5)集装箱船舶停靠码头泊位。

(6)卸船,将在本港卸货的集装箱卸到堆场存放,再由拖车从堆场提箱,经闸口办理交接手续后,离开码头将集装箱货物送给收货人。

(7)装船,将存放在堆场内的出口集装箱装到船上。

(8)集装箱船舶装载出口集装箱离开码头泊位,前往目的地。

2. 进口程序

图 2-21 所示为集装箱货物进口流程图,具体操作步骤如下:

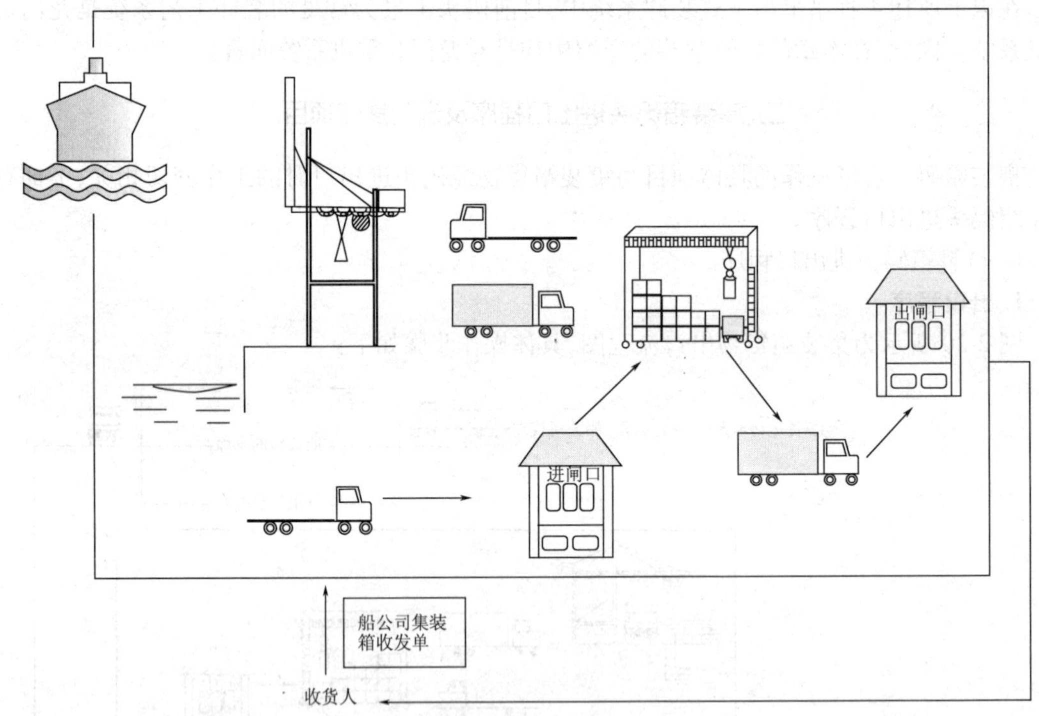

图 2-21 集装箱货物进口流程图

(1)集装箱船舶装载进出口货物靠泊码头。

(2)卸船,将进口集装箱卸在码头堆场内暂时存放。

(3)空架拖车持船公司集装箱收发单从进闸口进闸,到堆场内提取进口重箱,再经出闸口出闸,离开码头。

(4)货物交给收货人。

3. 转口程序

图 2-22 所示为转口集装箱货物流程图,具体操作步骤如下:

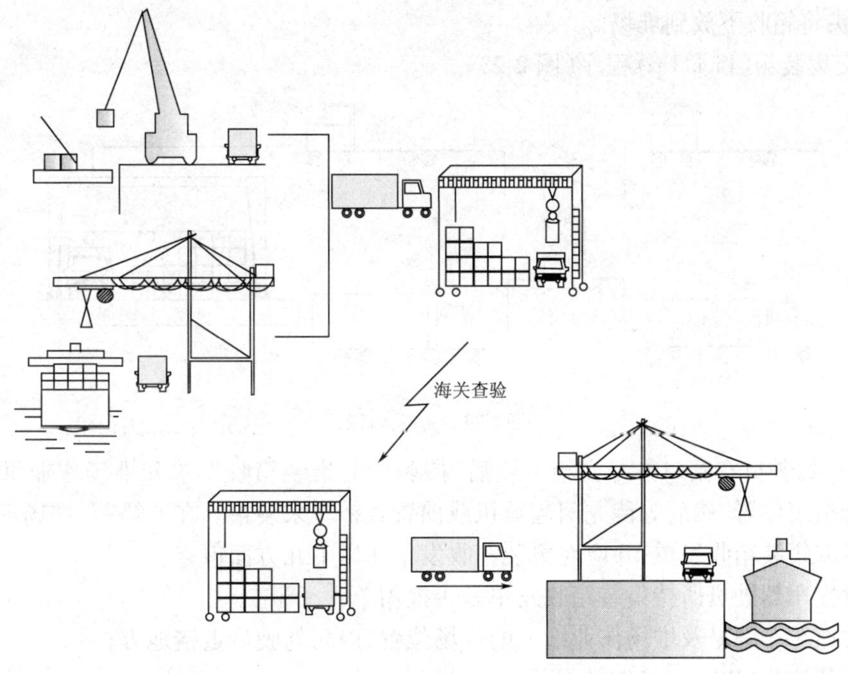

图 2-22　转口集装箱货物流程图

(1)集装箱船舶装载转口集装箱货物靠泊码头;

(2)卸船,将转口集装箱货物卸在码头堆场;

(3)将转口集装箱货物转堆到海关查验场。海关检查完毕,重新施加关封,签署放行条等文件,重新将转口集装箱运回码头堆场;

(4)装船舶工业,将转口集装箱货物运往另一港口(目的地)。

(二)集装箱码头现场操作项目

分析上述集装箱货物进出码头的操作程序,可以将集装箱码头的现场操作项目归纳为以下几个方面:

(1)码头堆场内的交箱和收箱。

(2)由于冷藏集装箱对温度的具体要求,所以在船公司提取冷藏箱之前,应对冷藏箱的制冷功能进行检查,并在装运货物前对冷藏箱进行预冷处理。

(3)为配合海关检查集装箱,码头应设立专门的查验场。

(4)船舶的靠泊和离泊。

(5)装卸船作业。

(6)闸口交接手续办理。

闸口的工作已在第四节作了专门介绍,本章不再重复,以上各节分别介绍第 1 ~ 5 方面码头的现场操作方法。

三、堆场交箱与收箱

交箱是指货主前来码头提箱时,码头将箱交给货主(拖车);收箱则是指货主(拖车)送箱到码头，码头将箱收下放到堆场。

（一）交集装箱（Pick Up）程序（图 2-23）

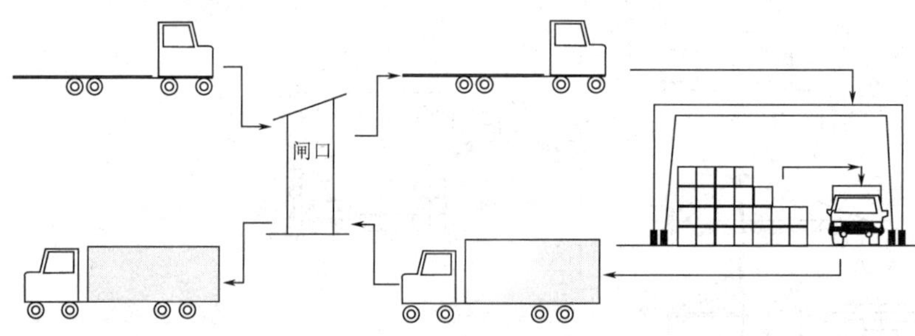

图 2-23　交箱示意图

（1）拖车驾驶员在闸口办好交箱手续后，持剩余的集装箱收发单和堆场作业纸驾驶空架拖车到堆场指定位置，然后等待龙门起重机或前置式铲车来装箱。在装箱前，堆场理货员向拖车驾驶员索取集装箱收发单，并应对集装箱收发单作以下几方面审查。

①核对拖车驾驶员所持集装箱收发单是否提箱单；

②核对拖车车牌号及堆场作业纸上的堆场位置，以防驾驶员走错地方；

③留意备注栏（Remarks）中的提示。

（2）堆场理货员指示龙门起重机司机或铲车到指定位置摄箱并装在拖车上，注意核对集装箱号码与集装箱收发单上写明的集装箱号码是否相符。检查集装箱是否安全稳妥地放正在拖车车架上。

（3）交重箱时，如果因为交箱导致其他集装箱在堆场的存放位置有所改变，则龙门起重机司机应将箱位变动情况即时输入电脑，如果没有电脑，则由堆场管理员书面记录箱位变动情况，否则，就会造成因箱的存放混乱而找箱困难的局面。

（4）堆场管理员在堆场作业纸上签名确认后交给拖车驾驶员，着令离开。

（二）收集装箱（Grounding）程序（图 2-24）

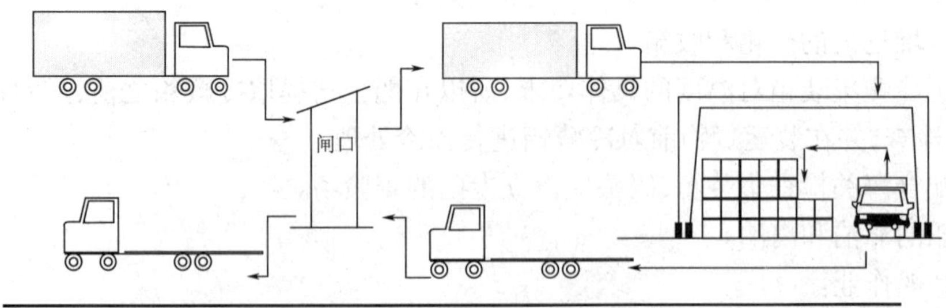

图 2-24　收箱示意图

（1）拖车驾驶员在闸口办好收箱手续后，持剩余的集装箱收发单和堆场作业纸驾驶拖车将集装箱拖到堆场指定位置。然后等待龙门起重机或前置式铲车来卸货。在卸箱前，堆场理货员向拖车驾驶员索要集装箱收发单，并应对集装箱收发单作以下几方面检查：

①核对拖车驾驶员所持集装箱收发单是否收箱单（Grounding）；

②核对拖车车牌号码及堆场位置，以防驾驶员走错地方；

③留意所交来的集装箱的状况（Status）以及备注栏内容，若是冷藏箱及特别的集装箱应作特别处理；

④核对集装箱箱号及尺寸与集装箱收发单是否相符。

（2）检查集装箱上有无封条。

（3）打开旋锁，使集装箱与车架分离。

（4）指示龙门起重机司机或铲车司机将箱卸到堆场指定位置。

（5）龙门起重机或堆场理货员将正确的收箱位置（即堆场箱位）输入电脑。

（6）堆场理货员在堆场作业纸上签字确认收箱后交给拖车驾驶员，着令离开。

以上交、收箱的运作中，全部过程只有一名理货员和一名重型机械司机在工作，似乎非常简单，实际上，由于堆场码头很大，有重箱堆场和空箱堆场，在重箱堆场上，配有若干台龙门起重机和若干名堆场理货员，而在空箱堆场，又有若干台重型铲车和若干名堆场理货员。加上进出码头前来交箱或收箱的拖车数量很多，所以码头堆场内经常是车水马龙，一派繁忙的景象。有时候，拖车驾驶员驾驶拖车到达堆场指定位置后，却发现该位置处并没有重型机械作业，此时只得等到在其他地方作业的重型机械作业完毕后由堆场理货员将重型机械调过来给拖车装箱或卸箱。为了保证堆场作业人员的安全以及交通安全，重型机械不得擅自移动，必须由地面人员（理货员）指挥带领，才能移位。所以，堆场理货员除了上述有关职责外，还应负责以下工作：

①负责指挥龙门起重机在堆场内的位置变动，即龙门起重机在一处作业完后转到另一处作业时，必须由堆场理货员指挥，以保证堆场人员安全以及交通安全。

②监管堆场内交通，发现有拖车阻塞交通的现象，应及时疏通。

③由于堆场位置错误，造成龙门起重机司机找不到指定的箱时，堆场理货员应到堆场中寻找，找到后报告龙门起重机司机或控制中心。

④当电脑系统出现故障时，堆场理货员应书面记录收箱位置以及交箱时导致其他箱的位置变动情况。

四、冷藏箱处理

冷藏箱是用来转载在常温下容易腐烂变质货物的集装箱。利用集装箱本身的制冷设备，将箱内温度降低到指定温度。由于冷藏箱在运载货物时必须有电源供应，不仅在船上有固定的冷藏箱箱位，在码头堆场内也有固定的存放冷藏箱的场所，俗称“雪地”，冷藏箱习惯上亦被称之为“雪柜”或“雪箱”。

冷藏箱由于需要有电源供应，各种货物冷藏箱还有不同的温度要求，因而它在码头内的交箱、收箱以及存放与前述堆场交箱与收箱有所不同。在集装箱码头堆场工作中，常见的装载货物的集装箱有普通干货箱、干货冷藏箱（Dry Reefer）以及冷冻冷藏箱（Active Reefer）。普通干货箱是指装载对温度无要求的货物的集装箱。干货冷藏箱是指用冷藏箱来装载干货，因为冷藏箱内装载的是干货，其制冷设备不需要使用，此时，冷藏箱就相当于普通干货箱。这种情况的发生通常是由于普通的干货箱不够用才借用冷藏箱来装载干货，所以干货冷藏箱的处理与普通干货箱的处理是一样的，不需要特别处理。那么，在实际工作中，怎样识别普通干货箱，干货冷藏箱以及冷冻冷藏箱呢？主要可以用箱的材料、颜色、设备配置以及运输单证文件等方面去识别，详见表2-2。

普通干货箱，干货冷藏箱及冷冻冷藏箱的特点 表2-2

箱　型	普通干货箱	干货冷藏箱	冷冻冷藏箱
构造材料	铁/钢	铝	铝
颜色	不同	白色/浅色	白色/浅色
冷冻设备	没有	有	有
温度表	没有	没有	有
文件注明度数	没有	没有(但注明了RDRY)	有

注：1. 普通干货箱一般使用钢铁材料，但有时会选择铝制材料，如APL船公司的集装箱；
2. 普通干货箱也有用白色/浅色的，其目的是便于散热。

(一)冷冻冷藏箱的处理程序

1. 卸船后及装船前的冷冻冷藏箱

1)卸船后冷冻冷藏箱的处理程序

(1)先确定收的是冷冻冷藏箱；

(2)注意温度表是否完好，温度是否符合要求；

(3)堆放于堆场冷藏箱位(即雪地位)；

(4)安排电工；

(5)确定冷冻冷藏箱已插上电源；

(6)要求电工在卸箱单(Discharging Sequence)上签收。

2)装船前的冷冻冷藏箱处理程序

(1)安排电工拔电源，并确定已装妥温度表；

(2)根据装箱单(Loading Sequence)上的次序交箱给拖车。

2. 交收冷冻冷藏箱

1)收冷冻冷藏箱

(1)先确定是冷冻冷藏箱，请拖车稍等候，同时安排电工；

(2)收箱(与一般收箱程序相同)；

(3)确定电工已接上电源；

(4)电工在堆场作业纸上签收；

(5)将堆场作业纸交还拖车驾驶员。

2)交冷冻冷藏箱

(1)先确定是冷冻冷藏箱，核对箱的号码及车牌号码与文件是否相符；

(2)安排电工切断电源；

(3)确定电工卷妥电线并已拆除温度表；

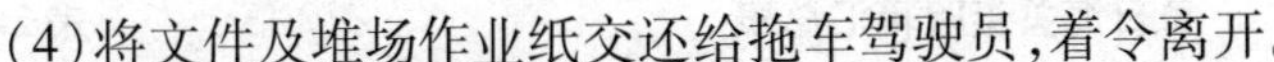

(4)将文件及堆场作业纸交还给拖车驾驶员,着令离开。

3. 交收空的冷冻冷藏箱

1)收空的冷冻冷藏箱做 P. T. I(Pre-trip Inspection)

(1)核对箱的号码;

(2)凡需作 P. T. I 的空冷冻冷藏箱应该放在底层(即开底);

(3)安排电工作 P. T. I,检查机件及集装箱情况。

2)交已作 P. T. I 的空冷冻冷藏箱给客户装货

(1)确定空冷冻冷藏箱已开始预冷(Pre-cool);

(2)要求电工在堆场作业纸上签名;

(3)安排电工拔电源;

(4)确定电工卷妥电线并装妥温度表;

(5)其他程序与交一般集装箱相同。

(二)处理冷冻冷藏箱须注意的事项

(1)必须熟知处理冷冻冷藏箱的程序。

(2)必须留意集装箱的号码以及文件上的“Size”(尺寸),“Type(种类)”,“Status”(状态),并要注意“Remark”(备注)中有无温度指示;

(3)必须将冷冻冷藏箱堆放在冷藏箱堆放区;

(4)尽可能避免干货冷冻冷藏箱及普通干货箱放在冷藏箱堆放区;

(5)冷藏箱的堆放尽可能不超过 3 层;

(6)接通及截断电源,必须由电工处理,决不可由理货员或驾驶员去处理;

(7)提醒龙门起重机司机操作时留意电工和电线,以保证安全生产;

(8)切勿将干货冷藏箱插上电源;

(9)收冷藏箱时必须由电工在堆场作业纸上签字确认,理货员不得代签。

五、查验场工作

查验场是一个专门供海关工作人员开箱检查货物的场所,对于进口重箱和出口重箱,海关根据政府有关规定,认为有必要对某些进出口货物做全面检查或部分抽查时,海关会对这些集装箱货物向码头堆场(具体为查验场)发出“查验通知单”。查验场人员根据“查验通知单”上注明的箱号,安排拖车将箱从堆场运到查验场,并安排好顺序编号,经海关检验后,再将箱重新运回堆场。

集装箱的查验工作是多部门的协同工作,参与这一工作的有码头查验场的操作人员,有海关工作人员以及货主的报关员等,一般操作程序如下:

(1)海关向码头查验场发出“查验箱通知单”。海关一般在每天上午向所在码头查验场发出“查验通知单”,在这之前,海关早已通知有关货主派报关员在指定日期前来码头配合查验。

(2)查验场根据“查验通知单”进行分类编排,分赶船期和非赶船期两种情况分别填写“每日海关查验箱汇总表”(见表 2-3)。

每日海关查验箱汇总表 表2-3

（赶船期） 日期： 年 月 日

序号	箱号	规格	状态	编号	箱主	船名/航次	报关行	支付方式	出场位置	接报时间	出单时间	箱到时间	海关查验		回场时间	新封条号	签名	备注
													始	终				
1																		
2																		
3																		
4																		
5																		
6																		
7																		
8																		
9																		
10																		
11																		
12																		
13																		
14																		
15																		
16																		
17																		
18																		

（3）报关员交查验费。

（4）操作员按货主报关员交费先后及赶船先做、不赶船后做，大船先做小船后做的原则出单（即堆场作业纸）。

（5）根据出单的先后凭堆场作业纸将箱由堆场运到查验场，同时在电脑中修改箱的位置，即由堆场位置变为查验场位置。

（6）开箱检查。检查完毕，重新施加关封。检查工作应作好详细记录，并填写“海关操作记录单”（见表2-4）。

（7）开箱后，在合理搬运的情况下，如发现有货损时，应在“操作记录单”上详细说明当时的情况与查验场无关，并要求报关员或货主签名确认。

（8）开箱后，如需抽样检验，应该在“操作记录单”上写明“货名”、“件数”，并要求当事人签名确认。

海关操作记录单 表2-4

货主或报关行： 申报人签名： 编号：

日期： 年 月 日

序号	箱号	箱规格	重柜	空柜	原封条号	货名	件数	查验时间			新封条号	理货	重验记录			发票号
								日期	始	终			日期	始	终	
1																
2																
3																
4																
5																
6																
7																
8																
9																
10																
备注								备注								
A. 在查验过程中，货物及包装没有任何损伤。 箱号： 货主签名：								B. 货物包装有异常，具体情况如下： 货主代理签名： 班长签名：								

(9)根据海关意见，决定所查验的箱是否可以回堆场。

(10)箱运回堆场后，应在电脑中修改箱的位置，即由查验场位置变为堆场位置。

六、船舶靠泊与离泊

船舶靠泊与离泊是指集装箱货物的船舶停靠码头或离开码头。在泊位策划一章中我们知道，船舶停靠码头的泊位、靠泊方向、有几台装卸桥作业等预先安排好的，那么，在船舶靠泊或离泊时，码头上有关各方需做哪些工作呢？

(一)船舶靠泊时的准备

1. 信号旗或信号灯的位置

信号旗用于白天靠泊船舶，信号灯用于晚间靠泊船舶。

放置信号旗/灯的目的，是让领航员知道船舶即将靠泊的大致位置，当船舶靠泊后，领航员所站立的驾驶台位置应对正信号旗/灯，这样船舶靠泊位才算正确。

信号旗/灯的摆放位置为船中驾驶台、船首、船尾三处。从泊位图上可得知船的长度及驾驶台的位置，从而找出对应船首、船中驾驶台、船尾的码头岸线上的位置。船首和船尾摆放红旗/红灯，船中驾驶台摆放蓝白格子旗或蓝灯(也可采用蓝旗或绿旗，晚间仍采用蓝灯)，摆放时位置一定要准确。

码头班长在船到前一小时，根据泊位图上指定的船泊位置，摆放信号旗或灯等候船只进港。

2. 装卸桥或门座起重机的准备

从泊位图上可以了解到所需装卸桥数量或门座起重机数量，通常应该在船舶靠泊前一小时将所需的装卸桥或门座起重机摆放在适当位置。在码头岸线上，每个泊位均有固定的锚锭位，专门用于摆放装卸桥或门座起重机，但当有船靠泊时，用于装卸作业的装卸桥或门座起重机一般放置在信号旗或信号灯之前3～4m处。

将岸边装卸机械提前准备好的目的，一是确认装卸机械是否操作正常，确保船舶靠泊后能迅速安全可靠地开始作业；二是腾出必要的岸线位置，确保不影响船舶靠泊作业。

（二）缆绳运用方法

船舶在码头岸边是靠缆绳来固定的，一艘船舶通常需要6种缆绳固定，分别是：头缆（Head Line）、前横缆（Forward Breast Line）、前倒缆（Forward Back Spring）、后倒缆（After Back Spring）、后横缆（After Breast Line）、尾缆（Stern Line），见图2-25。其作用如下：

头、尾缆——把船首、船尾拉紧靠向码头，防止船体向外移动；

前、后横缆——帮助收紧船体靠向码头，并固定船身位置；

前、后倒缆——防止船体向前或向后移动。

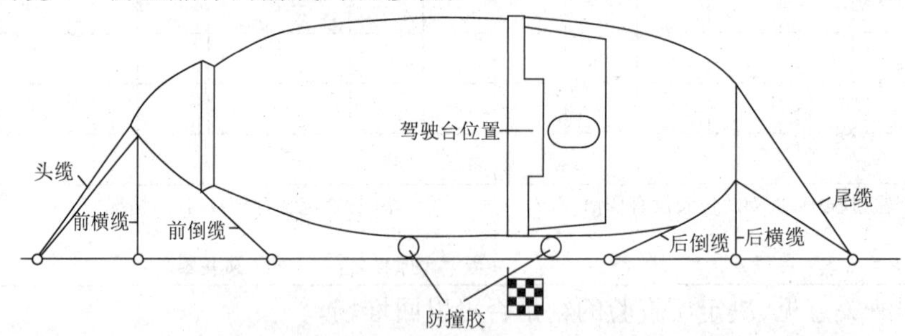

图2-25　船舶靠泊系缆

码头岸线上有许多缆桩，是用来挂缆绳的，当在一个缆桩上挂两条缆绳时，应注意正确的索绳方法，见图2-26。

图2-26b）所示的索绳方法是正确的，因为采用这种方法，随时可以解除任何一条缆绳，而用图2-26a）所示的索绳方法，只有解除A缆绳后才可解B缆绳。

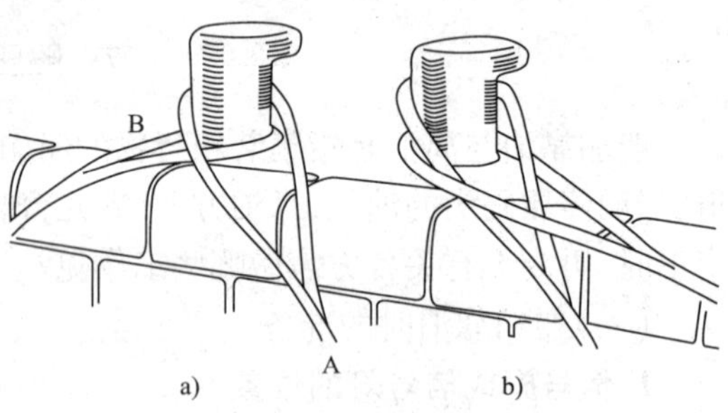

图2-26　正确的索绳方法

一艘船舶靠泊码头时，应采用的缆绳数，通常是根据船的长度来确定的，表2-5中列出了标准的挂缆数目。

标准的挂缆数目　　表2-5

船舶的长度 L(m)	所需缆绳的数目/根					
	头缆	前横缆	前倒缆	尾缆	后横缆	后倒缆
$L \leqslant 122$	2	1	1	2	1	1
$122 < L \leqslant 213$	3	2	1	3	2	1
$L > 213$	3	2	2	3	2	2

（三）船舶离泊时的注意事项

（1）确认所有船员均已上船，所有该离船的人员均已离船（如船公司代理等）。

（2）装卸桥吊杆应升妥适当位置，方可开始松缆。

（3）监视并确认所有船缆已收回船上。

（4）确认舷梯已升回船上。

（5）船舶离开码头 200m 以上后，码头工人方可离开。

（6）记录船舶离泊时的松缆时间以及船舶的艏艉吃水。

（四）船舶靠离泊时有关各方的职责

船舶靠泊或离泊时，通常除船舶本身船员外，还需要其他人员并借助工具辅助才能完成运作。

1. 引航员（Pilot）

我国港务监督要求，每艘进出口外轮，不论吨位大小、何种类型都要安排港监认可的指定引航员，带领船只进入或离开中国水域。引航员具有专业知识，对本港水域内的航道、船只停泊锚位、大小岛屿、礁石的位置、水深、潮水涨退时间、流速及各个码头的规定都非常了解，他们具有较丰富的航海经验，经有关部门考核合格后发给资格证书。

2. 码头水手

码头水手是由装卸对负责的，其主要职责是负责船舶靠离泊时挂缆或解缆的工作，此外还有将垫板摆放于码头前沿地面。以防止损坏码头表面结构。

3. 外轮代理（外带）

外轮代理的职责是代表船公司与码头联系。船舶靠泊前 24 小时，外代应向港监部门通告集装箱船舶的抵港时间并安排领航员上船。联检手续由海关、边检、卫检、港监联合进行，需办理的有关船上证明有：

（1）港内禁用物品报告单；

（2）船员名单；

（3）旅客名单；

（4）进口载荷清单；

（5）船员自用品，船舶备用物品、货币、金银清单；

（6）航海健康证明书；

（7）其他。

4. 拖轮

为保证码头设施以及集装箱船的安全，集装箱船舶靠离泊码头时不能依靠自身动力，而应在拖轮的帮助下靠离码头。港监部门根据船舶的长度和吨位大小安排合适的拖轮，拖轮在船舶靠离泊时要绝对服从领航员的指挥。

拖轮应按规定配备，见表 2-6。

5. 海关

海关是进出境货物监督管理机关，其主要任务是依照海关法和其他有关法律规定监督进出境的运输工具、货物、行李物品、邮递物品和其他物品，征收关税和其他税费，查缉走私，编制海关统计和办理其他海关业务。

拖轮配备规定表 表2-6

	船长 L(m)	拖轮艘次	1176kW	2352kW
无侧推器	$L \leqslant 100$	1	1	—
	$100 < L \leqslant 150$	2	2	—
	$150 < L \leqslant 180$	2	1	1
	$180 < L \leqslant 200$	2	—	2
	$200 < L \leqslant 250$	3	—	3
有侧推器	$L \leqslant 130$	1	1	—
	$130 < L \leqslant 180$	2	1	1
	$180 < L \leqslant 250$	2	—	2

6. 边防检查局(边检)

边防检查局负责检查有效护照、签证和出境卡,给予外籍船员登陆证、住宿证及码头登轮证。

7. 卫生检疫管理局(卫检)

卫生检疫局应对来自动植物检疫区的船舶、飞机、火车、汽车,及其集装箱进行检疫检查,包括传染病检疫(包括霍乱、鼠疫、黄热病)和检测传染病(包括艾滋病、麻风病、开放性肺结核等)。

8. 商品检查局(商检)

商品检查局负责对进出口商品实施法定检验和对生产企业、储运部门及检验机构等实施监督管理,接受外贸和国外机构委托的鉴定业务。

9. 海上交通安全监督局(港监)

海上交通安全监督局负责对沿海水域的交通安全实施统一监督管理,处理海上交通事故引起的纠纷。

(五)泊桥班长之职责

泊桥班长是码头装卸现场作业的总负责人,无论是装卸作业前、装卸作业中、装卸作业结束后,泊桥班长均应认真履行自己的职责,随时掌握现场作业情况,尽一切努力保证现场作业的顺利进行。一般来说,泊桥班长的日常工作有以下几个方面:

(1)在船到前一小时到调度室搜集齐所需要的资料,包括实配图、行箱位图等。

(2)注意实配图上有无特殊集装箱,如超高箱、超宽箱、非标准箱等,准备好所需的工具。

(3)注意工序计划上指定的开工时的工作,如是卸货还是装货,并留意装卸桥的开工位置。

(4)根据当日的拖车安排,监察车辆数量是否足够及是否已在桥边等候。

(5)到桥边分发资料给理货员及作业人员,并将工序计划及装卸程序通知给所有的桥边工作人员。

(6)协助主管注意船舶的靠泊情况,记录船舶泊桥时间及吃水,登记所有上船作业人员的身份与名单。

(7)上船向船上当值大副介绍工序计划及预计离泊时间,通知当值大副装卸冷藏箱时,要协助处理。

(8)通知调度室装卸桥的开工时间和有关船舶的特别情况，如有必要可将工序作出相应的变动。

七、装卸船作业

(一)装卸船作业的指导文件

指导装卸船作业的文件是实配图，包括封面图和行箱位图。在封面图上，用不同的符号表示各装卸桥所要作业的行位以及装卸箱的数量。由前述可知，通常码头上所有的装卸桥都编号，称为1号桥或1号塔、2号桥或2号塔，依此类推。而一艘靠港的集装箱船，根据其大小以及在本港装卸箱量的多少，一般安排2~6台装卸桥同时对其进行装卸作业，并尽量使各装卸桥的作业量相等，以便各班组同时完成作业，保证船期。对于每一个行位的作业，由行箱位图来指导。行箱位图表示每一个集装箱的装卸位置与顺序，每一个行位有一张行箱位图，图上标有负责该行位装卸作业的装卸桥代号。

所以，实配图是装卸作业的总体计划，它既指示作业位置(行位)与作业顺序，同时也表明了作业量，行箱位图则表明具体某一行位的作业顺序。

(二)装卸船作业的人员与职责

一艘集装箱船的装卸作业通常会有几个作业班组同时进行(即开几班)，每个班配一台装卸桥，而每台装卸桥就代表一个班组(Gang)，除了船上的桥长(Foreman)和装卸桥下的理货长负责整艘船的作业外，各班组的工作人员配备都是一样的。下面就以一个班组为例来说明班组人员的配置与职责。

(1)工人4名，船上与装卸桥下各配2名，其任务是：

①负责验箱，即肉眼观察箱的外表有无损坏现象；

②负责拆除(卸船时)或安装(装船时)集装箱底部四角上用于箱与箱之间坚固连接的旋锁；

③负责船舶甲板上集装箱的绑扎或解除绑扎装置；

④负责配合指挥装卸桥司机的装卸箱作业。

(2)理货员2名，船上与装卸桥下各配一名，其职责是：

①指挥车辆(拖车)运行，保证交通畅通；

②核对集装箱号码；

③按行箱位图规定的装卸箱顺序指挥装卸桥司机装箱或卸箱；

④桥下理货员负责将集装箱资料输入手提电脑，包括箱号、封条号、尺寸、是不是烂箱、拖车号等；

⑤桥下理货员根据手提电脑上指示的堆场位置，告诉拖车驾驶员到该位置去卸箱或提箱。

(3)外轮理货1名，在装卸桥下工作，其职责是：

①监督整个装卸过程；

②记录集装箱箱号及封条号码。

(4)装卸桥司机、拖车驾驶员、堆场理货员、龙门起重机司机，负责集装箱装卸、运输等人员。

(三)装卸船作业程序

装卸船作业开始前,给桥边理货、外轮理货、船上理货、堆场理货、冷藏箱堆场理货派发行箱位图,即下达装卸作业计划。

1. 装船作业(图 2-27)

(1)船到达指定的泊位;

(2)拖车根据桥边理货员的指示到堆场提箱,堆场理货员指挥龙门起重机司机将指定箱装到拖车上;

(3)拖车拖箱到装卸桥下,外轮理货员及桥下理货员核对箱号和封条号,桥下工人指挥装卸桥司机将箱吊往船上;

(4)船上理货员核对箱号并指示装卸桥司机该箱的摆放位置,装卸桥司机将箱装在船上,装箱完毕;

(5)如果是装载在甲板上的集装箱,桥下工人还应负责装锁,船上工人则应负责锁紧及捆扎集装箱;

(6)一个箱装上船后,桥下理货员又会告诉拖车驾驶员去堆场另一个位置取箱,重复上述过程,直至行箱位图上每个箱都装上船为止。

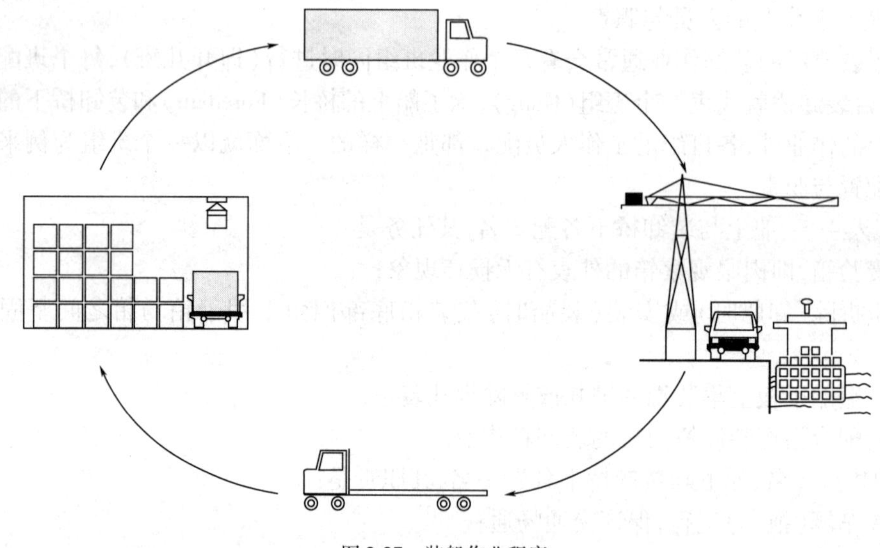

图 2-27　装船作业程序

2. 卸船作业(见图 2-28)

(1)船到达指定泊位;

(2)船上理货员指挥装卸桥卸箱(即具体卸哪个箱,指明位置);

(3)船上理货员核对箱号,船上工人负责验箱;

(4)如果是卸甲板上的集装箱,则在卸箱前,船上工人应负责打开旋锁及解开捆绑装置;

(5)装卸桥司机在桥下工人指挥下将箱卸在桥下的拖车上,如果箱底下带有旋锁,则在箱卸在托车上之前,桥下工人应负责迅速拆除集装箱四个角上的旋锁,并保管好;

(6)外轮理货员核对箱号、封条号码;

(7)桥边理货员核对箱号,并将有关箱的资料输入电脑,然后告诉拖车驾驶员将箱拖到堆场指定位置卸箱；

(8)拖车驾驶员拖箱到堆场指定位置卸箱后返回装卸桥下，重复上述过程，直至行箱位图上标明的集装箱全部卸完为止。

在实际操作中，因为有几台装卸桥同时作业，而且拖车有几十辆，为了不致造成混乱，在组织生产时，通常会将拖车分组平均分配给不同的装卸桥，这样各拖车都有各自明确的目标，不会出现一台拖车，这一会儿在某台装卸桥下装箱，过一会儿又到另一台装卸桥下装箱的情况。

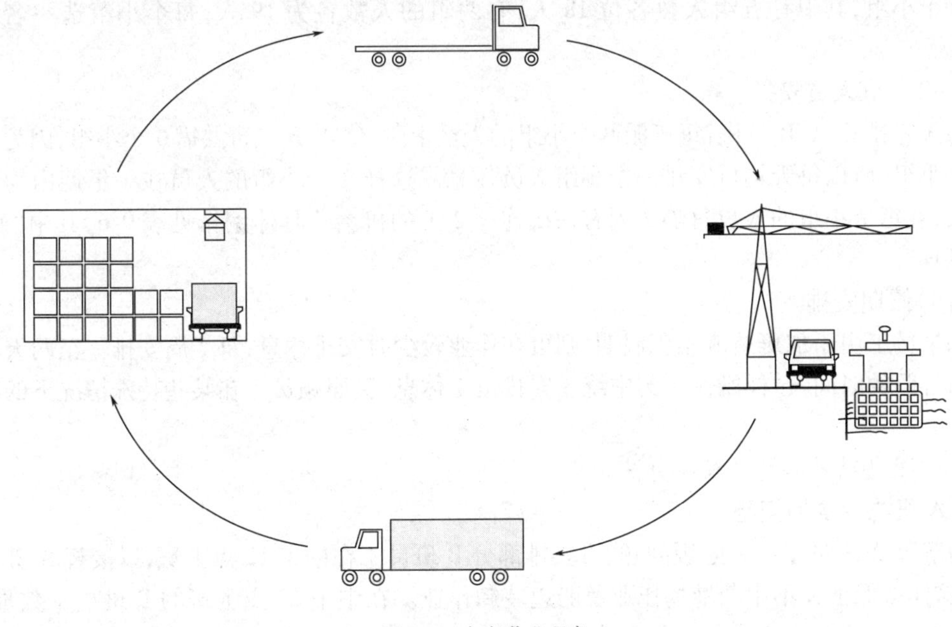

图 2-28 卸船作业程序

八、编 更 方 法

集装箱码头的生产作业是 24 小时不间断进行的，为了有效地充分利用现有的人力和装卸机械设备，必须对现有资源进行合理的、科学的管理，以挖掘码头作业的潜力，保证码头作业的高效率。

编更就是对每班作业人员的具体安排，即安排多少人以及安排什么人。码头上作业人员很多如何使码头生产有组织地进行，又保证没有人员调动混乱造成过多的加班的现象发生，同时还要考虑到员工的休息、工作量的平均分配等问题，要做好这些工作，就必须认真合理地做好编更工作。下面介绍一种较为科学的编更方法。

(一)C、A、B 三班的时间安排

码头作业一般采用 C、A、B 班三班制，具体工作时间为：

C 班:00:00 ~ 8:30

A 班:8:00 ~ 16:30

B 班:16:00 ~ 00:30

从以上各班的工作时间规定可知，班与班的交接时间有半个小时的重叠，即 8:00 至 8:30、16:00 至 16:30、00:00 至 00:30。这半小时重叠时间是必要的，因为两个班的工作人员可以在这半小时内一起工作,同时进行交接,办理一些手续,下一班的工作人员需对上一班的工作内容有一个了解,以保证作业的连贯性。如果没有这半个小时的重叠,则在两个班交接时,势必会中断码头运作。按照每班八小时工作制,多出的半小时按加班处理。

(二)小组划分

将现有员工(主要是指操作装卸机械的司机)分为7个小组,划分的原则是尽量做到新老搭配、优劣互补,使各小组之间的技术力量保持相对均等。例如码头现有操作司机为128人,分成7个小组,其中有五组人数各位18人,有两组的人数各为19人,每个小组选一名组长负责。

(三)上班人员安排

每天安排C、A、B三班,每班派两个小组的人员上班,C、A、B三班共需6个小组,因为总共有7个小组,所以每天均可安排一个小组人员休息。这样7个小组的人员在一星期内均可休息一天,且每个小组的人员每隔7周有一次连休2天的机会。具体编排见表9-6,其中"X"表示休息日。

(四)假期安排

如果员工由于加班造成累积假期,则可在作业较少时安排休息,每7周安排一至两天员工自由请月假的时间,这样既做到集中统一安排员工休息,又照顾员工在某些特殊情况下的特殊要求。

(五)某些特殊问题的解决办法

1. A班吃中餐的问题

为解决A班员工中午吃饭问题,可安排部分B班员工在中午12点上班,以接替A班员工吃饭,这样可保证又不中断堆场作业及船边装卸作业。在中午12点上班的B班员工数量,可根据A班员工数量按3∶1的比例配置,即3个A班员工安排1个B班员工接替,即所谓的"一接三"办法。

2. A班的下班时间与实际工作时间

A班在早8点上班后,中午装卸桥司机(即塔司机)有2小时吃饭时间,龙门起重机司机有1小时20分钟的吃饭时间,其他人员则有1小时吃饭时间,所以A班的装卸桥司机实际正常作业时间为6.5小时,其他机械操作司机的实际作业时间为7.5小时。

3. B班的安排

B班有一部分人提前在中午12点上班,其余在下午4点上班,然后这两部分人员一起上B班,即提前在中午12点上班的员工的工作时间要多4小时,作为加班计算。B班员工在下午4点到公司签到,然后去吃饭,下午5点(17:00)接A班,17:00至17:30为交接时间,一般在17:15~17:20即可完成。

4. C班的安排

C班因为也有中途吃饭的问题,所以通常会多安排几个人来上班,用于接替。例如开6台装卸桥,21台龙门起重机,共需司机21名,但通常会安排司机33名上班,大致上为1∶5的比例。C班人员从00:00工作到早上8:30,吃饭时间均有固定的安排,吃饭时间长短同A班,如果生产太繁忙,C班人手不够时,可考虑让部分B班人员加班,即延长B班人员的工作时间。

以上所介绍的是编更方法的具体操作,其技术要点是:

（1）不论员工的多少，均划分为7个小组，这主要是由一周有7天，每天三班倒，每班安排2个小组上班这一特点来决定的，因为这样可以保证每个小组每周有一天休息。

（2）排更次表时，必须从星期天开始排，班次顺序为X、C、A、B、C、A、B，每周班次排列是一样的，只需将组别一栏内的顺序调动一下即可，如第一周为1、2、3、4、5、6、7，第二周为7、1、2、3、4、5、6，第三周为6、7、1、2、3、4、5，依此类推（见表2-7），这样做的好处是可使各个小组轮流上晚班（C班）。

更 次 编 排 表　　表2-7

星期 / 更次 / 组别	日	一	二	三	四	五	六	日期
1	X	C	C	C	C	C	C	
2	C	X	A	A	A	A	A	
3	A	A	X	B	B	B	B	
4	B	B	B	X	C	C	C	
5	C	C	C	C	X	A	A	
6	A	A	A	A	A	X	B	
7	B	B	B	B	B	B	X	
7	X	C	C	C	C	C	C	
1	C	X	A	A	A	A	A	
2	A	A	X	B	B	B	B	
3	B	B	B	X	C	C	C	
4	C	C	C	C	X	A	A	
5	A	A	A	A	A	X	B	
6	B	B	B	B	B	B	X	
6	X	C	C	C	C	C	C	
7	C	X	A	A	A	A	A	
1	A	A	X	B	B	B	B	
2	B	B	B	X	C	C	C	
3	C	C	C	C	X	A	A	
4	A	A	A	A	A	X	B	
5	B	B	B	B	B	B	X	
5	X	C	C	C	C	C	C	
6	C	X	A	A	A	A	A	
7	A	A	X	B	B	B	B	
1	B	B	B	X	C	C	C	
2	C	C	C	C	X	A	A	

续上表

星期 更次 组别	日	一	二	三	四	五	六	日期
3	A	A	A	A	A	X	B	
4	B	B	B	B	B	B	X	
4	X	C	C	C	C	C	C	
5	C	X	A	A	A	A	A	
6	A	A	X	B	B	B	B	
7	B	B	B	X	C	C	C	
1	C	C	C	C	X	A	A	
2	A	A	A	A	A	X	B	
3	B	B	B	B	B	B	X	
3	X	C	C	C	C	C	C	
4	C	X	A	A	A	A	A	
5	A	A	X	B	B	B	B	
6	B	B	B	X	C	C	C	
7	C	C	C	C	X	A	A	
1	A	A	A	A	A	X	B	
2	B	B	B	B	B	B	X	
2	,X	C	C	C	C	C	C	
3	C	X	A	A	A	A	A	
4	A	A	X	B	B	B	B	
5	B	B	B	X	C	C	C	
6	C	C	C	C	X	A	A	
7	A	A	A	A	A	X	B	
1	B	B	B	B	B	B	X	

这种编更方法的特点是：

(1)规律性强，员工可预知7周甚至一年以上的上班和休息时间，便于工作与休息的预先安排。

(2)具有永恒性和适应性，即随着生产的扩大，机械用量的增加，此编更方法仍然适用，只要在每组增加适当的人数，就可以解决相应的问题。

(3)工作效率高，由于编排有序，交接次数减少，因而交接时间减少，使操作时间得到充分利用。

第六节　集装箱码头的日常操作管理

集装箱码头的日常操作具有复杂多样性，它主要由策划和现场生产两部分组成，包括泊位策划、堆场策划、船舶策划，码头日常的生产运作，指挥现场生产的有序进行，掌握生产进度并采取必要措施保证生产进度，处理交通工伤等事故，与船公司、海关、边检等有关单位协同处理有关事项等。由于这种复杂多样性，给集装箱码头的日常管理带来很大困难，它要求严格的计划、周密的部署、合理的组织、认真的实施，总之，集装箱码头的日常管理是一项认真细致的工作。在集装箱案头的实际操作中，日常管理是由码头控制中心(码头值班室和控制室)来进行的，同时，利用电子计算机等手段，对码头生产进行系统分析，由原来的定性管理转变为定量管理，使码头的日常管理目标更为明确，效率更高。

一、码头值班室

码头值班室负责整个码头的日常运作，是集装箱码头的指挥控制中心，操作部所属各部门的工作，都要围绕着该控制中心的意图来进行，所以，码头值班室是操作部的大脑。值班人员通常都是具有多年码头操作经验的高级管理人员，其具体的职责大致可归纳为以下几个方面。

(一)安排生产

码头值班室内采用 C、A、B 三班工作制，一般安排生产是在 A 班进行的，即今天的 A 班值班人员安排今天的 B 班以及明天的 C 班和 A 班的生产，明天 A 班人员上班后，又接着安排明天的 B 班以及后天的 C 班和 A 班的生产，依此类推。安排生产的程序为：

1. 审查泊位分配图

泊位分配图指示今天以及未来几天将挂靠本港的船舶的靠泊时间、船舶大小、装卸箱数量以及船舶预计离港时间。在制定泊位图时，码头值班室应根据码头目前的生产繁忙程度和船舶在本港的装卸箱数量来决定使用多少台装卸桥对该船作业以及估算作业完工时间，以决定船舶预计离港时间。

例如：假定 19 日有一艘集装箱将靠泊，原定靠泊时间安排：12:00 到锚地，13:00 靠泊码头，14:00 开始装卸作业，作业量为：装箱 1 100 个，卸箱 631 个，倒箱 400 个，总的作业量为 2 531个，且装卸箱在船上的位置比较分散(分布在不同的舱室，而不是集中在某一、二个舱室)。由于总的作业量比较大，决定使用 4 台装卸桥同时对该船作业(在码头上可供使用的装卸桥足够的前提下)，即开 4 班，每台装卸桥 1 小时内所能装卸箱的数量一般为 20 ~ 40 箱，即每小时 20 ~ 40 吊次，具体应根据作业的难易程度而定。根据经验，取每台装卸每小时卸 30 个箱的速度来计算：(2531 箱 ÷ 30 箱/(台 · h) ÷ 4 台 = 21.0h。由于是 19 日的 14:00 开工，经过 21h 后，是 20 日的上午 11:00。所以，可以将该船舶的最后离港时间定为 20 日的 11:00。实际上，如船公司允许可以使该船在 20 日的 12:00 离港，以考虑可能出现机械故障等客观原因。

码头值班室对泊位分配图的有关数据确定以后(每一艘挂靠本港的船舶都需如上例那样做出决策)，泊位策划人员根据码头值班室提供的数据打印出正式的泊位分配图，再分发给各有关部门，作为码头各部门安排生产的依据。

2. 制定机械与工人编配安排表

机械与工人编配安排表(以下简称安排表)是一张对未来 B、C、A 三班所需的操作机械的种类及数量的具体安排表(见表 2-8)。安排表的制定主要是根据作业的种类、作业量以及码头堆场的具体情况来进行的，以表 2-8 中的中班为例，其工作种类有三个内容：支线船、堆场转堆和海关查验。根据海关查验工作量，准备 4 台拖车用于转箱，另根据支线船及转堆作业量，分别配备18台和10台拖车,所以总的拖车数为32台。一般来说,装卸桥数量与拖车数目之比为1:6,因为装卸桥(即岸吊)使用数为3台,故应配3×6=18台拖车。装卸桥数量与龙门吊数量之比为1:3,故应配9台龙门吊配合装卸桥作业,其余龙门吊及铲车用于转堆及负责堆场交箱和收箱作业,其数量可根据码头堆场的大小、近期进出口箱量等因素来决定。

机械与工人编配安排表 表2-8

工作种类　　日期18-4-2000　中班(16:00-01:00)

工作种类	工人组数	岸吊号	拖车数目
1. 支线船		QC—3、4、5	18
2. 转　堆			10
3. 海　关			4
4.			
5.			
6.			
7.			
8.			

岸吊总数3 龙门吊总数22+2 铲车总数9 门座机总数0 拖车总数32

工作种类　　日期19-4-2000　中班(24:00-09:00)

工作种类	工人组数	岸吊号	拖车数目
1. 支线船		QC—4	12
2. 转　堆		QC—5	12
3. 大　船		(QC—6)	
4.		(QC—6在06:00开工)	
5.			
6.			
7.			
8.			

岸吊总数3 龙门吊总数20+2 铲车总数9 门座机总数0 拖车总数32

工作种类　　日期19-4-2000　中班(08:00-17:00)

工作种类	工人组数	岸吊号	拖车数目
1. 支线船		QC—4	15
2. 转　堆		QC—5	6
3. 大　船		(QC—6)	
4. 海　关			4
5.			
6.			
7.			
8.			

岸吊总数3 龙门吊总数21+2 铲车总数9 门座机总数0 拖车总数25

经手人:张三

3. 生产计划的临时变动

码头生产计划制定后,并不是一成不变的,因为影响生产的因素很多,码头值班室应根据具体现场作业情况,随时调整计划,重新部署。如天气的变化造成的船舶不能按期到港或直接影响码头作业,这时就得重新制订新的计划;又如装卸机械出现故障或由于某些原因造成生产进度缓慢,这时又得考虑更换机械或增加机械和人手以保证生产进度等。总之,码头值班室对生产的控制、指挥、重新安排等是不间断地进行的。

(二)掌握生产进度

码头值班室应每隔1小时了解一下生产进度情况,如发现某台装卸桥进度缓慢,应立即分析原因,采取补救措施,保证作业的按时完成,特别是预计作业完成前3~4个小时,更应密切关注生产进度情况,如果发现确实赶不上进度,不能如期完成作业时,应通知船公司更改船舶离港时间,以便船公司调整船期。

(三)保证安全作业

码头值班室的一个非常重要的职责就是要保证码头的生产安全,生产的安排要利于安全。例如:几台装卸桥同时作业时不要靠得太近,对相邻或相隔一个柜口的舱位进行装卸作业时应错开作业顺序,以免桥下车多人杂,造成交通或工伤事故。同样,安排堆场作业时,不可以使一个地方的作业机械太多太过于集中,特别是空箱堆场的作业,由于铲车作业时所需工作面积大,司机视线死角多,更应注意安全问题。

码头值班室的当值主管不仅在生产安排与计划上要考虑周全,更应该身体力行,亲临现场观察生产情况,做到对现场作业环境心中有数,这样,在遇到突发事件时,就可以及时采取正确的挽救措施。一般来说,以下几个方面是需要时刻留意的:

(1)装卸桥在泊位上的摆放,作业的先后顺序;

(2)桥下作业情况及船上作业情况;

(3)堆场内交通情况;

(4)闸口处的交通情况;

(5)堆场作业情况;

(6)天气情况,特别应注意台风的预防措施,以及台风到来时的实际防台措施。

(四)对外协调处理有关事宜

码头值班室要负责整个码头的生产运作,所以凡是与生产有关的事情都有权过问,也有职责过问。这类事情大都没有规律性,而具有突发性,且这类事情多而繁杂,需要当值主管根据码头的有关规定、政府的有关规定以及自身的工作经验等协同其他部门去处理。例如:作业时发生交通事故,就要和安全部门一起去处理;作业时发生工伤事故,需要和安全部、人事部一起去处理;海关查找货物,须予以积极配合;作业时发生货损事故,需通知船公司一起处理;船公司投诉作业质量问题,应立即调查解决;造成生产停工,应调查原因,追究责任,等等,诸如此类事务,还有许多。

总之,码头值班室工作的原则就是要在保证作业安全的前提下,充分利用手中的资源,合理安排组织生产,保证码头作业的高效率,同时又要处理好日常事务。

二、控　制　室

控制室(Tower)是一个指挥部门,主要负责指挥堆场作业以及船舶装卸作业。

在码头实际操作中，由于堆场面积大，进出码头提箱或前来交箱的车辆多，再加上船舶装卸作业，使得码头堆场内作业非常繁忙，这是就需要有一个部门来负责统一指挥，将有关信息和指令在各部门之间传递，始终保持码头作业有条不紊地进行，这个部门就是控制室。

控制室的硬件设施较为简单，主要由电脑、打印机、无线对讲机组成。电脑至少应配备3台，第一台用于显示堆场的作业情况，包括堆场平面图、龙门起重机所在的位置以及它的作业状态（即是否作业，是装箱还是卸箱）、拖车所在位置等，通常用不同的颜色来表示上述各种情况；第二台电脑用于显示船舶作业情况，包括装卸桥的作业位置、作业量的完成情况，以便随时掌握船舶装卸作业进度；第三台电脑用于显示集装箱的资料，主要包括箱号、箱位、是出口箱还是进口箱、海关是否放行、是否特殊箱等。打印机用于打印船舶装卸作业进度、机械故障总结清单以及进出口箱的资料等。无线对讲机主要用于控制指令的传递，控制室发布指令都是通过无线对讲机来完成的，非常方便快捷。控制室的日常工作就是根据电脑显示的作业现场，迅速作出决定，通过无线对讲机及时地发出正确的作业指令，必要时可以在电脑中查阅有关资料。

下面举几个例子说明控制室的日常工作。

（1）在堆场内的某一个位置有许多拖车等候装箱或卸箱，而在该处负责装卸的龙门起重机又不够用，这时堆场理货员就会报告控制室，由控制室将作业量较少的地方的龙门起重机调过来支援。

（2）拖车到堆场指定的位置去取箱，结果发现该位置根本没有所要的箱，这时堆场理货员会报告控制室，控制台工作人员便在电脑中查找，如证实没有，便指示理货员让拖车暂时离开，以免妨碍其他拖车作业，如找到所要箱的资料，便告知理货员新的取箱位置。

（3）龙门起重机在工作时间出现故障，堆场理货员或报告控制室故障情况，控制室将故障情况记录后，通知工程部派人维修。那么，为什么不让堆场理货员直接通知工程部派人维修呢？原因是控制室需要掌握每台设备的状况，以便随时调动及掌握生产进度。例如在上述第1种情况下，控制室想增派龙门起重机作支援，而所派龙门起重机正好出现故障，而控制室又不知道，其结果必然会导致工作效率的低下，所以，应由控制室全面掌握有关情况，统一指挥。

（4）堆场作业繁忙时，龙门起重机司机有时为了加快作业进度而将箱的放置位置变动，即不按拖车驾驶员提供的堆场作业纸上指示的位置存放，更改后的位置应通知控制室，由控制室在电脑中作相应更改，以便日后查找集装箱时不会出现困难。

以上几例只是控制室日常工作的一小部分，其实控制室的工作远不止这些，归纳起来，有以下几个方面：

（1）监控堆场操作；

（2）监控船舶操作；

（3）码头如发生任何意外，需作书面报告；

（4）根据每天的需要，预订重型机械；

（5）安排拖车装运重箱到验箱区，以便海关检验；

（6）安排拖车装运空箱到桥边验箱区，以便边检检验；

（7）安排处理烂箱；

（8）安排冷藏箱的 P. T. C 与 P. C；

（9）根据操作的需要将货箱转堆；

(10)核对冷藏箱表、危险货物表;

(11)处理任何与码头、船舶操作有关的事务,如码头天气情况、船舶作业进度、码头内交通秩序等。

总之,控制室监督指挥生产,泊位策划、堆场策划以及船舶策划的方案的落实,最终都是在控制室的监督指挥下进行的。

三、量 化 管 理

量化管理是一种科学的管理方法,它是在对码头作业充分加以分析的基础上,筛选一些有代表性的、能真实反映码头实际生产情况的指标,利用电子计算机等工具,绘制成有关图表,然后再对这些图表加以分析,进而发现问题,解决问题。

量化管理分析可以每周进行一次,即每周进行一次数据统计,对这些统计数据进行分析是在操作部每周召开的主管级以上工作人员会议上,会议一般由码头值班室当值主管主持。开会前,所有统计资料经制成图表后,都会被制作成胶片。开会时,利用幻灯机将胶片资料投影到屏幕上,一张一张地进行分析,对有关问题随时进行讨论,如果没有大的问题或有些资料只需与会者了解掌握的,稍作解释即可,整个会议进程非常清晰,目的非常明确。通过这样的总结会,各部门不仅了解到本部门的情况,发现本部门的问题,也对码头目前的生产情况有一个全面的了解,同时,各部门之间的衔接与配合问题在这里也能得到很好的解决,所以,实行量化管理,定期召开总结评价会议,对于保证码头生产效率具有极为重要的意义。

(一)拖车量统计

图 2-29 为一周内每天进入码头的拖车量统计图。从此图可以分析出:

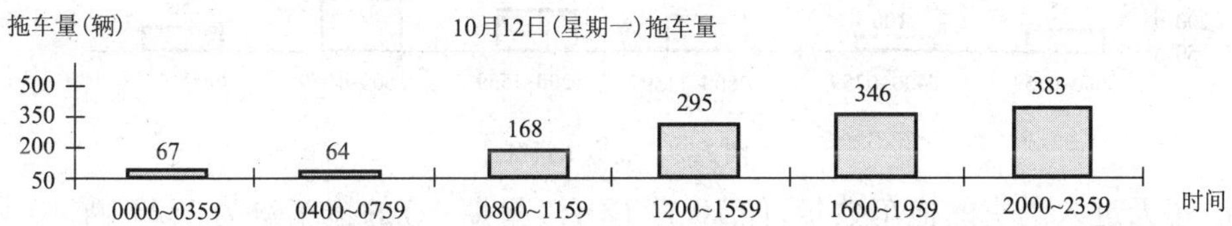

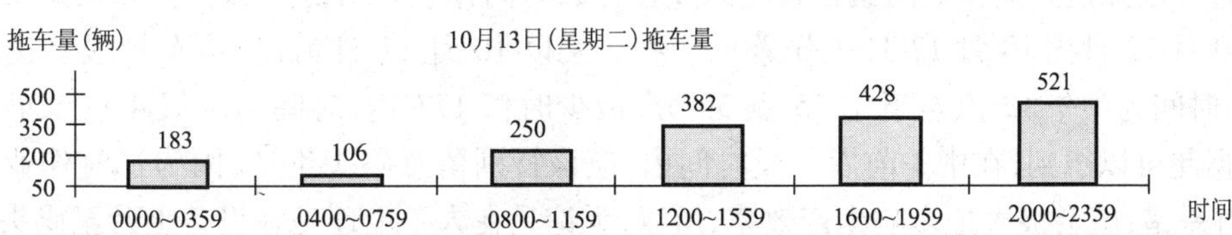

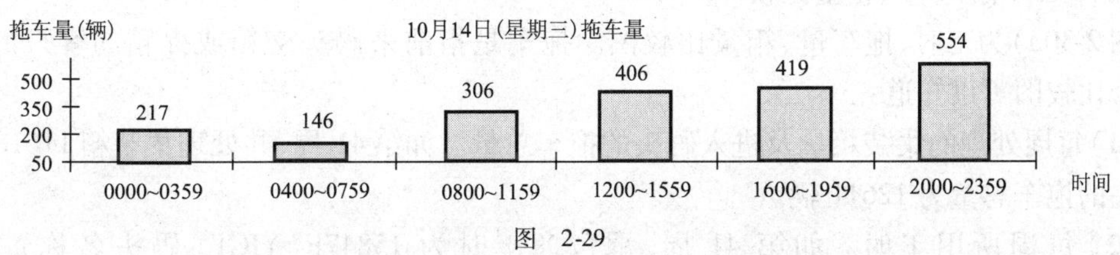

图 2-29

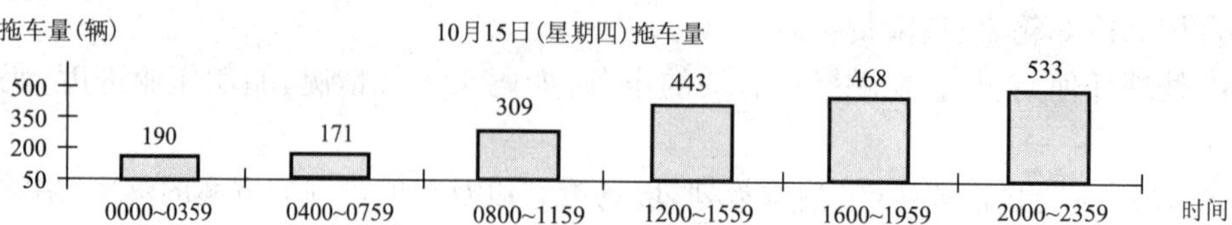

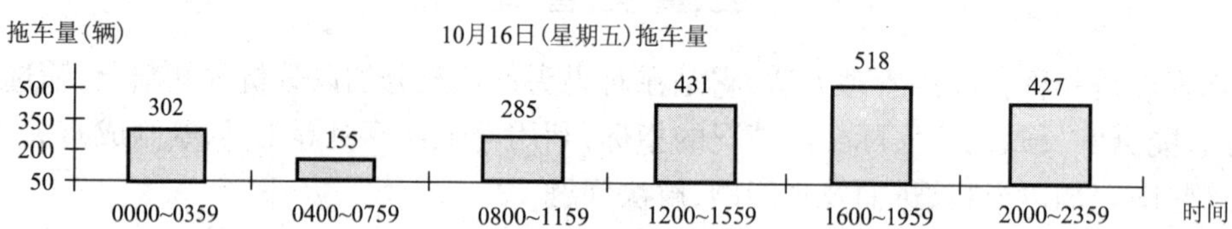

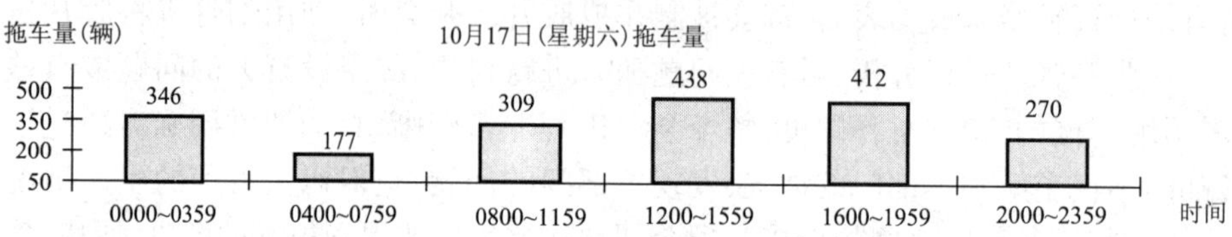

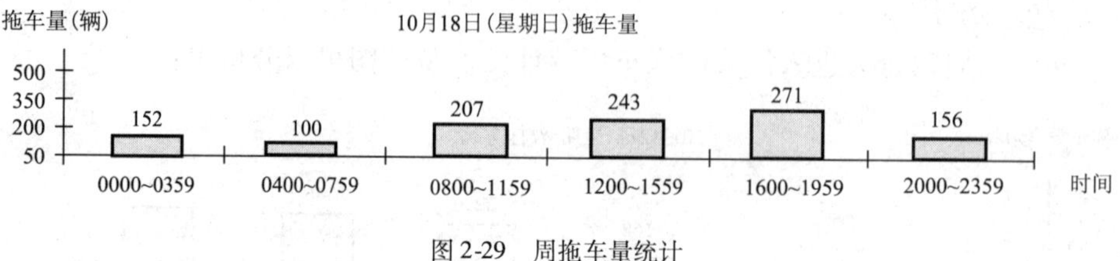

图 2-29　周拖车量统计

(1)每天进入码头的拖车数量,如 10 月 12 日(星期一)的拖车量为 1323 辆,10 月 17 日(星期六)的拖车量为 1952 辆。

(2)可以知道码头作业的繁忙程度以及在什么时间作业相对比较繁忙。如根据第 1 条中统计,10 月 17 日比 10 月 12 日工作繁忙一些。又以 10 月 17 日为例,拖车量最多达时达到 438 辆,时间为中午 12 点至下午 15 点 59 分,最少时仅 177 辆,时间为凌晨 4 点至早上 7 点 59 分。据此可以想到,在中午前后一段时间内,应该特别留意码头生产,因为这时作业最为繁忙,稍有差错,就会极大地影响生产效率,所以,无论是在人手上还是在设备上乃至码头作业安全上,都应密切关注,加以高度重视。

(二)工时、拖车量、箱量比较

图 2-30a)为工时、拖车量、箱量比较图。拖车是指前来码头交箱或提箱的客户的拖车。从这个比较图可以知道:

(1)每周处理的集装箱量及进入码头的拖车总量。如第 41 周,共处理集装箱 11618 个,进入码头的拖车总量为 12611 辆。

(2)每周所用工时。如第 41 周,承包商工时为 15847h,YICT(码头名称)工时为

10621.5h，合计工时为26468.5h。

（3）每周的工作效率，即处理一个集装箱所需的平均共识。如第41周的作业效率为：

$$26468.5\text{h} \div 11618\text{箱} = 2.278\text{h/箱}$$

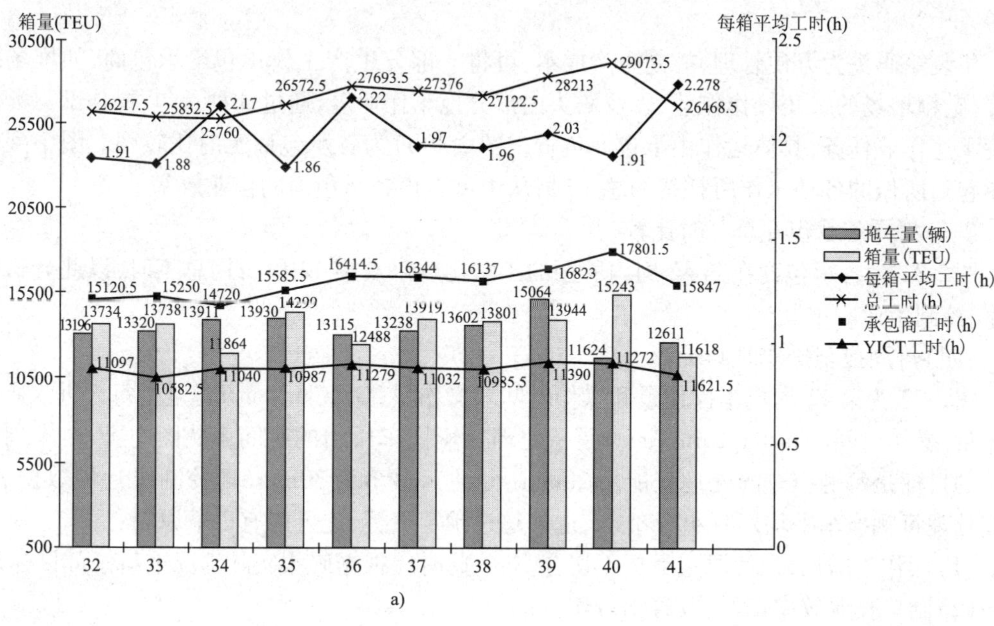

a)

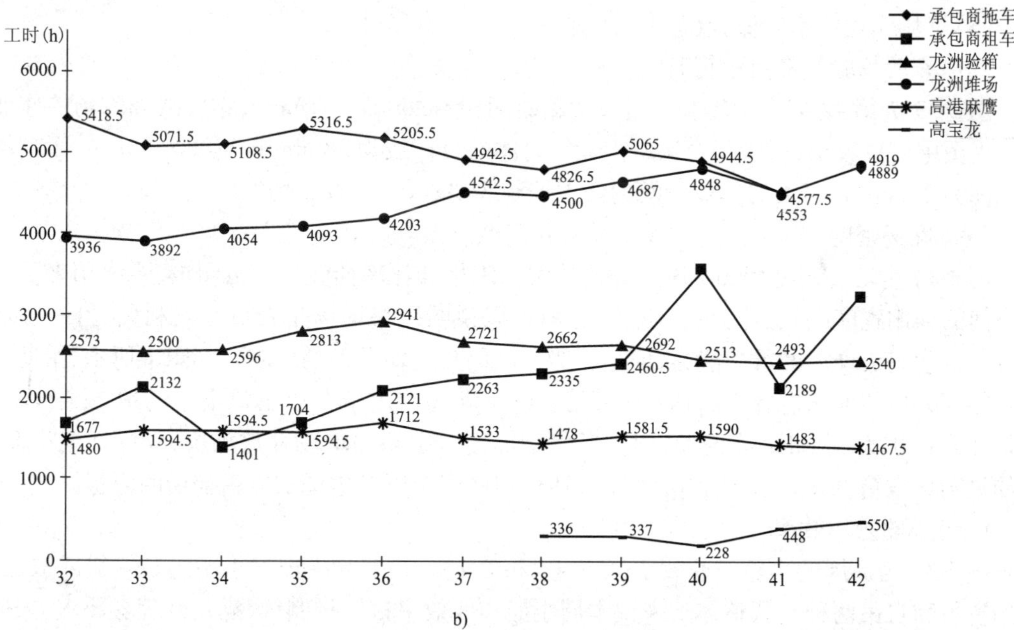

b)

图2-30 工时比较

a）工时、拖车量、箱量比较；b）承包商工时比较图

（4）比较每周的作业量及作业效率，可以知道码头的作业效率是提高了还是降低了，也就可以了解目前码头的生产是否正常。如处理每个集装箱所需平均工时，从37~41周依

次为 1.97、1.96、2.03、1.91、2.278h/箱。由此知道，37～40 周的作业效率基本变化不大，但第 41 周处理每个集装箱的平均工时由上一周的 1.91 增至 2.278，增幅达 19%，说明生产效率受到明显影响，必须查找原因，如闸口作业情况，堆场作业情况以及承包商的作业效率等。

集装箱码头为方便管理，控制生产成本，可将一部分生产工作承包给承包商，如堆场理货工作，空箱堆场的铲车操作作业，以及码头内部分拖车作业等，通过这种承包，操作部只需给承包商下达作业任务，具体运作由承包商负责。图 2-30b）为各承包商工时比较图。图中列举了各承包商所做的各项工作所耗费的总工时，从中可看出各承包商的作业效率。

（三）每周各承包商总工时比较

图 2-31 为各承包商在第 42 周内所用的工时比较以及第 42 周所用总工时，以此分析生产效率，控制生产成本。

（四）每周拖车操作时间统计

图 2-32 为第 42 周拖车操作量和操作时间。操作量（Gate Movement）是指每天进入码头的拖车量，操作时间（Tractor Turn Time）是指处理每辆拖车所用的时间。从图中可知：本周拖车操作的目标是每辆拖车的处理只能用 28min（分钟），最多为 30min（即控制线），但数据表明，本周处理每辆拖车平均用时 40.88min，远远超过预定指标，这可能有以下原因：

（1）操作量增加，致使原定目标不切合实际，此时应根据码头实际情况重新修订目标；

（2）闸口作业效率偏低，改善闸口作业；

（3）堆场作业效率偏低，改善堆场作业。

（五）查验场验箱量及运箱时间

图 2-33 为第 42 周查验场验箱量及运箱时间（Tractor Turn Time），它反映查验场的作业效率。由图中可以看出，查验每个箱所需运箱时间的目标线为 28min，控制线为 30min，而平均返回时间为 24min，且每天的作业时间均低于控制线要求，说明查验场的作业效率合乎要求。

（六）堆场密度

图 2-34 为堆场密度（Yard Density），该图由表格和比率曲线两部分组成，主要用来反映堆场空间的利用程度（百分比）的高低，一方面可以说明码头堆场是否被有效利用，另一方面可以说明目前码头堆场的承受能力，即是否能适应码头运输业务的要求。如图中所示，星期五出口重箱（O/B）的堆场占有率高达 96%，几乎码头堆场内用于存放出口重箱的地方全被堆满，如果业务量扩大，出口重箱增加，则应考虑增加出口重箱的堆场存放场所，以保证生产需要。又如星期日空箱（Empty）堆场占有率为 97%，同样应予以考虑增加重箱堆场的面积。

（七）小船操作效率

图 2-35 为一周的小船作业效率（Gross Rate）分析，小船是指内河小型集装箱船或驳船，分使用桥吊和自吊两种。从整体上来说本周小船作业效率接近控制线，满足管理者要求，但应注意的是，小船操作效率极不平均，最高达 35.56 吊次/h，最低仅 13.68 吊次/h，而且有 10 艘船的操作效率在控制线（20 吊次/h）以下。对于这种操作效率过于低下的情况，应该加以分析，通常的做法是查找该船的详细操作记录，从操作过程中找原因，如天气影响、船舶未做好装卸准备、操作工人为按时到岗或人手不够、装卸设备不足或操作过程中出现故障、码头交通不畅等，针对各方面的影响效率因素，加以讨论，研究对策，解决问题，以提高生产效率。

第 42 周各承包商工时明细表(单位:h)

日期	星期	龙洲				三华			蛇口			高港				高宝	承包商日总工时
		堆场	验箱	控制室临工	日总工时	拖车	租车	日总工时	拖车	租车	日总工时	拖车	租车	麻鹰	日总工时	龙门吊	
10 月 12 日	一	757	338	8	1103	322	184	506	352.5	176	528.5	47	199.5	199.5	447	88	2672.5
10 月 13 日	二	691	363	16	1070	311	152	463	376.5	136	512.5	48	184	184	416	76	2537.5
10 月 14 日	三	504	378	16	898	234	0	234	240	0	240	48	189	189	426	0	1798
10 月 15 日	四	734	389	16	1139	294	84	378	352.5	96	448.5	48	215	215	478	96	2539.5
10 月 16 日	五	712	389	16	1117	297	153	450	392.5	136	528.5	48	232	232	512	98	2705.5
10 月 17 日	六	761	373	16	1150	298	157	455	392.5	170	562.5	48	232	232	512	96	2775.5
10 月 18 日	日	760	310	16	1086	298	200	498	392.5	184	576.5	48	216	216	480	96	1736.5
周总工时		4919	2540	104	7563	2054	930	2984	2499	898	3397	336	1467.5	1467.5	3271	550	17765

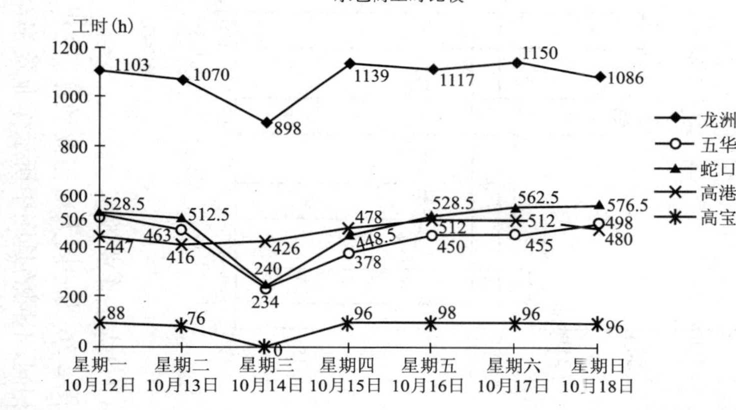

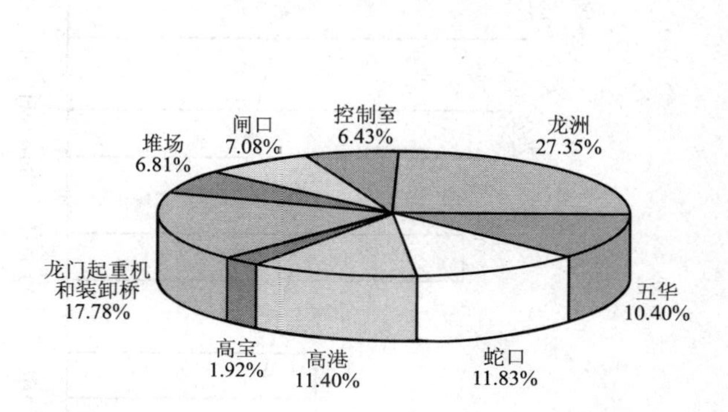

图 2-31 总工时比较

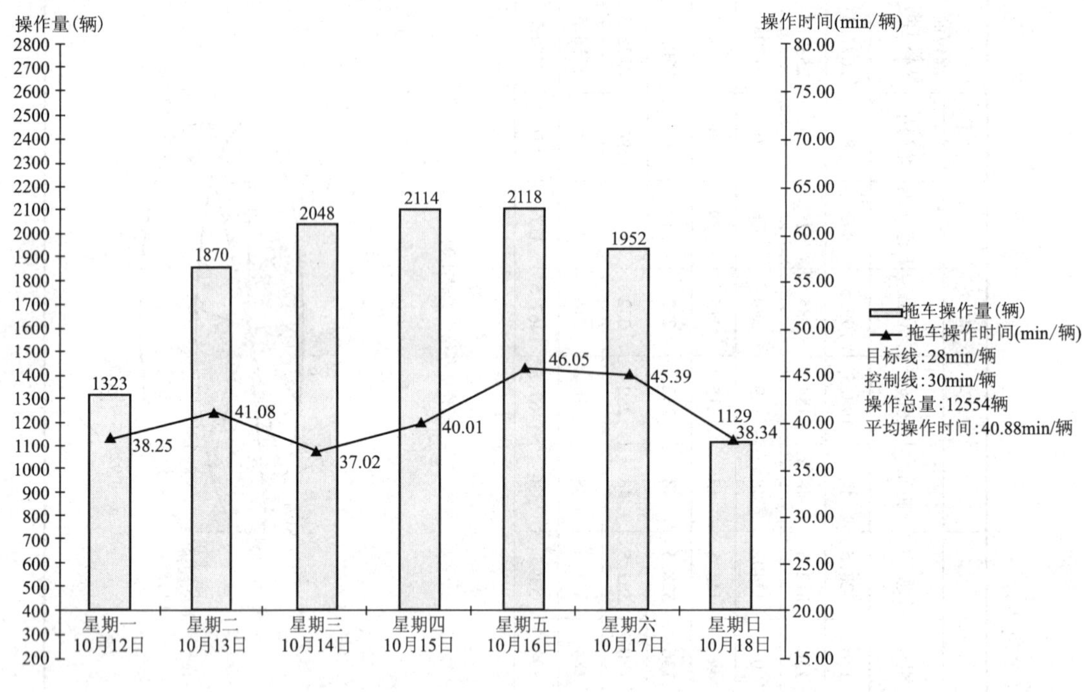

图2-32　拖车操作量和操作时间

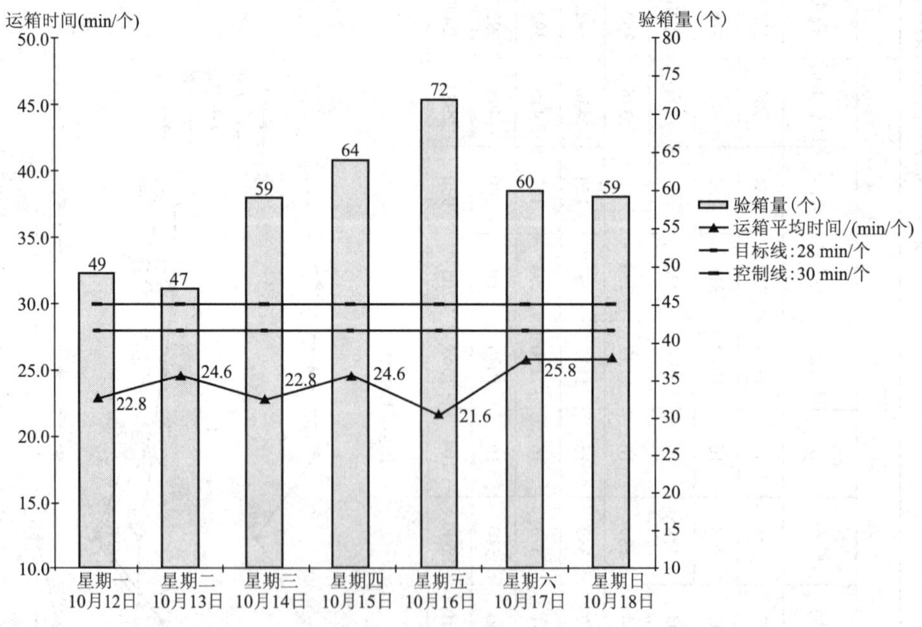

图2-33　查验场验箱量及运箱时间

(八)大船作业效率

图2-36为一周大船作业效率,这里所说的大船系指全集装箱船。此图的制作原理与图2-35相同,不同的是图中所示作业效率全部为码头装卸桥作业效率,其控制线是一条折线,这是因为大船的结构各不相同,且集装箱在船上的装载位置也不一样,有的方便装卸,有的装卸较

堆场密度

星期	容　量(TEU)				实际堆存量(TEU)				百　分　比(%)			
	堆场	麻鹰场	轮胎起重机堆场		堆场	麻鹰场	轮胎起重机堆场		堆场	麻鹰场	轮胎起重机堆场	
	实际容量	空箱	出口箱	进口箱	实际堆存量	空箱	出口箱	进口箱	堆场	空箱	出口箱	进口箱
一	34023	14966	10017	2554	25330	13630	5661	1797	74	91	57	70
二	34023	14966	10017	2554	24009	12105	5143	1601	71	81	51	63
三	34023	14966	10017	2554	24461	12590	7170	1503	72	84	72	59
四	34023	14966	10017	2554	26551	12651	8465	1432	78	85	85	56
五	34023	14966	10017	2554	28269	12358	9591	1516	83	83	96	59
六	34023	14966	10017	2554	29157	13210	9333	1789	86	88	93	70
日	34023	14966	10017	2554	28194	14455	7503	1831	83	97	75	73

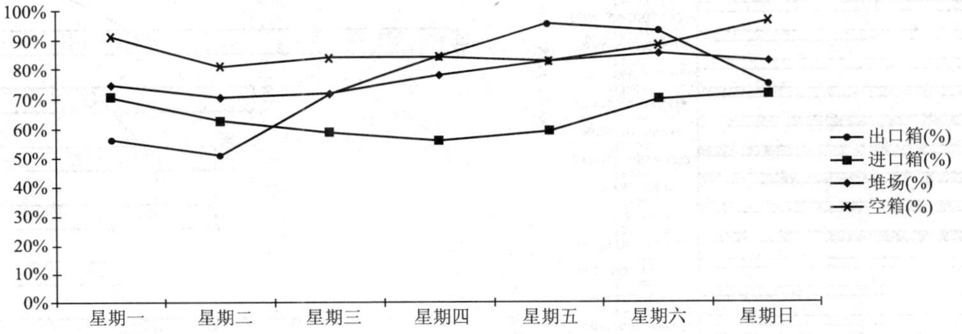

图 2-34　堆场密度

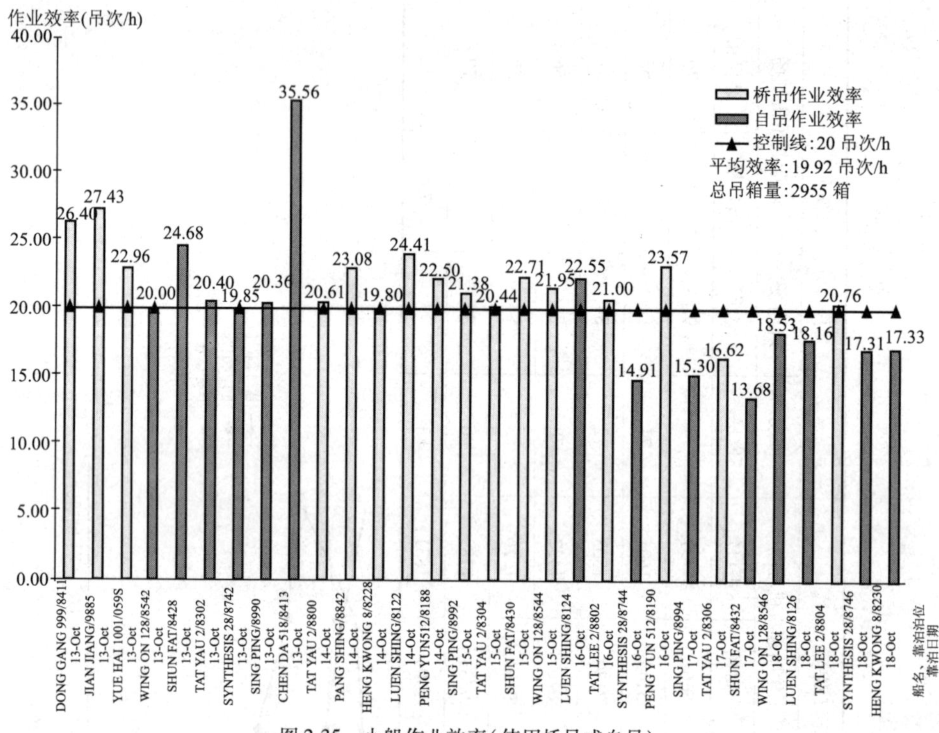

图 2-35 小船作业效率(使用桥吊或自吊)

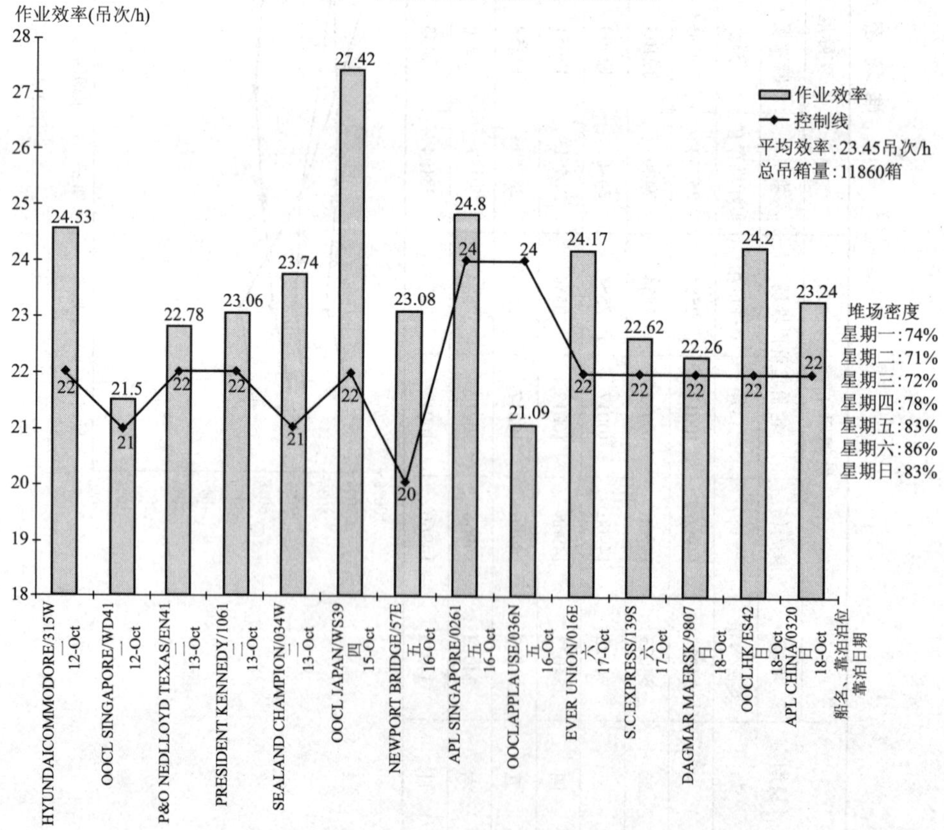

图 2-36 大船作业效率

困难。通常码头会根据以往经验决定各船作业效率的最低限制值，一般为 20 ~ 40 吊次/h。从图中可以看出，本周大船作业效率大部分满足要求，最高达 27.42 吊次/h，只有 10 月 16 日（星期五）的作业未达到要求，控制线要求为 24 吊次/h，实际为 21.09 吊次/h，这就是问题，为什么会这样呢？像前面分析小船操作效率那样，要从各方面分析原因，再采取措施，确保生产效率。

（九）效率图

图 2-37 为第 32 ~ 42 周效率图，用于各周的生产效率比较。该效率图反映目前码头生产的状况是否正常。图 2-37b）所示拖车及查验场效率曲线几乎是一条直线，说明此两项作业已基本定型，受外界因素影响很小，要想进一步提高效率，必须采取新的措施，进行大的变更，方可突破。图 2-37a）所示船舶效率则变化很大，反映在图上为一条弯曲折线，说明船舶作业存在许多不定的不利影响因素，如何克服这些不利因素，是每一个管理工作者应致力研究的课题。

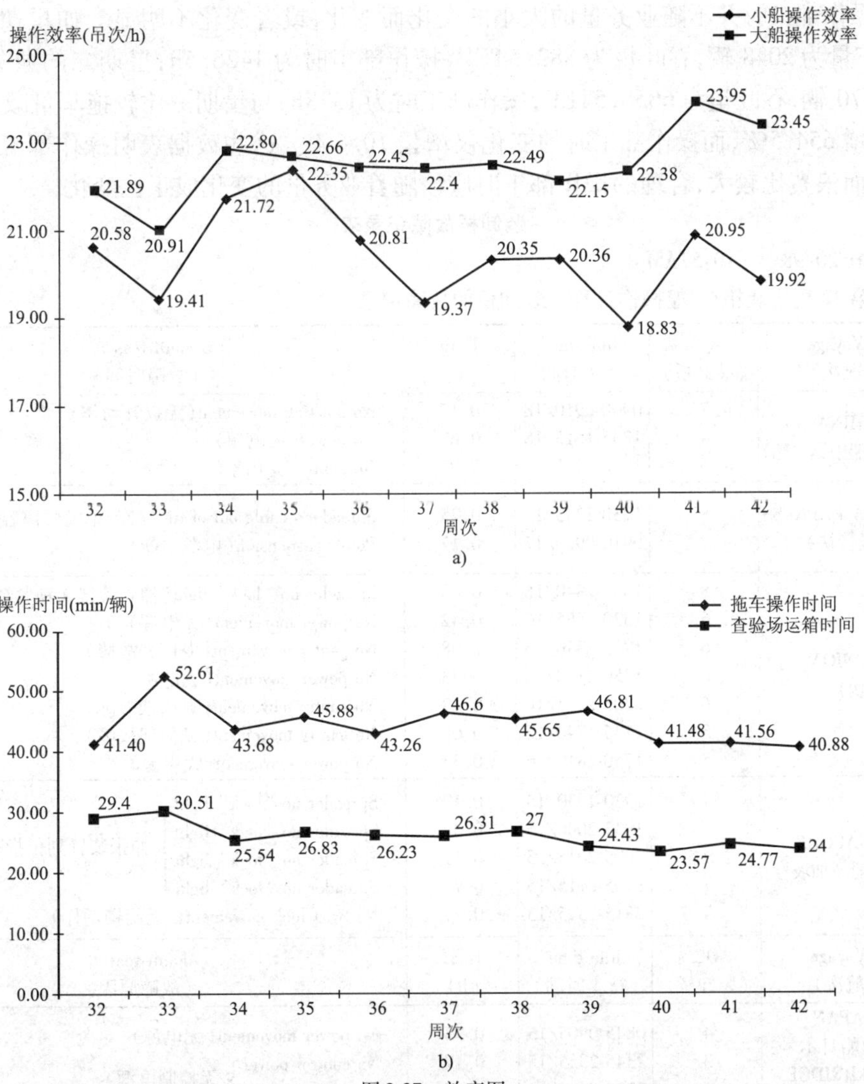

图 2-37 效率图

a）船舶效率；b）拖车及查验场效率

(十)装卸桥故障纪录

表2-9为一周装卸桥故障纪录表,该表详细记录了一周内各装卸桥出现故障的时间以及故障原因。因为装卸桥的故障对码头装卸船作业影响极大,直接影响码头生产效率,所以应该对装卸桥的使用与维护给予充分重视。从表2-9中可知:

(1)现有装卸桥的工作状态,根据待工时间长短以及故障原因可知设备目前的工作状况;

(2)现有装卸桥常见的故障有哪些,以便事先作好应急准备,如准备好配件等;

(3)装卸桥故障是否由于操作司机使用不当所造成,以便采取措施,提高操作司机的操作水平。

(十一)周工时比较图

图2-38为一周工时比较图,图中列出了操作部工时(OPS工时)、承包商工时以及总工时,由图中可看出:

(1)操作部工时并不随业务量的大小的变化而变化,或者变化不明显。如星期三的业务量为:拖车量为2048辆,吞吐量为882.5TEU,操作部工时为1426.5h;星期二的业务量为:拖车量为1870辆,吞吐量为6658.5TEU,操作部工时为1578h,与星期三比较拖车量减少8.7%,吞吐量剧增654.5%,而操作部工时的变化仅增长10.6%。这些数据表明操作部工时在处理吞吐量方面浪费比较大,合理的操作部工时应该随着业务量的变化成正比变化。

装卸桥故障记录表 表2-9

日期:10/20/98　　10:57AM

主题:第42周集装箱/驳船操作过程中装卸桥的故障记录

Vessel/Voyage (船名/航次)	QC (装卸桥)	Idle time (待工时间)	Hour (h)	Fault reason (故障时间)
APL CHINA (美国总统轮船中国号轮)	7	0900-0910/18	0.17	No hoisting movement(无提升动作)
	4	1335-1515/18	0.67	No power(无电源)
	6	1350-1445/18	0.92	No gantry(龙门架故障)
SOUTHCHINA EXPRESS (南中国特快)	8	1730-1745/17	0.25	Spreader's cable out of tub(伸长电缆脱离容器)
	7	0910-0920/17	0.17	Power suspension(电源中断)
EVER UNION (永联)	8	1835-1840/16	0.08	Spreader no "lock" light(伸张装置无锁紧灯)
	6	1530-1555/16	0.42	No power movement(无电源)
	6	1735-1740/16	0.08	No gantry movement(龙门架故障)
	6	1750-1810/16	0.33	No power movement(无电源)
	6	2205-2215/16	0.17	No gantry movement(龙门架故障)
	5	1735-1740/16	0.08	No gantry movement(龙门架故障)
	5	1750-1810/16	0.33	No power movement(无电源)
APL SINGAPORE (美国总统轮船新加坡号)	7	1920-1930/15	0.17	Spreader no "lock" light
	7	1935-2000/15	0.42	Spreader no "lock" light
	7	2005-2015/15	0.17	Spreader no "lock" light (伸张装置到位指示灯故障)
	7	2105-2115/15	0.17	Spreader no "lock" light
	7	2315-2325/15	0.17	No twist-lock movement(无旋锁动作)
Vessel/Voyage (船名/航次)	QC (装卸桥)	Idle time (待工时间)	Hour (h)	Fault reason (故障原因)
OOCL JAPAN (东方海外轮船日本号)	4	0845-0905/15	0.33	No power movement(无电源)
	3	2345-2355/15	0.17	No control power (无控制电源)
NEWPORT BRIDGE (新港桥)	1	0235-0400/16	0.42	No control power

续上表

Vessel/Voyage（船名/航次）	QC（装卸桥）	Idle time（待工时间）	Hour（h）	Fault reason（故障原因）
PRESIDENT KENNEDY（肯尼迪）	8	1205-1240/12	0.58	No control power（无控制电源）
	8	2255-2305/12	0.17	Spreader tilting（伸张装置倾斜）
	8	0210-0230/13	0.33	No gantry（龙门架故障）
	7	1205-1240/12	0.58	No power movement（无电源）
	7	1245-1300/12	0.25	Spreader cable out of tub（伸长电缆脱离容器）
SEALAND CHAMPION（海陆联运）	1	1025-1035/13	0.17	Spreader tilting（伸张装置倾斜）
	2	1400-1425/12	0.42	Power suspension（电源中断）
OOCL SINGAPORE（东方海外轮船新加坡号）	3	0600-0650/12	0.83	No power（无电源）
	3	1155-1240/12	0.75	No power（无电源）

注：The above mentioned idle time add up to 11.77 hours during vessel operation at week 42.（第42周船舶操作过程中待工时间合计为11.77 h.）

(2)承包商工时基本能随业务量变化而变化。如星期三的工时变化更为合理，但星期一的工时与星期而的工时相比，则显偏高，因为星期二的工作量较星期一大，而工时反而较低，说明星期一的生产运作过程有怠工现象，应予以检查分析，找出原因，合理组织生产，以提高生产效率，降低生产成本。

通过以上的图表的分析，可以发现生产中存在的问题，即使采取措施加以防范和解决，每周召开这样的总结会议，正是想不断总结经验，不断解决问题，以使码头生产工作日益完善，生产效率不断提高。会议内容应作详细记录。会议记录经整理后发给与会人员，以便有关各方清楚知道自己未来一周的工作内容。会议记录内容一般包括以下几个方面：

(1)会议召开日期及出席会议人员；

(2)会议议程；

(3)会上主要讨论的问题；

(4)有关公司未来发展的信息；

(5)需要解决的问题及具体负责人。

会议记录既是前段工作的回顾与总结，又是今后工作的指导文件，各部门严格遵守会议约定，努力完成自己的本职工作。

复习思考题

1. 什么是泊位策划？
2. 什么是泊位策划图？
3. 泊位分配图应反映哪些主要内容？
4. 制作泊位分配图首先应掌握哪些材料？
5. 简述泊位分配图的制作步骤？
6. 如何做好泊位策划部门的日常工作？
7. 什么是堆场策划？
8. 为什么要对堆场进行区域划分？
9. 堆场平面图的作用是什么？

10. 什么是翻箱位?
11. 堆场策划的基本原则有哪些?
12. 堆场策划的日常工作有哪些?
13. 造成转堆的原因有哪些?
14. 为什么说转堆是不可避免的?
15. 什么是 P. T. I 和 P. C?
16. 什么是船舶策划?
17. 船舶策划的目的是什么?
18. 船舶策划需掌握哪些基本知识?
19. 船舶策划需掌握哪些基本原则?
20. 处理危险货物箱的依据是什么?
21. 制作实配图的前期准备工作有哪些?
22. 简述绘制实配图的前期准备工作有哪些?
23. 简述绘制实配图的方法与步骤。
24. 船舶装卸完毕,需做哪些收尾工作?
25. 集装箱码头的构成原则是什么?
26. 简述到码头提取一个空箱的程序。
27. 简述将一个重箱送交码头的程序。
28. 提空箱与提重箱的操作过程有何区别?
29. 码头交空箱时,验箱工作是怎样进行的?
30. 入闸口处的审单工作应注意哪些?
31. 处理取消寄船箱时应该注意什么问题?
32. 码头交箱时发现烂箱怎么办?
33. 龙门起重机装卸系统有何优缺点?
34. 铲车装卸系统有何优缺点?
35. 叙述集装箱货物的出口程序。
36. 简述堆场交箱程序。
37. 简述堆场收箱程序。
38. 简述堆场理货员的工作。
39. 冷藏箱与干货冷藏箱有何区别?
40. 处理冷冻冷藏箱时应注意哪些问题?
41. 船舶靠泊前码头应做哪些准备工作?
42. 固定船舶主要采取哪几种缆绳?
43. 船舶离泊时应注意哪些事项?
44. 简述装卸船作业时每班人员的配备及其职责。
45. 简述装船作业程序。
46. 简述卸船作业程序。
47. 某工作组现有工人 228 名,试排出 4 月 16 如(星期日)至 5 月 27 日的更次表,并预测

日期	星期	操作部工时(h)	承包商工时(h)	日总工时(h)	拖车量(辆)	吞吐量(TEU)
10 月 5 日	一	1630	2672.5	4302.5	1323	2619.25
10 月 6 日	二	1578	2537.5	4115.5	1870	6658.5
10 月 7 日	三	1426.5	1798	3224.5	2048	882.5
10 月 8 日	四	1586	2539.5	4125.5	2114	3428
10 月 9 日	五	1602.5	2705.5	4308	2118	3108.5
10 月 10 日	六	1653	2775.5	4428.5	1952	3632.25
10 月 11 日	日	1463	2736.5	4199.5	1129	6844.75
周总工时(h)		10939	17765	28704	12554	27173.75

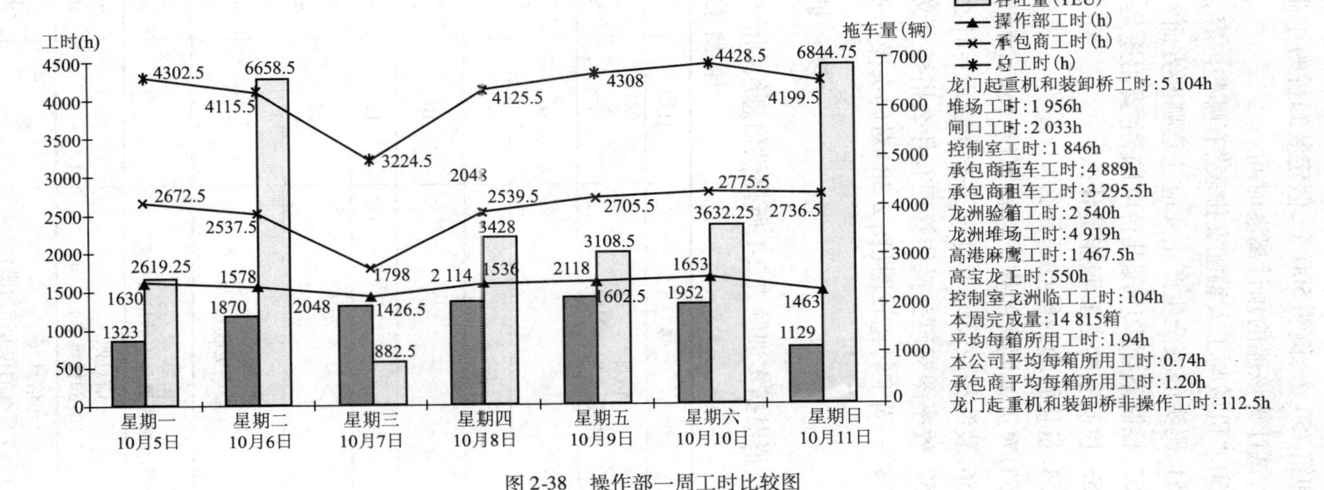

图 2-38　操作部一周工时比较图

第二组、第五组在5月13日和5月21日各上什么班？

48. 在码头作业中，要保证作业不中断，操作工人的吃饭问题如何解决？

49. 某集装箱船于某月20日13:00点挂靠A港，一小时后开始作业，作业量为：装箱850个，卸箱750个，倒箱500个，假定装卸桥的作业效率为24吊次/h，如用5台装卸桥同时对其作业，试计算该船的预计离港时间。

50. “机械与工人编配安排表”有哪些内容，怎样制作该表？

51. 码头的安全生产主要应注意哪些方面？

52. 控制室至少应配几台电脑，主要用途是什么？

53. 控制室的主要职能是什么？

54. 量化管理的优点是什么？

55. 对进入码头的拖车量进行统计对码头操作管理有什么指导意义？

56. 装卸桥故障记录对码头操作管理有什么指导意义？

57. 效率图对码头操作管理有什么指导意义？

58. 一周工时比较图（图2-38）对码头操作管理有什么意义？

实　训　题

1. 请根据实训题表2-1所提供信息绘制泊位图。

船期信息表　　实训题表2-1

信　　息	日期	船期信息
信息一（船期ETA、ETD）	8	Ship1 ETA:15:00　ETD:23:00 Ship2 ETA:11:00　ETD:待定
	9	Ship3 ETA:9:00　ETD:大约16:00 Barge1—6 ETA:14:00 ETD:22:00
	9	Ship4 ETA:15:00 ETD:23:00
	10	Ship5 ETA:6:00 ETD:16:00 Barge1—4 ETA:7:00 ETD:13:00
	11	Ship6 ETA:8:00 ETD:17:00
	12	Ship7 ETA:8:00 ETD:待定 Ship8 ETA:9:00 ETD:待定
信息二（船期更改）		Ship2 晚4小时到港 Ship4 晚10小时到港 Ship6 晚5小时到港
信息三（货物在码头堆场上的堆放位置）		A区（对应泊位1）:Ship1/Ship5/Barge1—4/Ship6/Ship8 B区（对应泊位2）:Ship2/Ship3/Ship4/Barge1—6/Ship7
信息四（装卸桥维修）		9日:5、6号装卸桥维修2小时； 10日:2号装卸桥大修，时间为:8:00—16:00
信息五（码头现有泊位占用情况）		8日:泊位1:SHIP9　ETD:14:00 泊位2:SHIP10 ETD:14:00

2. 请将实训题图2-1所示码头堆场进行划分：

要求是：（1）空箱堆存能力在3000个TEU以上；

（2）重箱堆存能力在16000个TEU以上，并分有20′、40′、45′、48′等几类。

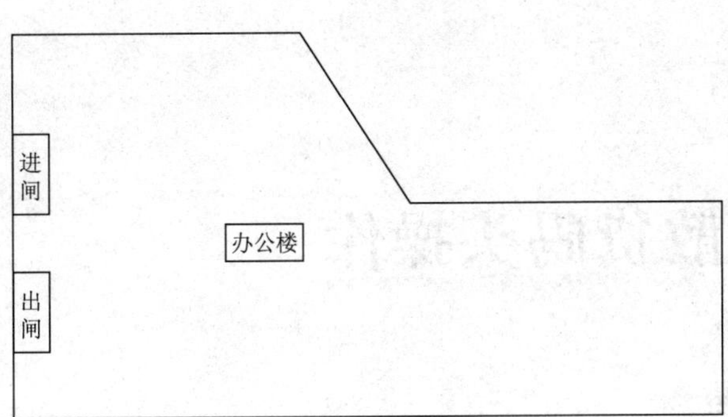

实训题图 2-1 码头堆场外形图

3. 按题意制作实配图。

1)实训目的

(1)了解掌握船舶实配图的内容;

(2)掌握船舶实配图的制作方法;

(3)了解掌握船舶策划的技巧。

东风轮挂靠盐田港时的装箱情况如实训题表 2-2 所示:

东风轮装箱情况 实训题表 2-2

卸箱港	20ft	重量(t)	40ft	重量(t)
Hong Kong	38	19	32	30
Kobe	59	16	112	27
Singapore	27	18	18	28
Hamburg	28	20	98	30
Rotterdam	66	19	58	29
Southampton	28	20	48	29

其中:

冷藏箱 14 个(40ft 重 30t,8 个到 Hamburg,6 个到 Singapore),危险品箱 6 个,(其中 40ft 的 3 个,重 30t,2 个到 Rotterdam,另 1 个到 Southampton;20ft 的 3 个,重 19t,目的港是 Hong Kong)。

注:危险品箱不能装在 23 号、35 号 BAY 位上,冷藏箱只能装在 33 号、31 号、11 号、13 号 BAY 位上。

试根据以上集装箱的装箱情况绘制实配图的封面图。

2)考核标准

(1)内容完整:占 30%;

(2)绘制方法正确:占 30%;

(3)无原则性错误:占 40%。

第三章　散货码头操作

主要内容

1. 散货码头操作概述；
2. 散货装(卸)船作业；
3. 散货堆场作业；
4. 散货装(卸)车作业；
5. 散货码头作业案例。

本章实训

1. 散货码头作业方案实例分析；
2. 选定某散货码头装卸作业系统作为实例进行分析

(1)根据操作系统合理化组织原则，对现有散货码头作业系统的优缺点进行定性分析；

(2)根据操作系统营运情况，对现有散货码头作业系统进行定量分析；

(3)在分析的基础上，对现有散货码头作业系统进行综合评价及提出合理的改进建议。

第一节　散货码头操作概述

散货是指在运输过程中不加包装而散运的货物。如煤炭、矿石、建筑用砂石等。由于散运可以节省包装，提高装卸效率，许多传统上以袋装运输的货物，如粮食、粗盐、水泥、化肥、砂糖等，也在不断地改为散运。所以，随着经济社会的发展，港口装卸的散货在运量和品种两方面都有很大发展。

散货虽然是港口装卸的具体对象，但它是通过某种运输工具进入港口装卸系统中的，所以不论用人力或机械进行装卸，车船货三者的某些特点，对码头操作均有着极为重要的影响。

一、散货的特性、运输工具对装卸工作的影响

1. 散货的特性对装卸工作的影响

散货的特性如块度、黏结性、容重、堆积角、自燃性、散落性等都和装卸作业有其重要关系，影响着装卸机械设备的选用及相应的技术措施的采纳。例如用抓斗抓取大块煤炭就比抓取小块煤炭困难得多，并且在作业转运过程中容易造成漏斗的堵塞和胶带输送机的损坏等一系列问题。货物的黏结性和流动性，对于装卸机械的抓取效率和重力落料的通畅与否，有直接关系，黏结性大、流动性差的物料在漏斗中易于成拱，使其落料不畅甚至不能自流。我国早期建

成的V形存仓散货堆场，在使用中常由于成拱而造成作业上的困难。物料的容重、堆积角，影响所需堆场面积的大小、堆场的布置和使用机型的选择。对易自燃、易污染、冻结的货物，应采取相应的技术和组织措施。

2. 运输工具的特点对装卸工作的影响

在进行散货装卸工艺设计时，对散货运输工具的类型、结构则要考虑到目前的和进一步发展的多种情况。以船舶运输来说，有专用船和通用船之分。大型专用散货船，通常是大舱口，一舱到底而且甲板上不设起重机和桅杆吊等起重设备。内河驳船则有矿石驳、甲板驳和舱口驳等之分。散货专用驳船有利于装卸，但在我国水运市场上，使用各种驳船的情况仍为常见。因此，对于服务多种船舶的综合性码头来说，在选择装船机、卸船机的类型时，对其结构要求必须予以足够的重视。

铁路车型与驳船相似，有专用车型，如漏斗车、底开门自卸车；通用车型，如敞车和棚车。漏斗车和底开门自卸车，虽便于卸货，但造价较高，且不便于其他货物的运输，所以当前我国散货运输仍以敞车为主。

以上只是我国当前车船运输的一般情况，如具有相当运量，且货流稳定，仍应采用专用的运输工具和定线运输组织方式。现代运输的发展表明，船舶的大型化和专用化，铁路车辆的长大专列固定编组直达循环的运行组织，促进了港口装卸工艺设备的大型化、专用化和高效化，所以研究港口装卸工艺必须深入分析车船的现状和发展趋势，既要考虑现实的情况，又要积极的探讨采用高效率的专用车船的可能性。

散货从产到销，要经过许多过程：从生产地的装卸、经过运输和换装、到消费地卸货，港口只是这一系统中的一个环节。因此港口装卸工艺的设计，必须从系统的观点去研究，才能取得好的效果。

二、散货装卸作业系统的特点

大宗散货的装卸船作业，基本上都是采用专用泊位、专用作业机械组成的专用作业系统。其主要作业工序为：舱底作业（装船作业时为平舱作业、卸船作业时为清舱作业）、装（卸）船作业、水平运输作业、堆场作业（堆料、取料）、装卸车作业等。从操作过程来看，其水平运输作业工序无一例外地主要采用胶带输送机系统。

大宗散货装卸作业系统最显著的特点是：自动化和高效、大型化。为了适应货运量增长和船舶大型化对提高船舶装卸效率的迫切需要，特别是大型的专业化码头，港口装卸机械正朝着自动化和高效、大型化的方向发展。

例如，秦皇岛港引进的世界上最先进的自动控制系统，实现由翻车机、堆料机、取料机、带式输送机、装船机组成的流水作业系统的智能化管理和远程控制。

秦皇岛港是大秦煤炭专用线配套的大型煤炭输出港，港口拥有全国最先进的自动化煤炭装卸设备，卸车和装船均实现了自动化管理。其东港区全部采用翻车机卸车工艺。煤三期、煤四期翻车机均可接卸万吨列车，并成功接卸了万吨和两万吨超长列车。运煤列车可直接进入翻车机，在不摘钩的条件下进行翻车作业。秦皇岛港共有翻车机10台，单台最高效率可达5400t/h。港口有煤炭专用堆场128.33万m^2，最大堆存能力为500万t，有煤炭专用泊位13个，设计煤炭通过能力为1.15亿吨；共有煤炭装船作业线22条，单线最高装船效率可达

6000t/h。

1. 散货装船作业的特点

散货大多为散粒体，相互间的内聚力很小，由高处下落时很容易向四面流散，这种特性称为散落性。散落性的大小与货物本身的颗粒度大小、形状、表面的状态、含水率以及外力等因素有关。现代散货装船作业所采用的装船机械均以带式输送机为主体构成。例如内河甲板驳，舱面无甲板遮盖，货物经带式输送机直接抛送舱口即可。其他船舶，有甲板遮盖的舱室部分，则可利用平舱机等辅助机械抛送于甲板下空间。因此，散货装船作业中有一个重要的作业环节就是平舱作业。

散货装船的作业方式以及装船机结构形式的选择，一般根据码头停靠的船舶尺度来确定。对于小型船舶，一般采用定机定船或采用定机移船的作业方式，对于海港等大型船舶则采用定船移机作业方式。

所谓定机定船作业方式，即码头前沿采用固定式装船机（如固定转盘式散货装船机），完全依靠装船机悬臂的伸缩机构、俯仰机构以及回转机构的动作，将货物抛送到舱口范围内的任一位置，完成货物的装船作业。采用固定式装船机，可以简化装船机的结构，大大降低码头的造价。

所谓定机移船作业方式，是指在定机定船作业方式中，若船舶尺度较大，为增加装船机悬臂长度的要求而采用的一种装船作业方式。即码头前沿采用固定式装船机，装船机悬臂的长度只需满足船舶舱口宽度的装船要求即可，船舶舱口长度方向以及全船各舱的装船作业要求则通过码头前沿的绞船设施，牵引船舶纵向来回移动而实现的。这种装船作业方式，比定机定船作业方式，不但提高了船舶长度方向装载要求的适应性，同时还可进一步缩短装船机的悬臂长度，降低装船机和码头的造价。

对于海港大型船舶，其散货作业方式常采用定船移机作业方式，即码头前沿采用移动式装船机。

2. 散货卸船作业的特点

现行散货卸船机的关键技术在于高效率的取料和如何将货物从舱内垂直提升。带式输送机作为散货装船机的主体结构，不但结构简单，且生产效率高、使用成本低。然而，普通带式输送机受其最大允许倾角的限制而不能作为卸船机的提升设备。因此，现行散货卸船机间歇式作业方式仍多采用起重机抓斗卸船作业，如带斗门机、散货装卸桥等；连续式作业方式多采用链斗提升机为主体结构的连续式卸船机，如L形链斗卸船机、斗轮式卸船机等。

散货卸船机结构形式的选择，除主参数必须满足装卸要求以外，尤以货物的特性关系密切，例如块度小、密度小、流动性比较好的散货，如煤炭、黄沙等货物的卸船作业，选用连续式卸船机较好；块度大、容重大的矿石等，则选用起重机抓斗卸船方式为宜。

散货卸船作业中有一个重要的作业环节就是清舱作业。采用起重机抓斗卸船作业，抓斗只能从舱口直下抓取货物，甲板下方的货物无法直接抓取，虽然普通散货都具有一定的散落性，但卸船后期仍有大量的货物（约为10%～15%的货物）需要从甲板下方运移至舱口面下，再由起重机抓斗抓取。这种作业过程称为清舱作业。采用连续卸船机作业方式，由于各船舶的结构形式不同、尺度不一，也同样存在清舱作业的问题。

一般来说，散货卸船作业初期阶段的生产率都比较高，清舱阶段的生产率则比较低。如何缩短清舱作业时间，是提高卸船平均作业生产率的关键。

第二节　散货装船作业

一、定机定船或定机移船作业方式

定机定船或定机移船作业方式一般应用于内河港口装驳作业。其典型的装船方式有：

1. 固定转盘式散货装船机作业方式

固定转盘式散货装船机，即装船机固定安装于码头前沿的墩柱上，装船机具有旋转机构、俯仰机构及悬臂伸缩机构而得名。目前主要应用于河港码头。长江中下游大型散货出口码头，如南京港浦口港埠公司、芜湖港裕溪口港埠公司和武汉港汉阳港埠公司的煤炭出口码头均采用了这种形式，如图3-1所示。B1000型固定转盘式散货装船机，其主要参数如下：

生产率	900t/h
伸缩范围	最大23.5m，最小16.5m
俯仰角度	向上60°，向下20°
旋转角度	180°
皮带机	带宽1000mm，带速2.2m/s
伸缩速度	2.46m/min
旋转速度	0.24lr/min
臂架起升速度	1.74m/min

该作业方式的作业过程为，锚地空驳送到码头前沿时，系缆以后，将装船机机头对正舱口，再顺次由前到后开动皮带机，将堆场或卸车线运送来的物料，经过带式输送机系统转送到装船机悬臂皮带机，通过溜筒装入舱内。装船过程中为满足船舶平衡和驳船强度方面的要求，悬臂要经过几次水平方向的回转（摆动）和伸缩，使物料均匀地分配到各舱室内。驳船装满以后由拖船或绞盘将重驳拖出，并重新送入空驳。

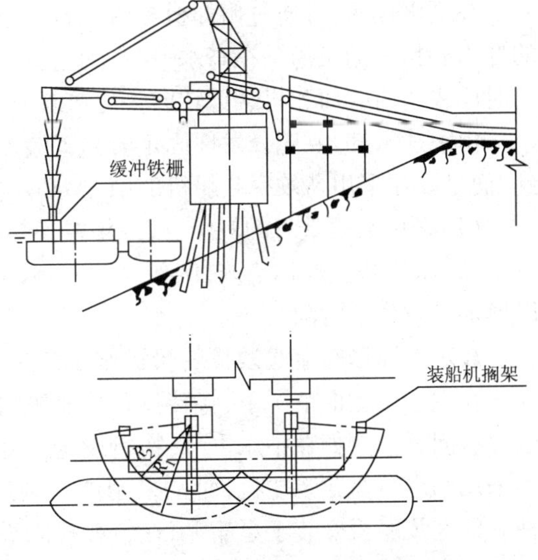

图3-1　固定转盘式散货装船机

固定式装船机的主要优点是：结构简单、自重轻、造价低，对码头强度要求不高。

选用固定转盘式装船机时其主参数的选取一般可作如下考虑：

（1）保证在各种水位的情况下能顺利靠驳装货；

（2）能将物料送入舱口上任一点，以减少平舱作业量；

（3）装船效率要与驳船吨位相适应。

在一个泊位上，通常装有两台转盘式装船机，其原因：一是为保持装船过程中船舶的平衡；二是为了减少悬臂的长度。两台装船机之间的距离应该这样决定，即每一台都应位于它所服务的几个舱口的中心，通过两台装船机的悬臂回转的配合，实现定机定船作业。悬臂皮带机只是伸缩部分向下投料，后一段悬臂是用于收容伸缩悬臂。从作业方便考虑悬臂应当长一些，这样有利于增加服务面积和改善司机的视线。但从结构考虑悬臂以短为好，这两方面应加以兼顾。为了尽量减小装船机的工作幅度，简化装船机的结构，装船机悬臂的长度只满足船舶宽度方向的装船要求即可，船舶长度方向的装船要求则利用码头前沿或趸船上的绞船设备不断移动船舶，满足物料在所有舱口范围内的装船作业，这就是所谓定机移船作业方式。

固定转盘式装船机其机头和操作室位于墩柱上，因此墩柱面设计标高应保证在洪水水位时不受水淹。同时还应考虑到高水位作业时，悬臂高度应高出靠驳趸船或靠船台 2m 以上，以便趸船上作业人员的通行。在水位差较大的情况下，一般在墩座外设置了垫档趸船，便于船舶靠离时进行系缆、解缆等辅助技术作业。在水位差较小的情况下，则采用外伸的靠船台则比较简便。

该工艺的适应范围，一般以 10m 左右的中小水位差和驳船船型较大的散货码头为宜。水位差较大时，货物的落差大，对船舶的冲击也较大，需在受料处设置缓冲设施。

就带式输送机而言，可以采用很高的装船效率。但我国几个主要的内河散货装船港口采用的装船机每台的生产率仅为 500 ~ 1000t/h，因为当驳型复杂，载重量大小不一，在锚地分解编组时，要多次往返取送驳船，效率过高，则相对辅助作业时间延长，不仅费用增加，操作上也不方便。

在驳船载重量小而装船机效率较高的情况下，驳船易过载。

在低水位时，可通过俯仰机构将悬臂降下和溜筒伸长的方法，以减少投送高度，避免物料的冲击和粉尘的飞扬。在高水位时，为避免悬臂碰撞驳船的上层建筑和拖船的桅柱，在驳船靠离时应将溜筒收回和将悬臂转向一边放置于装船机搁架上。

由上述可知，要充分发挥固定转盘式装船机的效率，不是只增加装船机的带宽带速就能达到，而是要在采用高效率装船机的同时，必须相应解决：

（1）采用大载重量的驳船，减少停机换挡次数；

（2）采用快速换挡措施，例如，配备足够的港作拖船、就近设置待装驳船、趸船或锚地等，以增加有效作业时间。

2. 定点弧形轨道式散货装船机作业方式

在大水位差的情况下，将转盘式装船机固定在墩柱上，不仅水工建筑投资大，而且作业上也存在问题。例如在枯水季节，物料投送高度大，司机的视线不好。所以在大水位差港口一般不采用固定转盘式装船机，而是采用浮式装船机，定点弧形轨道式散货装船机就是其中的一种。即把装船机安装于趸船上，在斜坡式码头上设置随水位升降而上下移动的供料皮带机或钢引桥供料皮带机供料。

定点弧形轨道式散货装船机（图 3-2）是内河大水位差斜坡式码头上常采用的机型之一，如重庆港猫儿沱作业区磷矿石出口码头、枝城港煤炭出口码头均采用此机型。

该装船机安装于趸船上，具有回转机构、俯仰变幅机构和卸料小车机构。其回转机构沿弧形轨道绕机尾处固定的球铰轴线旋转，通过尾车以实现斜坡皮带机对机尾受料斗的定点供料。

工作时，通过俯仰变幅机构、回转机构的配合，改变装船机的工作幅度，以扩大其有效装船面积及适应多种船型（船宽）的作业要求，由卸料小车沿悬臂方向的水平移动，可以把物料投送到驳船的所有舱口内。

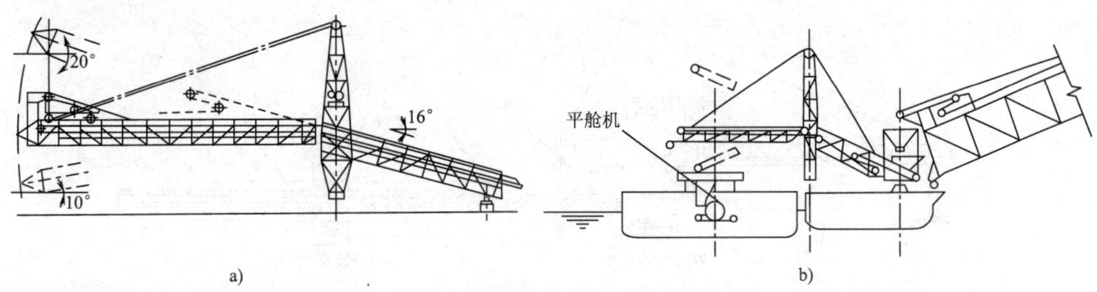

图 3-2 定点弧形轨道式散货装船机及工艺布置

a）结构简图；b）工艺布置简图

当水位变化时，斜坡上的皮带机，沿斜坡轨道上下移动，或通过钢引桥等装置，以适应水位变化时的船位调整。此装船作业方式，在岸坡较大，水位差较大的情况下，比建直立式码头经济合理，使用方便。

非工作性俯仰变幅机构和回转机构，还可用来调整物料的投送高度，避免物料的粉尘飞扬，通过悬臂的提升，以避让船舶停靠，或使臂架左右旋转 90°以上，使整机能转到码头前沿线内。变幅采用钢丝绳变幅滑轮组机构。

3. 直线摆动式散货装船机作业方式

现代大型专用散货船具有舱口大、上层建筑采用尾机型，舱口之间不设置起重吊杆等特点，与此相适应发展了一种新型的直线摆动式散货装船机，如图 3-3 所示。

直线摆动式散货装船机，主要由臂架、移动桥、摆动桥和前、后支承等部分组成。装船机上的带式输送机采用一根输送带，它绕过臂架前端和移动桥、摆动桥。后支承与摆动桥的功能是，当装船机以后支承墩柱为回转中心，在直线形轨道上摆动，前端回转台车的中心与后支承墩柱中心之间的距离发生改变时，保证桥架不但能绕后支承墩柱为回转中心转动，而且还能在转动的同时移动，改变前端回转台车的中心与后支承墩柱中心之间的距离，以实现装船机整机的自由摆动。

该装船机的臂架装置具有伸缩机构。悬臂的俯仰变幅和悬臂的伸缩架运动，是分别通过各自的绞车和钢丝绳的牵引来实现的。

直线摆动式散货装船机是弧形轨道式散货装船机的改进形式。直线摆动式散货装船机，设计构思新颖，有许多独特的优点：

（1）将弧形轨道改为直线形，作为装船机的前支承轨道，当前支承沿着直线形轨道移动时，装船机桥架在绕后支承摆动的同时，可沿桥架方向移动，从而使工作幅度损失得到有效的补偿，即臂架端部（溜筒）作弧线或近似直线的摆动，在摆动过程中将物料投送到专业散货船舱的任一位置。

（2）采用大跨距的回转桥架，有效地平衡了巨大悬臂的倾覆作用力，有利于加大回转半径（臂架的伸缩长度），实现定机定船完成长大舱口的装船作业。

（3）采用单机头，充分发挥皮带机高效率的特点，其效率可达到 1800 ~ 2300t/h，适用船型

1000～3000t 驳船。

(4)水工建筑只受竖向载荷，而且装船机不需要整机平行沿码头移动，所以码头水工建筑投资少。

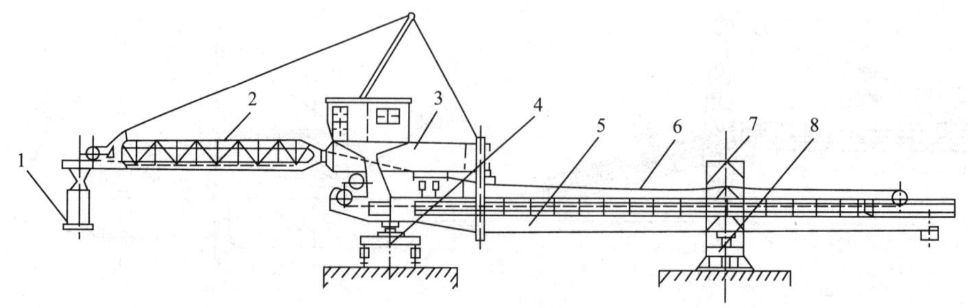

图 3-3　BSZJ1800 型直线摆动式散货装船机

1-溜筒；2-臂架；3-移动桥；4-前支承；5-摆动桥；6-带式输送机；7-供料点；8-后支承

二、定船移机作业方式

我国沿海煤炭和矿石等散货的运输目前主要采用载重量 10000～25000t 的船型以及 10 万吨以上船型，船舶尺度较大，这类海船装船作业，主要采用定船移机作业方式，即在整个装船过程中，船舶不移动，通过装船机运行机构变换舱口以及悬臂的回转、伸缩运动，将物料投满全船各舱。

定船移机作业方式采用移动式散货装船机，如图 3-4 所示。秦皇岛港煤炭装船机的主要性能参数如下：

生产率	6000～6850t/h
货种	煤炭
适用船型	1.6 万 t～12.5 万 t
轨距	15m
基距	10.5m
悬臂皮带机	带宽 2.2m，带速 4.67m/s
悬臂回转半径	33.5m，最小 49.5m
悬臂回转角度	±120°
回转速度	0.15r/min
伸缩行程	16m
伸缩速度	6m/min
俯仰	工作时 25～－15°，非工作时 60°
溜筒伸缩行程	106m
溜筒回转角度	360°

移动式装船机具有完善的臂架伸缩、俯仰变幅、回转及整机运行机构。其特点是，可沿码头岸边的轨道运行，以实现定船移机作业的需要。由码头前沿带式输送机送来的散货，通过装船机尾车架卸到装船机回转中心处的漏斗内，再通过悬臂带式输送机将散货装入船舱，使用灵活机动；通过回转、运行机构和悬臂伸缩机构的配合来改变溜筒的位置，便于对准各种船舶的

舱口位置，以扩大其有效装载面积；通过装船机溜筒伸缩、溜筒回转机构和溜筒下端抛料机构的配合，满足平舱的作业需要，适应多种船型；生产率高，根据装船作业时间的要求，有可能在每个泊位上配置较少的装船机台数，且装船时可移到相邻泊位上集中工作，因而在海港直立式码头上得到了广泛的应用。但移动式装船机的构造复杂，自重较大，对码头结构及强度要求较高，后方输送系统也较复杂。为了供料方便，需要沿码头设置高架栈桥、可与装船机一起移动的卸料车和供料胶带输送机等设备。

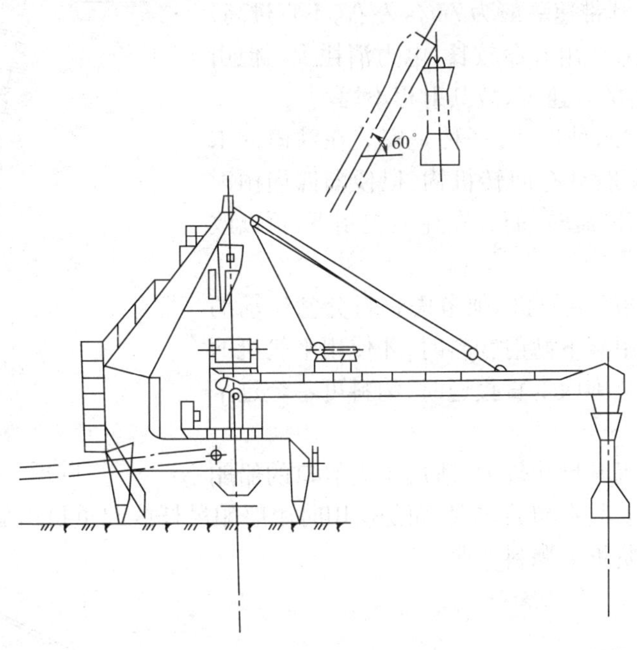

图 3-4　移动式散货装船机

三、散货平舱作业方式

专用散货船舶，舱口大，用岸上装船机和溜筒即可把船装满。对于舱口小的船舶，仅在舱口范围内垂直投送，不能把船装满。对于这类船舶的散货装船，就有一个平舱作业的问题。

平舱就是把装船机垂直投送下来的物料，转为水平方向投向舱口四周的甲板下，以使货舱满载且料面平坦的作业。

平舱作业如果用人力进行是极为繁重的，一是因为装船机效率很高，须同时配大量的工人；二是散货粉尘太大，舱内通风不好，夏季特别闷热。因此，必须尽可能使用平舱机作业。

平舱机是吊挂在散货装船机头部卸料漏斗下、或搁置在舱口围壁上抛送物料的辅助设备。现时平舱作业机械主要有三种形式：一是溜筒平舱机；二是直带式平舱机；三是曲带式平舱机。由于平舱作业在沿海主要发生在型宽为 20 ~ 22m 的海船上，在内河发生在型宽为 13 ~ 14m 的货驳上。投送距离一般不超过船宽之半，约在 10m 以内。

1. 溜筒平舱机

溜筒平舱机即是安装在装船机头部的溜筒，它利用散货装船时较大落差的自由溜放，通过底部弧形槽导向的溜筒进行平舱。图 3-5 所示是一种最简单的平舱机。溜筒平舱机具有旋转机构,以保证向各方向抛料;升降机构及变幅(摆动)机构,以减少非工作时的高度尺寸及选择最有利的抛射角度,达到最大的抛射距离。溜筒平舱机结构简单,使用方便,但不适用于易破碎、自流性不良或磨搓性大的散货。

2. 直带式平舱机

直带式平舱机实际上是一种带速较高的胶带输送机,如图3-6a)所示,其带速一般为7m/s左右,不宜过高,以保证部件磨损较小,使用寿命较长、电力消耗少。但由于未能利用物料下落的末速度,故其射程不远。

平舱机的安装有两种形式,一种是安装在溜筒的末端,性能最为完善,一般具有回转机构,以便向四周抛射物料。它不仅能绕溜筒旋转,而且在绳索控制下,可以改变投送点。

安装在溜筒末端的平舱机,须考虑物料分岔流动的需要:即仅当需要向甲板下抛射物料时,才使用平舱机的皮带机;当需在舱口范围内垂直投送时,物料可不经过平舱机的皮带机。

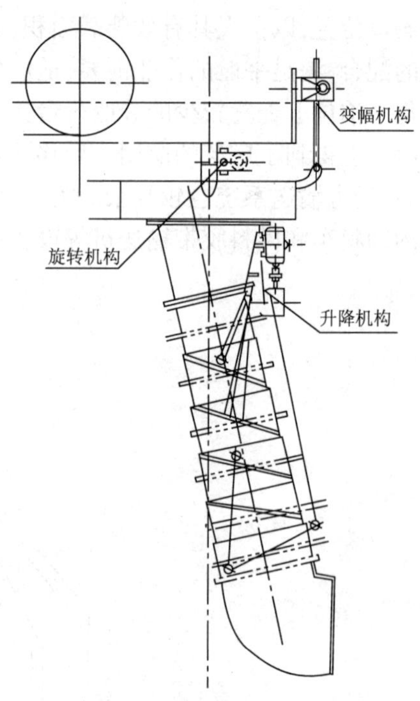

图3-5　溜筒平舱机

直带式平舱机,因其尺寸较大,适用于大舱口的船舶的装载,一般不直接安装在溜筒末端,而是使用时用船舶吊杆或起重机吊放到船舶上,悬挂于舱口围壁上,或放于货堆上抛料作业。

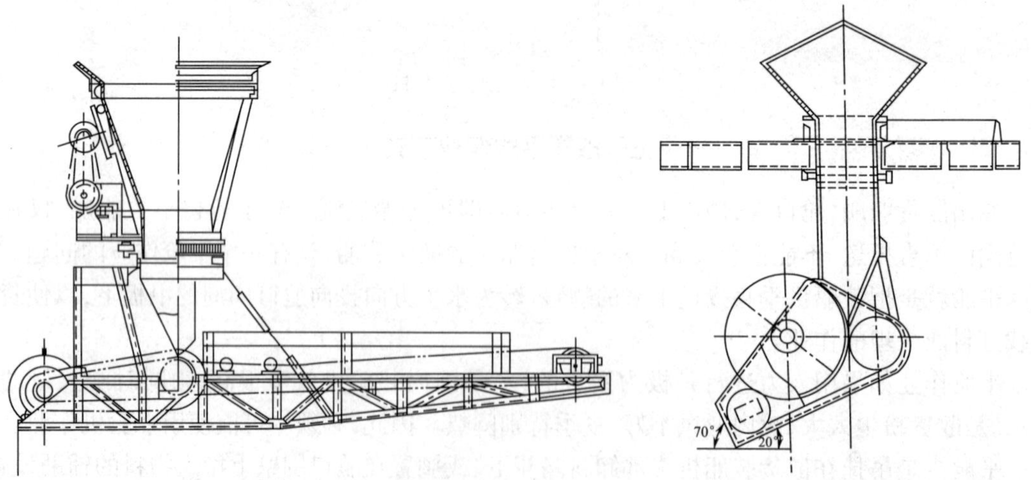

a)　　b)

图3-6　平舱机

a)直带式平舱机;b)曲带式平舱机

3. 曲带式平舱机

曲带式平舱机[图3-6b)]最主要的部分是曲带,物料通过溜筒落入曲带上,沿曲带弧线运动而得到加速,且物料在加速的同时,提高物料的抛射角达45°,以增加抛射距离。例如,当曲带速度为12m/s时，抛出距离可达10m。该平舱机结构紧凑，抛射距离远，但噪声大、磨损快、电耗大、物料抛射猛烈，对船体冲击大。长江上的舱口驳多用之。

四、散货码头装船操作注意事项

(1)各舱口应保持平衡作业。带式装船机生产率一般较高，装船时务必各舱口平衡受载，保持整个船舶纵倾或横倾角均在3°以内。

定船移机作业方式，依靠装船机自身各工作机构（臂架回转机构、臂架俯仰伸缩机构、大车运行机构）的协调配合，即可保证整个装船作业过程中的平衡作业，使物料投满全船各舱。

定机定船作业方式可采用固定式单线或多线装船机。定机移船作业方式，一般则通过装船机自身的工作机构（回转机构、臂架俯仰伸缩机构或卸料小车）的协调动作进行均匀受料，同时配合码头前沿或靠船趸上布置的牵引卷扬机进行船位的调整，使船舶不断移动，保持整个装船作业过程的受载平衡。为了提高装船效率和减少移船作业次数，也可采用多线装船机布置形式。

(2)在驳船载重量小而装船机效率较高的情况下，驳船易过载。特别是目前，港口由于皮带机自动秤误差大而仍有用看水尺计量的方法，此时在装船过程中必须注意水尺的变化，当驳船装满时应及时通知停止供料或停机，以免船舶过载或输送机线路上出现不能卸空的现象发生。

(3)当水位差过大时，物料投送落差大，可能出现物料对船甲板的较大冲击和严重的粉尘飞扬现象，应立即调整受料溜筒缓冲装置，以减少物料对船舶的冲击，同时可采用喷水、喷雾等方法防止物料粉尘的飞扬。

(4)专用散货船舶和比重较大的矿石等散货的装船作业一般不需要平舱。平舱作业大都针对普通结构的船舶而言。小型船舶的平舱作业，由于不便于应用平舱机，可能采用人工平舱，由于散货装船过程中，也不便于应用鼓风机等设备通风，作业条件恶劣，必须注意平舱作业人员的身体健康，以防高温中暑。

第三节　散货卸船作业

现代散货码头其卸船作业方式主要有两种类型：间歇式卸船作业方式和连续式卸船作业方式。间歇式卸船作业方式是指船舶的卸货作业过程是由周期性卸船作业机械完成的卸船作业方式。如河港散货卸船作业采用的浮式起重机抓斗卸船作业方式；海港散货卸船作业采用的门座起重机抓斗、带斗门机及散货装卸桥卸船作业方式等。连续式卸船作业方式是指船舶卸货作业过程是由连续式卸船作业机械完成的卸船作业方式。如河港散货卸船作业采用的悬链式链斗卸船机卸船作业方式；海港散货卸船作业采用的链斗卸船机、斗轮卸船机作业方式等。

一、河港散货卸船作业方式

(一)河港散货间歇式卸船作业方式

河港散货间歇式卸船作业方式应用最多的是浮式起重机抓斗卸船作业方式，如图3-7所示。浮式起重机是以专用浮船作为支承和运行装置,浮在水上作业。浮式起重机的优点是:自重不受码头地面承载能力的限制,可从一个码头移到另一个码头,使利用率提高,配合浮码头工作可不受水位差变化的影响,因而它适用于码头分散、货物吞吐量不大以及重大件设备的装卸工作,对水位变化大的内河港口则更适宜。浮式起重机作为内河斜坡式码头的主要卸船设备,一般是将起重船安装在方型平底趸船上,趸船既是起重船的一个组成部分,又是代替水上建筑物的靠驳泊位。

浮式起重机类型很多,目前用于河港散货卸驳作业较多采用的是3-18型浮式起重机。

3-18型浮式起重机主要性能参数如下:

起重量	3t
幅度	最大18m,最小6m
抓斗起升高度	甲板上7.5m,甲板下7m
起升速度	50m/min
变幅速度	40m/min
旋转速度	2.5r/min
旋转角度	360°
船体尺寸(长×宽×高)	26m×9m×2.3m

3-18型浮式起重机主要用于800t到1000t驳船作业。一个泊位,即一艘趸船上可以安装两台起重机。为接运物料可以设1个漏斗,也可以设两个漏斗。设1个漏斗时,在作业过程中两台起重机可能发生干扰。起重机、漏斗和皮带机的相对位置应当很好分析研究,以保证作业安全和缩短起重机工作周期。

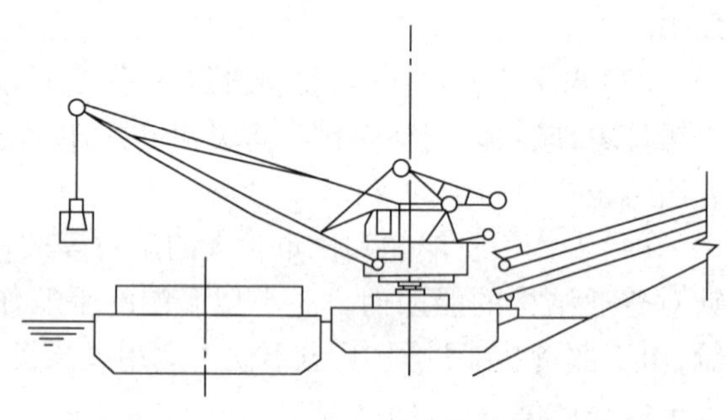
图3-7　浮式起重机抓斗卸船作业方式

间歇式机型具有通用性强,适应性好,工作可靠,维修简单等优点。浮式起重机应用于内河斜坡式码头,采用皮带车或钢引桥输送机系统,对水位变幅适应能力较强,特别是3-18型浮式起重机,具有较完善的起升、变幅和旋转机构,转盘重心低,稳性好,运转灵活,速度快,效率高,保养方便,因此得到了广泛的应用。

间歇式散货抓斗卸船机主要缺点是:

(1)清舱工作量大(约占10%~15%左右);

(2)粉尘污染严重;

(3)抓斗生产率受其速度、抓斗尺寸和船舶舱口尺度的限制难以提高。由于上述各种原因,从20世纪50年代开始国内外大力研制各式连续卸船机。

(二)河港连续式卸船作业方式

连续式卸船机是当前人们致力于开发的一种卸船机械,以期能大幅度提高卸船效率和减少粉尘污染。悬链式链斗卸船机,是我国内河散货进口码头上应用最为广泛的一种,如图3-8所示。

悬链式链斗卸船机是一种非张紧型链斗卸船机,其机构简图如3-9所示。它的链斗取料

区段呈自由悬垂状态，通过悬链斗将其挖取的物料提升至接卸带式输送机。

悬链式链斗卸船机最突出的优点是，利用悬链斗取料，避免了在卸大块度货物或清舱作业时悬链斗与船舶舱底板发生硬性碰撞，因而不损伤悬链斗或船舶舱底板，可使驳船的清舱量在2%以下甚至小于1%，同时当驳船减载上浮或受风浪影响而摆动时，该机卸货能力不受货层厚度的影响，平均生产率可达设计生产率的80%以上，加上大多采用定机移船作业方式，结构简单，自重轻，造价和能耗低，且易于操作，可适用于煤、砂、小块矿石等多种物料，是目前内河港口普遍采用的散货连续式卸船作业方式。

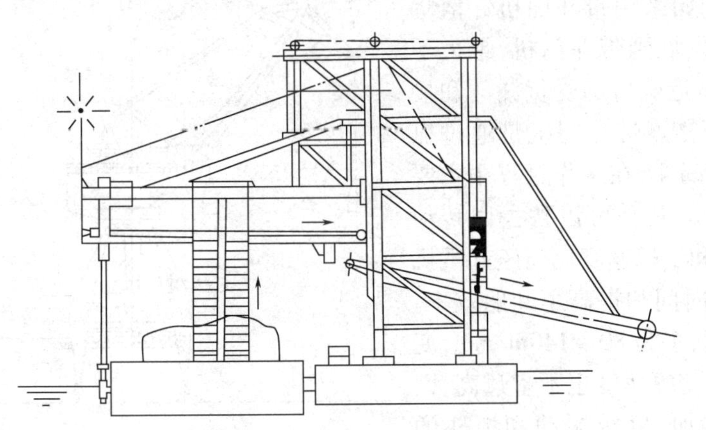

图3-8 悬链式链斗卸船机工艺布置

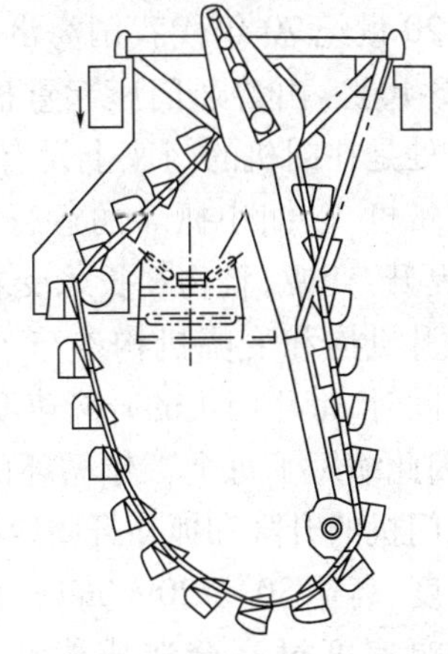

图3-9 悬链式链斗卸船机链斗机构简图

这种机型最早用于美国，在密西西比河的干支流煤码头上已有几十台，采用墩柱式结构。武汉理工大学开发研制的悬链式链斗卸船机，大多安装在囤船上而成为浮式，更能满足国内河水位变化大的要求。现已形成生产率为200～2000t/h的系列产品。

XLJ500型悬链式链斗卸船机主要技术参数如下：

设计生产率	500t/h
货种	煤、砂
作业船型	1000t 驳船
机头提升高度	6.3m
悬臂长度	17.5m
料斗宽度	1500mm
链条速度	0.45m/s
装机功率	111kW
整机自重	137t(含平衡重47t)

二、海港散货卸船作业方式

(一)海港散货间歇式卸船作业方式

海港散货间歇式卸船作业方式应用最多的是门座起重机、带斗门机及散货装卸桥等抓斗卸船，水平运输采用固定带式输送机机、堆场作业则采用堆取料机、斗轮堆取料机，构成岸边起重机——输送机系统。

我国海港早期散货码头多采用5t 和 10t 门座起重机抓斗卸船。使用门座起重机抓斗卸散货同样存在清舱问题。湛江港是我国采用门座起重机抓斗卸铁矿石最早的港口,20 世纪 60 年代,该港创造一种预铺网络的办法,取得了很好的清舱效果。这个方法就是在船舶装货前,在舱底从四周向中间铺上钢丝绳网络。网络与网络相互叠成鳞状,下面网络的起头吊索活套在上面网络上。卸船时,开始用抓斗,卸到接近网络时,改用吊钩、将舱口下的网络先吊出,每吊起一网络,下面的起头吊索即被带出。此法效率很高,卸万吨级船只需 20h 左右,而且节省大量的人力清舱劳动,但预铺网络仍是件繁重的工作。

20 世纪 70 年代我国海港开始采用带斗门机卸散货(图 3-10)。由普通门座起重机发展到带斗门机,最大不同之处是在门机的门座上设有靠近舱口的受货漏斗和接运皮带机,以缩小抓斗的运行距离。带斗门机是通过抓取、提升、变幅,将物料投入受料漏斗,在工作过程中主要是起升机构和变幅机构参与工作,几乎可以省去回转动作。同时,带斗门机的升降速度和变幅速度比门座起重机高,因此缩短了每个工作循环的时间和提高了卸船效率。带斗门机的升降和抓斗开闭速度,多为 80 ~ 140m/min;变幅速度,高达 80 ~ 120m/min。但变幅速度也不宜过高,因为变幅速度过高会造成能耗增加,机械振动和抓斗的摆动。

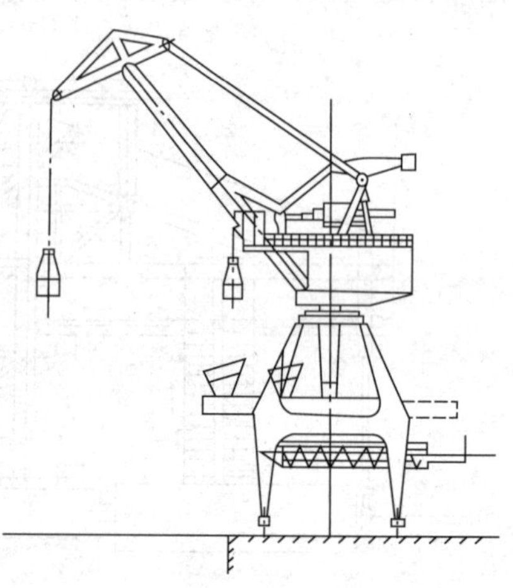

图 3-10　带斗门机卸船作业方式

目前带斗门机的起重量较大的是 20 ~ 25t,生产率为 500 ~ 700t/h 左右。带斗门机多用在船舶载重量小于 20000 吨级的散货专用码头上。大型散货船专用码头,多用装卸桥。装卸桥的优越性显著。目前国内最大的装卸桥,设在宁波港北仑作业区,用于进口铁矿石,起重量为 57t,有效抓货量为 30t,工作周期为 50s,卸船效率约为 2200t/h。国外最大的装卸桥的起重量已达 81t,有效抓货量约为 40 ~ 50t,起升速度为 140m/min,小车运行速度为 200m/min,卸船效率约为 2500t/h。

散货装卸桥,又称桥式抓斗卸船机,是一种桥架式起重机,其特点是在高大的门架上装设有轨桥架,使载重小车沿桥架运行。作业时,抓斗自船舱抓取货物并提出舱口后,载重小车(抓斗小车)向岸方运行,将散货卸入前门框内侧的漏斗内,经带式输送机系统送到货场。

国产 25t 装卸桥,用于煤炭、化肥、矿石等散货船专用码头上,效率约为 800t/h。它备有轻、中、重三种类型抓斗。抓斗最大外伸距为 27m,提升高度为 16m,升降速度为 100m/min,小车运行速度为 120m/min,小车运行为绳索牵引式。门架上有一受货漏斗,容积是抓取量的 3 倍,漏斗下有皮带机,皮带机的效率比抓斗效率稍高,以免堵塞。前伸悬臂能仰起 80°,以免靠船时发生碰撞。驾驶室位于桥架下方,可以单独移动,为获得良好的视线,作业时可移动到舱口中点,行驶速度为 55m/min。

为了提高抓斗起重机的卸船效率,目前正从研制新型抓斗和改进起重机功能两方面作出努力。

图 3-11 所示是国外研制的抓斗回转式装卸桥,其性能参数如下。

生产率　　　　　　1500t/h

抓斗容量	矿用9.1m^3,抓取量20t,煤用25m^3,抓取量21t
抓斗速度	起升90m/min,下降110m/min
抓斗回转速度	2r/min
抓斗横向走行	160m/min
悬臂俯仰	80°/6min
漏斗下给料机	1800t/h
接运皮带机	1800t/h
皮带机计量秤	500~2300t/h

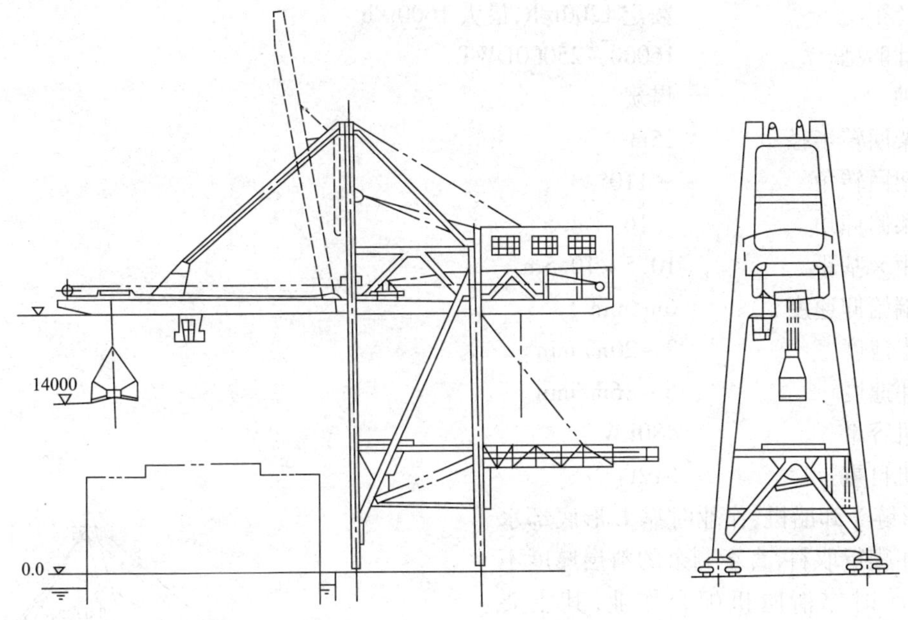

图3-11 散货装卸桥卸船作业方式

该机主要特点:

(1)采用高强度钢材,机械室等采用铝板;

(2)装卸时只要将通用滑轮组的销子拆下,就能迅速更换抓斗;

(3)抓斗的提升与闭合装置设在自行式小车上,可以左右回转90°,可根据舱内物料表面不平整的情况,选择抓斗开口方向,既可提高抓料效率,又可避免抓斗倾翻,缩短循环时间;

(4)卸载进度有计量电光标示装置;

(5)带着抓斗能将20t以下的清舱机在高水位空船时吊进吊出船舱;

(6)因整机尺度大,装有载人载物升降机,供司机和修理物料上下搬运之用。

应当指出,抓斗起重机仍在不断改进之中,如操纵的自动化,起重能力的进一步提高等方面均在发展。

(二)海港散货连续式卸船作业方式

为了提高卸船速度,除了设计制造出生产率更高的起重机和抓斗之外,人们寄希望于连续卸船机械的研究与开发。近20多年来,连续式散货卸船机在技术和应用上都取得了很大的进展。这类卸船机以连续输送机作为主体结构,利用连续输送机从船舱中取料并将货物提升出舱和输送到岸上,与码头上的输送机系统相衔接。现有连续式卸船机的机型很多,大多为移动式,也有的采用浮式。移动式连续卸船机一般将整机安装在可沿码头前沿轨道行走的门架上,装有输送机的臂架伸向船舶上方,臂架可回转、俯仰,臂架端部的取料机构和提升机构可根据卸货的需要,常设有伸缩、回转、摆动等机构。连续卸船机主要根据提升物料出舱的连续输送机而命名。海港散货连续卸船作业方式,主要有链斗卸船机、斗轮卸船机等。

链斗卸船机是以链斗作为物料挖取和提升机构。图 3-12 为我国上海港和华能南通电厂,在引进前联邦德国 PWH 公司生产的 L 形链斗卸船机的基础上,成功制造的台时生产率为 1200t/h 的 L 型链斗卸船机,1990 年在上海港朱家门煤码头投入使用,其主要性能参数如下:

生产率	额定 1200t/h,最大 1600t/h
设计船型	16000 ~ 25000DWT
货种	煤炭
臂架回转半径	25m
臂架回转角	±110°
臂架俯仰角	-16 ~ 44.5°
轨距×基距	10.5×10.5m
臂端俯仰速度	6m/min
行走速度	2 ~ 20m/min
链斗速度	6 ~ 86m/min
装机容量	480kW
整机自重	512t

L 形链斗卸船机,作业时靠 L 形底部水平段链斗爬行取料,直至剩余的料层厚度不足 100mm 时靠清舱机配合作业,其主要优点:

(1)应用范围广。就货物而言,从磷酸盐、煤(粒度在 300mm 以下)、矾土等轻物料直至铁矿、石灰石等重物料,就船舶而言,从河驳到大、中型海船均可卸载;

(2)卸船效率较高,工作稳定,卸船时的物料损失量低于抓斗起重机的 2%,能量消耗也比同效率抓斗卸船机低 1% ~2%;

(3)易于实现卸船作业自动化;

(4)能较好地解决粉尘的污染问题。

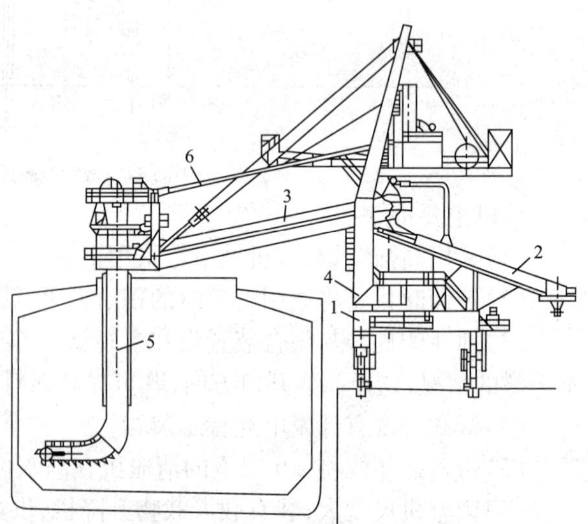

图 3-12　L 形链斗卸船机作业方式

1-门架;2-固定臂架;3-活动臂架;4-C 形支架;5-链斗提升机;6-平行四边形臂架系统

连续式卸船机的另一种形式是斗轮卸船机(图 3-13)。这种卸船机的作业特点是由双排斗轮取料,物料落入中间皮带机上,再送到链斗提升机,提升到悬臂带式输送机后再转到岸上带式输送机系统。斗轮和链斗均可以由舱内操纵,回转角为 240°。由于司机易于观察物料的挖取情况,易于取料操作,机动性较好，抓取效率较高，也可以减少整机移动和悬臂转动的次数。

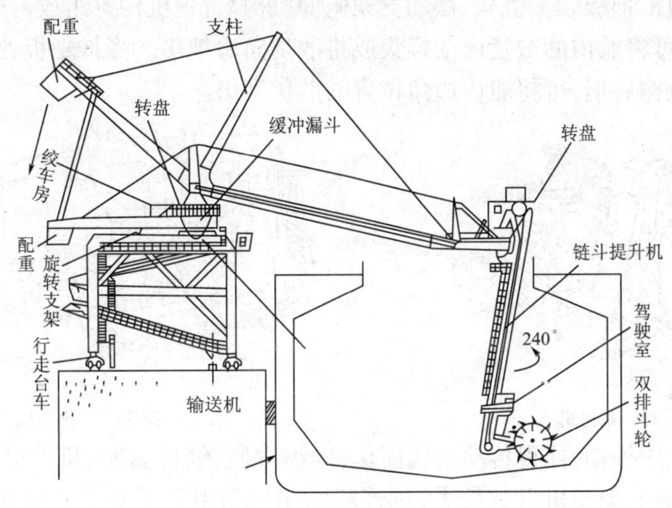

图 3-13 斗轮式卸船机作业方式

三、散货清舱作业方式

不论是散货间歇式卸船作业方式还是散货连续式卸船作业方式，现行散货卸船作业机械，都不可能将舱内物料完全卸清。因此必须用清舱机械配合作业。

清舱机械主要用于将散货卸船机不能直接搜取的货物、特别是舱甲板下方的货物，汇集到舱口直下，以便卸船机取料，直至尽快卸空清扫。

散货清舱作业是目前散货卸船作业中的一个薄弱环节，尤其是舱口驳和小型船舶，实现机械清舱还十分困难。据了解，目前我国散货卸船清舱量约占卸船量的18%～20%，劳动力占整个卸船作业的50%～60%，有个别卸船条件较差的船型，清舱量还大于20%，劳动力占整个卸船作业的70%～80%，严重地影响了平均卸船生产率的提高。因此，提高清舱作业效率，是提高卸货平均生产率的重要途径。彻底解决清舱问题，根本出路在于改造船型、合理应用清舱机械与清舱作业组织。目前应用较多的清舱机械主要有：

（一）刮抛机

该机是一种用电力驱动的，主要由取料叶轮、抛料胶带输送机、轮胎式运行底盘组成的清舱机械（图 3-14）。通过旋转叶轮在贴地铲板和运行机构的配合下，把贴近舱底的散货刮送给曲线抛料胶带机，送至一定的范围内汇集成堆备卸船机取料。此机型作业十分灵活，适用于各种大中型货船，作业时舱内扬尘较大，自重、体积也较大，生产率约为80～100t/台时。

（二）推土机及推耙机

大型散货船舶的清舱，较多使用这种机型。由于舱内运行条件较差，所以多采用履带式推土机清舱，它不但能在物料上运行，而且爬坡能力也大。另一种是推耙机（图 3-15），它是一种可以双向工作的小型履带推土机的变型，兼有推和扒两种作业效能，比单一的推土机更为有效。

推耙机采用液压传动。由于具有履带行走装置，能在散货堆上行走，主要作为不怕受压和污染的煤炭，矿粉等散货的清舱作业，将舱内四角处的散货堆集至舱口，供卸船机卸货。此外，也可作为散货堆场的辅助机械,用来耙集堆场散货。

推耙机主要由推耙板倾斜机构、摆动支架俯仰机构、行走机构等组成。行走、俯仰、倾斜三个机构协同动作,可将舱内的散货向前推集或将散货向后耙集。当推耙板处于垂直位置,通过摆动支架和行走机构后退,可将舱内边角位置的散货刮出。

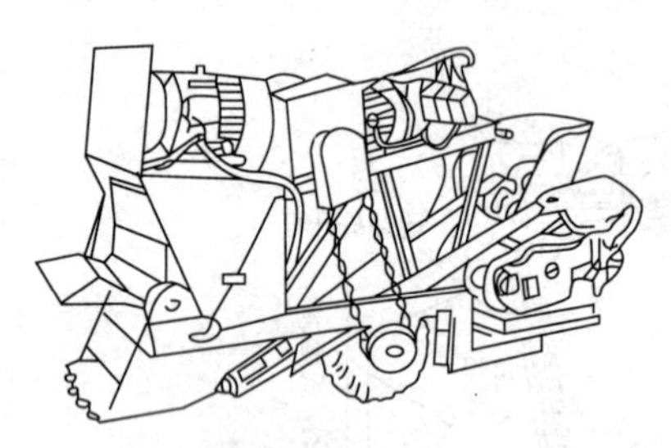

图 3-14　刮抛机

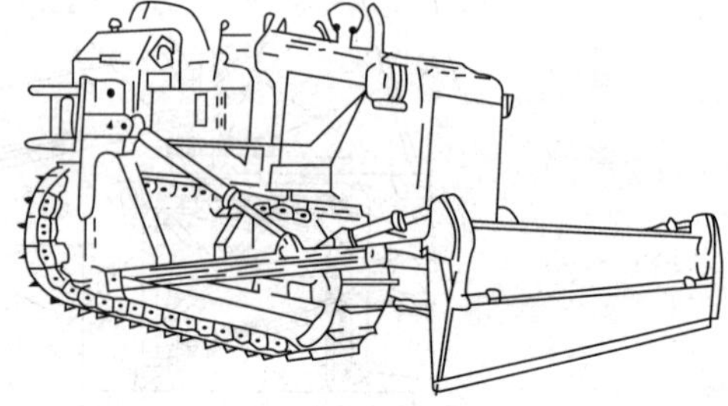

图 3-15　推耙机

推耙机采用液压传动,使得传动机构简化,操纵方便,结构紧凑,机动灵活,能在散货堆上行走,便于舱内作业。但整机自重较大(国产机约 4t),且其驱动柴油机排出的废气影响了司机的视线,并使舱内空气受到污染。岸上电缆供电的清舱机虽无排气污染问题,但电缆作业不便。

四、清舱作业组织

清舱机的生产率远低于卸船机械的生产率。为保证卸船机的生产率,清舱作业应科学地进行组织,包括清舱开始作业时间、清舱作业顺序的安排等。

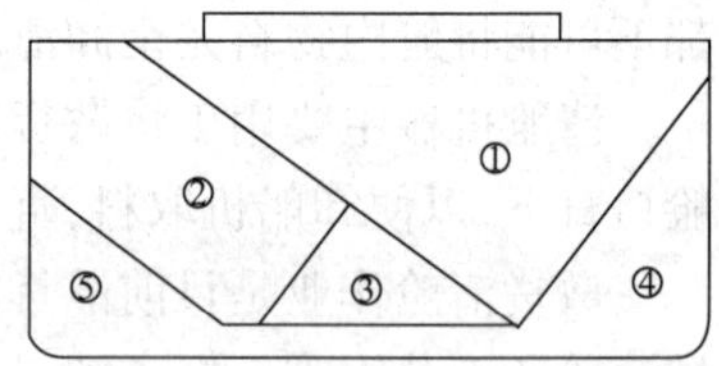

图 3-16　起重机抓斗卸船作业与清舱机械配合作业工作程序

图 3-16 所示为起重机抓斗卸船作业与清舱机械配合作业工作程序。此作业程序为:当抓斗卸完①部分的货物后,即应把清舱机放入舱内。当抓斗卸②部分的货物时,清舱机将甲板下抓斗不能直接抓取的④部分货物往舱口直下汇集;当抓斗抓取这部分货物和③部分货物时,清舱机再将⑤部分货物往舱口直下汇集。

五、自卸船作业方式

散货卸船的关键是清舱。目前使用的卸船机械,在船型条件较好的情况下,卸货时仍会有 10% ~15% 的清舱量须要清舱作业。在清舱阶段,由于物料层较薄,卸船效率要大大降低。例如,我国使用的 15t 带斗门机,开舱阶段卸船效率在 600t/h 以上,清舱阶段卸船效率降低到 150t/h。平均卸船效率仅为 350 ~400t/h。

那么能否不用岸上大型卸船机械卸货,且能从根本上消除清舱问题呢?能否通过改造船型在船舱内利用 V 形存仓自行卸料及坑道带式输送机原理将散货卸出,这便是自卸船的构思。我国内河驳型小,卸货、清舱特别困难,因此自卸驳应用较早。国外海上自卸船已有较广泛应用。

图 3-17 所示为自卸船的一种,它与一般散货船不同之处是它自身设有 V 形存仓漏斗和带式输送机输送系统。

卸货时打开V形存仓漏斗闸门，物料在重力作用下自行落于带式输送机上，然后借助悬臂带式输送机转到岸上的输送机系统，所以这种系统不但省去了清舱作业，且卸船效率高。1976年国外建造的52000t自卸船，卸船效率高达10000t/h。

自卸船有效工作的关键是要保证物料能顺利地卸出，为此在结构和设备上要注意如下几个问题：

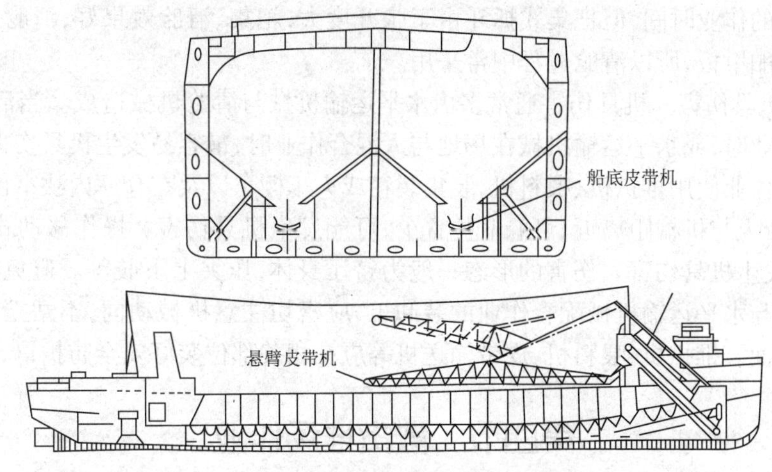

图3-17 自卸船作业方式

(1)V形舱底的倾角要能保证物料自流，当船宽较大时，倾角越大，舱容损失越大。为此通常采用2线或3线皮带机，但皮带机增加，船舶造价将相应提高。

(2)V形舱底上的卸料口尺寸应能避免出现物料在卸料口成拱状堵塞。一般卸料口尺寸应大于拱脚宽度。

(3)由于物料湿度和存放时间的影响，成拱现象可能会在不同位置出现，因此必要时应采取能消除成拱现象或机械强制供料的补充措施。

(4)为了均匀地向皮带机供料，避免物料溢出或堵塞，应设置能控制出料口闸门开放大小的设备。

自卸船突出的优点是：卸船过程可以完全机械化，效率高，对于进一步自动化和解决粉尘污染等问题都有利，但造价比普通同样吨位的散货船高15%～20%。主要缺点是，不利于装载其他种类的货物，适于定向航线专门货种运输，回程通常是空驶。

自卸船工艺的经济效益主要取决于合理的航距和船舶吨级，尽管船上配置了众多的自卸设备，降低了船舶的有效载货量，因其卸船效率高而缩短了卸船周转时间；虽然增加了船舶投资以及船舶回空问题，却节省了大量码头投资费用，在定向航线上及一定运距内是一种可取的运输方式。实践证明，把港口建设和船舶运输方式作为一个系统进行研究，协调配合，将会取得最佳的经济效果。

六、散货卸船作业注意事项

(1)散货清舱作业是目前散货卸船作业中的一个薄弱环节，最突出的问题是作业条件差，清舱生产率低。合理应用清舱机械与清舱作业组织是非常重要的。以起重机抓斗卸船为例，抓斗在卸船的初期和中期生产率还是比较高的，后期由于料层越来越薄，抓斗不易抓满，生产率下降。清舱作业开始时间过迟，可能会延迟整个卸船完成时间；清舱作业开始时间过早，可能干扰起重机正常生产能力的发挥。为了提高清舱效率，根据船舱结构，合理选用清舱作业机械和掌握清舱作业时机是非常重要的。

(2)起重机抓斗卸船作业的后期，一般可改换耙集式抓斗进行作业。尽管换用抓斗可能需要占用一定的作业时间，但耙集式抓斗由于张开度大，耙集、清舱效果好，清舱效率高，且颚铲不易碰伤船舶甲板，所以清舱过程中常采用。

(3)谨防机具伤害。机具伤害通常多由水平运输机械与清舱机械造成。当清舱机械在舱内与人混合作业时，或水平运输机械在场地与人混合作业时，最容易发生机具伤害。

散货清舱作业使用推扒机、喂料机，装集装箱或火车棚车以及在仓库内狭窄位置与叉车配合作业时，由于人与机械距离近，可躲避位置少，可能发生机具伤害。操作移动式水平运输皮带机，也可能发生机具伤害。伤害的形态一般为挤压身体，压夹上下肢等。避免机具伤害，其主要注意点是与水平运输机械配合作业的装卸工，应密切注意机械动向，不站立在机械前进、倒退方向的正面。推扒机、喂料机、皮带输送机等应在相关部位装好安全防护罩，避免伤人。

第四节　散货堆场作业

堆场的主要作业是物料进出堆场的堆料、取料、转堆等项作业的统称。由于物料品种、特性和堆存量是决定堆场机械和设备选取的主要因素，因而应用的机械和设备不同也会影响货物进出堆场的作业方式和堆存形式。目前我国散货堆场作业方式主要采用双臂堆料机——坑道带式输送机系统和地面堆取料机作业系统。

一、双臂堆料机——坑道带式输送机系统作业方式

双臂堆料机——坑道带式输送机系统，是我国长江中下游煤炭专用码头所普遍采用的一种方式，如南京浦口、芜湖裕溪口、武汉汉阳作业区等三座大型内河出口煤码头堆场都曾采用过这种堆场作业工艺(图3-18)，至今仍然在使用。它是由V形坑道存仓，双臂堆料机和坑道胶带输送机所组成的系统。采用大型的V形坑道存仓，目的是使所有的物料在重力作用下自流，避免采用结构复杂的大型取料机械供料的困难，且动力消耗少。物料的进场和堆放是由双臂堆料机来完成的。这种堆料机有两个悬臂皮带机，接受纵向皮带机经机尾送来的物料，通过分叉漏斗，把物料向左或右任一方分配。由于悬臂可以俯仰和整机的移动，在一个新起堆的货位上投料时，悬臂应降下来，以减少投放高度，避免粉尘飞扬和物料破碎，随着一个货位被物料堆满，堆料机沿着轨道移动到另一个货位，或由于物料品种不同，堆料机也要从一个货位移到另一个货位。我国几个港口使用的双臂堆料机的性能参数如表3-1所示。

双臂堆料机是V形坑道存仓的堆料机械，堆料机的尺寸参数，主要决定于悬臂皮带机投料点的位置。该位置又取决于V形坑道存仓堆满物料之后的断面高度和距离轨道中心的距离，以及物料抛出的距离。堆料机的轨道一般应高出地面0.5~1.0m，轨道两边应留有1.0~2.0m的人行道。

双臂堆料机，结构简单，制造容易，自重轻，其堆高5~10m，堆宽10m左右，堆量有限，仅

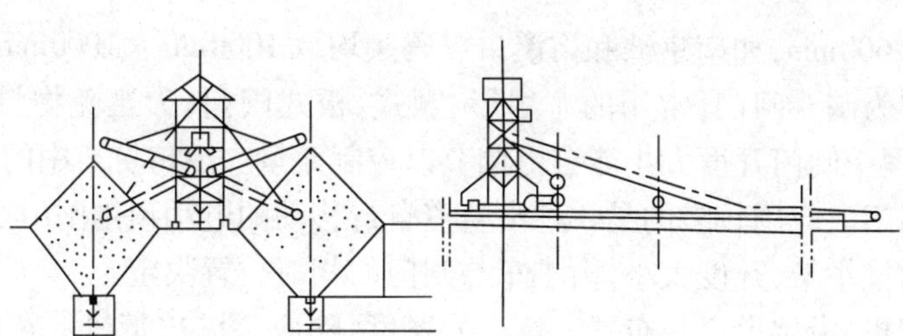

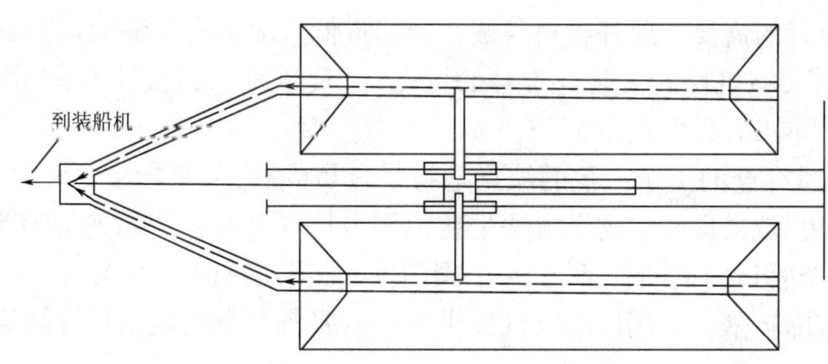

图 3-18　双臂堆料机——坑道带式输送机系统

在狭长地段的堆场使用,由于机尾的影响,且货堆长度小于固定送料皮带机的长度(约 20m)。

V 形坑道存仓断面决定于堆存量,堆场长度,以及容重和物料的摩擦角。V 形坑道存仓壁的倾角要能使物料从上滑下来,为此不仅角度要足够大,而且表面要光滑。

南京港 V 形存仓的尺寸是:深为 5m,仓壁倾角为 50°,仓底宽约 1m。存仓中心线在堆料机最大外伸距以外约 1m 处。

在保管物料品种多的情况下,存仓的断面上应加有隔壁,这样可以不致使物料混杂,同时也能增加存量。

双悬臂堆料机性能表　　表 3-1

指　　标	1	2	3
1. 生产率(t/h)	900	900	1200
2. 轨道面以上堆存高度(m)	10	5	7
3. 带宽(mm)	1000	1000	1000
带速(m/s)	2.7	2.5	3.5
4. 悬臂皮带宽(mm)	1000	1600	1200
带速(m/s)	2.7	2.5	2.5
5. 悬臂俯仰角	0 ~ 18°	0 ~ 18°	0 ~ 18°
悬臂俯仰速度(m/min)	3.35	2.4	1.97
6. 走行速度(m/min)	10	7	7
7. 轨距(m)	4	3.2	3.2
使用单位	青岛港	南京港	武汉港

出料口分布在 V 形坑道存仓的底上,每隔一定距离布置一个,距离过大,不易将物料出清,有时加中间斜面台,但距离也不宜过大,一般多在 3 ~ 6m 之间。

出料口,一般为正方形,其尺寸应保证物料易于流出,对于块状物料,出料口尺寸至少应为标准块最大直径的 3 ~ 6 倍。由于物料受潮受压,易于结实,所以出料口以定得大一些为宜,一般不小于 600mm×600mm，如南京港和裕溪口煤码头均取 1000mm×1000mm。

出料口的下方为漏斗闸门，常用的有扇形、颚式、板式闸门，为避免物料外溢和堵塞皮带机，要求在作业过程中闸门开度大小能自由调节以控制流量。港口坑道中的闸门数量很多，一般不用人力开关闸门。应用较多的是一种沿轨道自行移动的电动顶推闸门小车。小车上有一个三角形或弧形的推举架，开度大小，由小车与闸门的相对位置决定。

闸门下为皮带机，沿坑道全长布置。坑道的宽度，除应考虑皮带机的宽度之外，在机架与坑道墙之间还应留有一定的间距，其中一边为人行道的宽度，另一边为便于检修需要的宽度。人行道宽一般为 1～1.5m，检修间距一般为 0.7～1.0m。坑道高度，应满足于人员通行和皮带机、漏斗闸门等布置的需要。此外物料与漏斗闸门最低点应留有足够的余隙以保证物料通过。同时，还应考虑到大型机件的安装与维修的可能，以及通风、照明、排水、通信等设施的需要。一般坑道宽多在 3～4m，高多在 2.5～3.5m。

大型 V 形坑道存仓的一个严重的缺点是物料容易成拱，不能自流。为此南京港采用了压缩空气破拱的方法，效果良好。这个方法是在距离出料口上方 1m 处（通常在此处易于形成拱面），四角装上四个管口向上的管子，由一个阀门控制，当成拱时打开阀门，气流以 $7kg/cm^2$ 的力量冲击拱脚，煤即下落。采用压缩空气破拱方法需要备有空压机站和管阀等设备系统，设备比较复杂。

为了克服 V 形坑道存仓有土建工程量大，以及易于成拱等缺点，发展出一种平坑道和螺旋喂料机堆场作业的机械化系统，图 3-19 所示为该工艺布置的一个实例。

这个系统采用链斗卸车机和双臂堆料机相结合的物料进场堆垛方式，出场是利用物料自流和简易螺旋喂料机相结合的方式。物料堆存在地面，螺旋喂料机贴近地面沿堆场移动，由螺旋向中间坑道喂料。螺旋喂料机较推土机等投资少，修造简单，费用低。

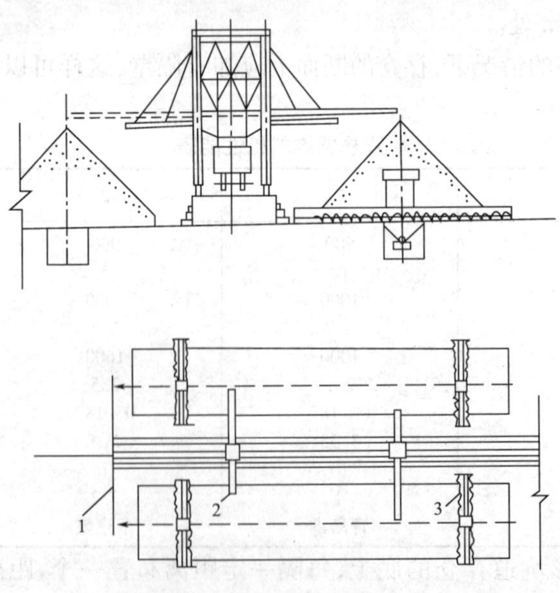

图 3-19 螺旋喂料机堆场作业系统

1-皮带机；2-链斗卸车机；3-螺旋喂料机

九江港务局制造的螺旋喂料机的性能参数如下：

生产率	300t/h
轨距	14.9m
螺旋外径	600mm
螺距	500mm
螺旋转速	90r/min
大车走行	24m/min
功率	螺旋驱动 30kW，大车 5.5×2kW
总重	5.7t

二、堆取料机地面作业系统作业方式

地面作业系指堆场作业均在地面进行。

堆料机、斗轮取料机、斗轮堆取料机已成为露天堆场地面作业系统中应用最广泛的机械，我国近些年煤炭进出口码头地面堆场作业，主要也是采用这类机械设备。

采用堆取料机作为地面堆场作业机械化的主要设备，基本上有两种工艺形式：一为堆取分设，即分别由堆料机堆料，由斗轮取料机取料；另一种形式是堆取合一，即堆料和取料由一台机械来完成。堆取合一的机械称为斗轮堆取料机。

(一)堆料机

地面堆场作业系统中所采用的堆料机一般为旋臂式。堆料机的机架跨在水平固定的胶带输送机上，并可在轨道上沿固定的胶带输送机移动。堆料机的尾车实际上就是固定胶带输送机的卸料小车。堆料部分是机架上伸出的堆料悬臂，臂上设有胶带输送机，悬臂可变幅和左右回转。工作时，由固定胶带输送机运来的物料通过尾车卸至悬臂上的堆料胶带输送机，然后输送到悬臂端部卸出堆放到货场上。

堆料机最主要的性能参数是生产率、堆料高度和工作幅度。生产率应与送料进场的胶带输送机相适应，由此确定悬臂的带宽和带速；堆料高度和工作幅度根据堆料要求而定，是确定悬臂长度的依据。有变幅、回转机构的堆料机可调整堆料高度和堆料的位置，但变幅和回转机构都是非工作性的，其速度较低不影响生产率。堆料机的行走、变幅和回转机构可采用一般起重机的通用结构。

图 3-20 所示为用于上海港某煤炭进口码头后方堆场上的高门架旋臂堆煤机。其生产率为 900t/h，胶带宽度为 1m，带速 3.15m/s，幅度 25m，堆煤高度可达 11m，自重 82.5t。

随着卸船、卸车机生产率的提高，堆料机也向大型化发展。如我国北方煤炭出口大港——秦皇岛港，在三期工程中，采用 2 台大型堆料机与 2 台翻车机匹配。翻车机卸下的煤炭经带式输送机送至堆场，由堆料机堆料。每台堆料机的额定生产率为 4860t/h，悬臂胶带输送机带宽为 2m，带速为 4.8m/s，回转半径为 39.4m，臂端回转速度为 17m/min，最大俯仰工作角度为 -12° ~ +14°，大车行走速度为快速 30m/min，慢速 6m/min，轨距 8m，该机总功率为323.8kW，整机自重约为 360t(其中配重约为 65t)，机上设有洒水除尘装置。这两台大型堆料机由前联邦德国 PWH 公司设计，由该公司及上海江南造船厂联合制造。

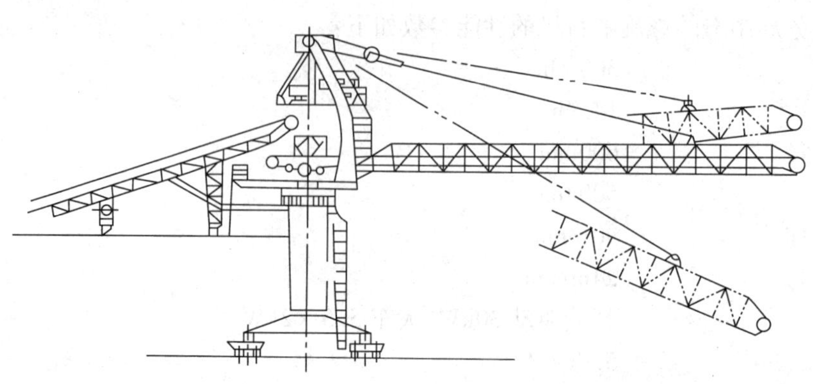

图 3-20 高门架旋臂堆煤机作业方式

（二）斗轮堆取料机

斗轮堆取料机（图 3-21）是兼有堆料和取料两种性能的大型高效率连续式作业机械，但堆、取料作业不能同时进行。它主要由斗轮取料机构 1、悬臂胶带输送机 2、运行机构 4、回转机构 5、变幅机构 6 和尾车架 7 等部分组成。

为满足堆取料的要求，悬臂、尾部带式输送机都是可逆输送机。此外，尾车架通过挂钩机构与堆取料机相连，尾部带式输送机即主带式输送机在尾车架上的部分可用液压油缸升降。堆料时，用液压油缸将尾部带式输送机升高，如图 3-21 所示位置，使由主带式输送机运来的物料供给悬臂带式输送机堆料。取料时，先将尾车架与堆取料机脱开，并移动堆取料机，让开位置，使尾部带式输送机借助液压油缸降下，当调整到可接收悬臂输送机供料的位置时，再将堆料机与尾车架重新钩挂衔接，进行斗轮取料作业。

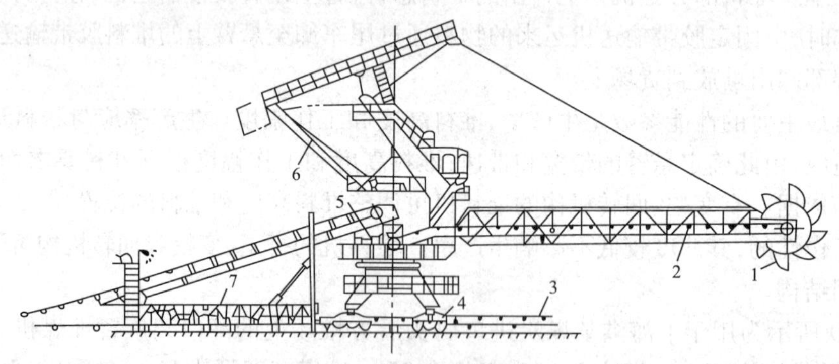

图 3-21 斗轮堆取料机作业方式（堆料状态）

1-取料机构；2-悬臂胶带输送机；3-主带式输送机；4-运行机构；5-回转机构；6-变幅机构；7-尾车架

依靠斗轮堆取料机回转、变幅、行走动作的配合，可逐层或逐点地依次堆料、逐层或按阶梯形方式分层取料。

采用堆取料分开的堆场，在作业上比较灵活，物料的进场和物料的出场，可以平行独自进行，能保证卸车堆存、取料装船互不影响，龙其当作业量达到一定数量时，其设备的使用将明显得到改善。但在堆存量大的情况下，需要的机械数量多，堆场面积有效利用差。有时堆存量大，并不一定是吞吐量大，而是由于保管时间长，在这种情况下使用堆取合一的斗轮堆取料机就更为有利。采用堆、取分设时，堆料机投送下来的物料可以形成较宽的货堆，而斗轮取料机的斗轮必须达到货堆的另一边才能将堆场物料全部取出，否则会形成死角。为了增加存量，通常采用两种方法：一种方法是采用推土机来扩大堆取料机的堆取范围；另一种方法是加长堆场长度。在有条件加长堆场时，加长堆场长度的方法更为有利。国外广泛采用350～400hp的大型推土机，斗轮机采用30～35m中等臂长，其堆宽为60～120m，堆场长度一般可达600～1600m。

国产DQ3025型斗轮堆取料机的主要性能参数如下：

生产率	煤炭，堆600t/h，取300t/h
物料粒度和容重	0～250mm，0.8～0.9t/m^3
堆高	轨上10m，轨下2m
物料出场方式	折返
尾车形式	液压升降
地面皮带机	带宽1m，带速2.5m/s
斗轮直径	3.75m
斗容和斗数	0.13m^3，7个
斗轮转速	6～8r/min
回转角度	堆±110°，取±165°
回转速度	0.046～0.154r/min
回转半径	25m
变幅角度	±16°
变幅速度（斗轮中心线速）	3.74～6m/min
运行速度	快30m/min，慢5m/min
轨距	5m
俯仰速度	5m/min
皮带机	带宽1.4m，带速3.45m/s
行走速度	30/7m/min
轨距	7m

（三）门式斗轮堆取料机

门式斗轮堆取料机是在滚龙机基础上发展起来的一种新机型。它的堆、取料机构是相对独立的（图3-22）。堆料用的倾斜胶带输送机固定在跨越堆场的运行门架一侧的上部，其下面则有一条能正、反转的配料胶带输送机。堆料时，通过门架沿堆场的纵向运行，和配料胶带输送机的横向移动及正反向输送，就可以堆出一个平顶的条形货堆。而套在水平受料胶带输送机架上移动的取料斗轮可在运行门架另一侧升降，以适应从堆场的底部或从堆场的上部分层取料，以及从堆场任意位置取料。尾车通过伸缩机构连接在主体机架上，尾车绞结的头部插入到受料胶带输送机机架下的支架内，并可随滚轮及受料胶带输送机升降，当尾车的头部升高及向内缩进到极限位置时，可由取料状态转换为堆料状态。

该机型门架高、跨度大，可提高堆场堆存量，缩小占地面积，能适应较大块度散货的堆取作业，全部为机械传动，运转可靠，但结构庞大，轮压大，造价高，适用于运量大的条形堆场。

MDQ15050型门式斗轮堆取料机主要技术参数如下。

生产能力(堆/取)	1500/1500t
堆高	10m
胶带输送机带宽	1200mm
带速	3.15m/s
斗轮直径	6500mm
斗容×斗数	0.5×9(m³/个)
轨距	50m
基距	10m
总功率	465kW

三、散货堆场作业注意事项

(1)散货堆场作业是散货码头操作中的一个重要的中间环节。如船(车)→场、场→船(车)等都是以堆场为集散地。为此,散货码头的输送系统也贯穿了系统性与灵活性。如可同时进行装(卸)船、装(卸)车或进行船→驳、车→船(驳)直取作业等。

散货码头的直取作业主要有:船→驳、车→船(驳),而很少采用:船(驳)→车的直取方案。这是因为,水陆运输工具的载重量悬殊、且能适应的装卸效率悬殊,现时翻车机卸车生产率可达到5400t/h、装船机生产率可达到6000t/h。很明显,从装卸生产率的协调性来看,船→驳、车→船(驳)直取作业是可行的,而船(驳)→车的直取方案,显然不符合作业线各环节生产能力相互协调原则。在这种情况下,一般宁肯组织间接换装,也不宜采用直取作业。

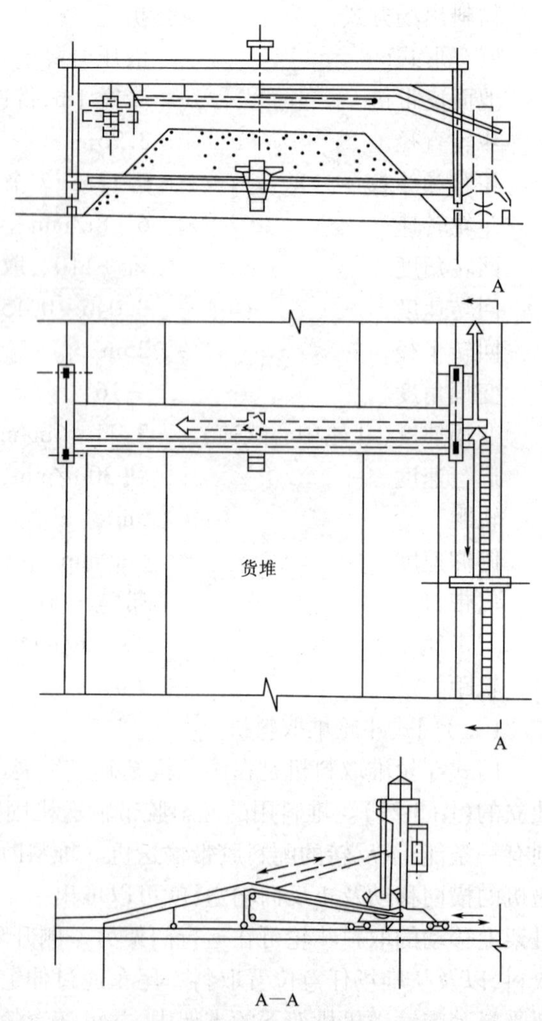

图3-22 门式斗轮堆取料机作业方式

(2)堆料机、斗轮取料机、斗轮堆取料机是散货地面堆场作业系统中应用最广泛的机械。斗轮堆取料机是堆料机与斗轮取料机功能合一的形式。在组织某一操作过程前,一定要检查并调整其当前的工作状态(堆料状态或取料状态)。堆取料机悬臂胶带输送机为电动滚筒驱动、油冷封闭式结构,散热条件差,为了保证其良好的冷却、润滑条件,一般要求每天进行例保检查,以便及时补充润滑油。

第五节　散货装卸车作业

铁路车辆类型与构造，以及到港的运行组织形式，对港口装卸工艺有着重要影响。装运散货的铁路车辆主要是敞车和自卸车两大类型。敞车是一种通用型的车辆，除装散货外，还用于装运各种包装杂货，所以铁路车辆中大部分是敞车。自卸车造价高，回程不便于装运其他货物。敞车有木质车厢和钢质车厢两种，从装卸来说钢质车厢较好，因为它强度高，便于使用装卸机械。敞车的装货是从上方敞开部分装入，卸货既可以从上方敞开部分卸出，也可以从车厢侧门卸出。自卸车装货也是由上方敞开部分装入，卸货则由底开门卸出。

在吞吐量大的港口，散货列车多采用专列直达，一般由30~50节车厢组成。

铁路与港口之间，对到港车辆的停留时间和车辆损坏，都有赏罚的规约，对取送车的联系制度，也有明确的规定，因此在确定装卸车工艺及效率时对此都应给予充分的考虑。

一、散货卸车作业方式

港口散货卸车作业方式，个别港口仍然有用人力铁铲卸车的，这种卸车方式劳动强度大，生产效率低，一辆车配8个人，小时效率在30~40t左右。用起重机抓斗卸车，由钢丝绳牵引抓斗，控制比较困难，抓斗容易倾倒，流动起重机抓斗卸车效率仅60t/h左右，尚有30%余量需要人力清底。为解决起重机抓斗卸车的困难，可使用液压抓斗起重机。大连港制造的曲臂液压抓斗卸车机的使用效果较好，其主要性能参数如下：

抓斗容量	1.5~1.8m^3，抓取2.5~3.5t
物料	镁砂等
液压抓斗的运动	在旋转平面和变幅平面均有自由度
起升高度	3.8m（抓斗闭合离地）
工作幅度	6m
效率	150~200t/h
主机（贵阳矿山机械厂造）	W4-60液压挖掘机

港口高效率散货卸车机械化方式主要有下列几种。

（一）翻车机卸车系统作业方式

从车辆构造来看，对于敞车，最快的卸车方法，莫过于将车辆旋转180°，将物料一次卸出。但列车到港，几十辆一列，并不能将几十辆车在同一时间内一次卸空，通常需要分解成单个车辆一辆一辆地进行翻卸。

翻车机是使铁路敞车沿平行于运行轨道的轴线翻转而自侧面倒出车箱内所载散货的一种大型的卸车机械。它具有卸车效率高、生产能力大、机械化程度高的特点。目前应用最广泛的是转子式翻车机；国产KFJ-2A型转子式翻车机主要性能参数如下：

最大起重量	100t
翻卸车速度	30辆/h
转子滚圈直径	7.3m
最大旋转角	175°

旋转周期	51.3s
定位器阻抗力(液压铁靴式)	4t
定位器缓冲行程	100mm
推车器推力	250kg
推车器推车速度	0.75m/s
推车距离	10m
压车装置行程(液压锁紧式)	975mm

形成一个有效的翻车机系统,除翻车机外,还需要相应的铁路线,空重车的调车设备,以及翻车机下方的漏斗和接运皮带机等。南京港翻车机卸车系统工艺布置如图3-23所示。

该系统采用折返式铁路线布置,并配有推车器(铁牛)和驼峰等送车和取车设施,翻车机下设漏斗、给料器、接运皮带机等。

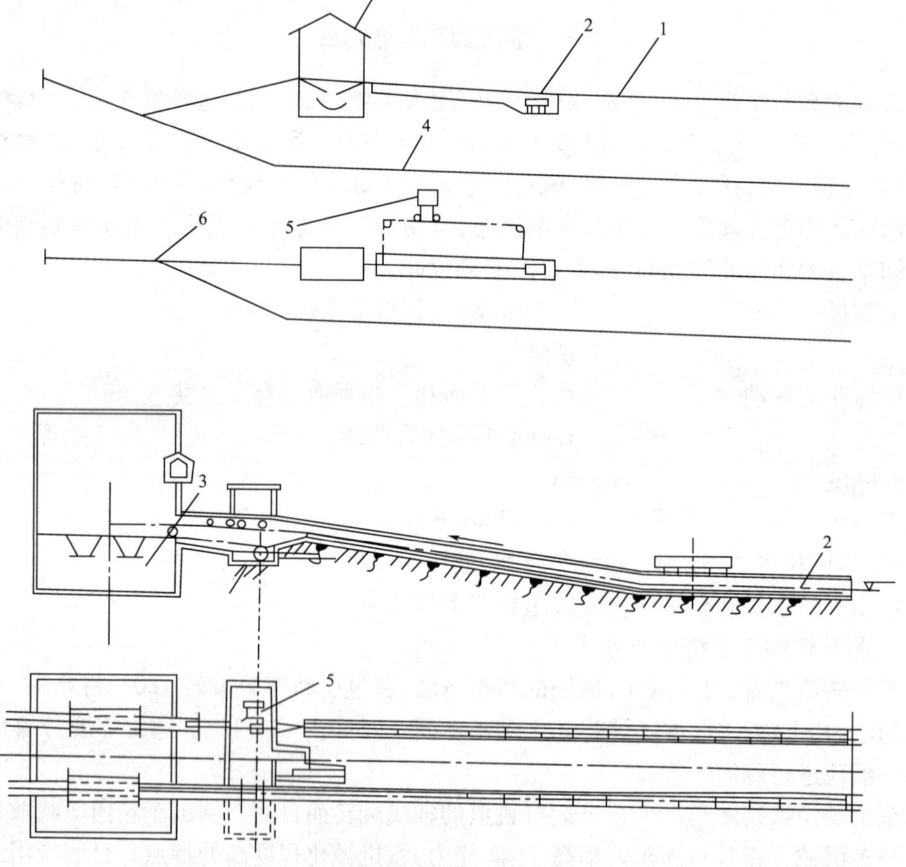

图3-23 翻车机卸车系统工艺布置

1-重车停车线;2-调车绞车推车器;3-翻车机;4-空车停车线;5-调车绞车;6-弹簧道岔

由机车将车辆送入重车停车线1后,将第一辆车的钩销和制动闸松开,然后由人力撬动车轮,沿坡度溜下,当冲入调车绞车推车器(铁牛)2沟槽后,即用铁鞋制动,以免后退,接着开动调车绞车5,钢丝绳通过滑轮组牵引推车器,将车辆推入翻车机3内。车辆在翻车机内停妥后，开动翻车机旋转160°~175°，将物料卸出。

翻车机（图3-24）主要由承载摇架或转子框架、定位及推车装置、压车装置和翻转机构等部分组成。当重载车辆溜入翻车机后靠液压定位器缓冲并停止，摇架或转子框架回转时，重载车先靠于托架梁上，再由压车装置将其压紧固定，当翻转卸料复原后，由推车器将空车推出，沿驼峰坡度溜下，冲入反驼峰回溜，经弹簧道岔6进入空车停车线4。在进入空车线时，必须由制动员控制停车位置，以免与前面的车辆相撞。

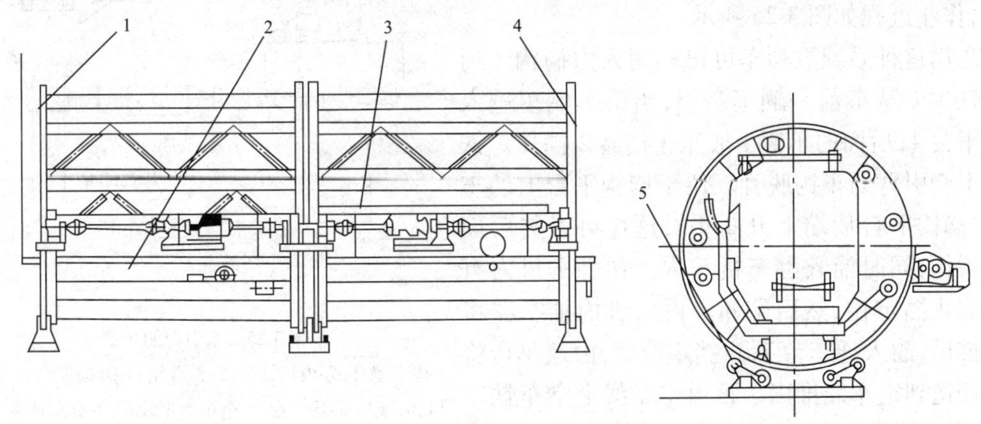

图3-24　KFJ-2A型转子式翻车机

1-转子；2-平台及压车装置；3-传动装置；4-转子（右）；5-托辊装置

回到空车停车线上的空车，还需要清扫残留在车辆内的物料，如装运的是潮湿的煤炭，剩余量可达2~3t左右。

每一辆重车经上述过程后，在空车停车线上集结，经列检，由机车取回。

为保证上述工艺过程的有效进行，配套设备在构造上、规模上、效率上必须相互适应。

如停车线的长度，必须适应到港列车车辆所需要的停车线长度；调车系统的效率应保证能及时的为翻车机供应车辆。

国产转子翻车机每卸一辆车的周期约需2min，而翻卸的时间约1min，物料从车辆中流出到卸空，仅为20~30s。翻车机与坑道皮带机之间设有存仓漏斗闸门，起缓冲作用。存仓漏斗的容量为车辆载重量的1.5~2倍。

为使物料易于从存仓漏斗中卸下，可以在钢板制成的仓壁上装振动器，较有效的位置是在仓壁中心线距出料口约1/4的高度上。仓壁的倾斜角一般为55~70°。出料口尺寸从500mm×500mm到1000mm×1000mm，上口应保证卸料时不致使物料散落于仓外。

为控制从存仓下料口流出的物料数量，可采用较简易的板式闸门。但为获得供料均匀可靠，最好采用板式（或带式）给料机。给料机安装在出料口下方，物料是直接作用在给料机上的，所以给料机要比漏斗口宽，以免物料外溢。

有的翻车机存仓上口设有栅格，以免过大的块状黏质或冻结的大块物料落于存仓内而造成堵塞。此外还配有小型推土机，作破碎大块物料之用。

该类翻车机主要特点是结构较简单，自重轻；倾翻角度大，生产率较高；工作可靠，清扫车量少；耗电量少。但地下构筑物较深，一般达15m左右，土建工程量及投资大；维修工作量大；

易损坏车厢等。翻车机系统一般用于年卸车量大于500万t的大中型港口。本系统还有一个较大的缺点是驼峰溜车制动员上下车劳动强度大,而且不安全。除上述的南京港翻车机系统中采用的取送车方式外,我国港口在翻车机系统中已采用牵车铁牛、摘钩平台、迁车台、空车铁牛等取送车方式,作业过程如图3-25所示。

采用这种系统重列车可以不用人力摘钩。列车由铁牛1从最前一辆车牵引,当第一辆车进入摘钩平台4,后面的车辆由液压止挡器2挡住。铁牛降下牵引臂与车钩脱开。位于摘钩平台上的车辆,在摘钩平台后端上升0.4m,这样可以与后面车辆脱钩,同时溜入翻车机5内。在翻车机内有止挡器止挡定位,然后翻卸。再由机内推车器将空车推出,溜入迁车台7,止挡定位后,由迁车台将空车迁送到空车线推出。再由空车线上空车铁车推送到空车线上,如此重复,直到一列车卸空。

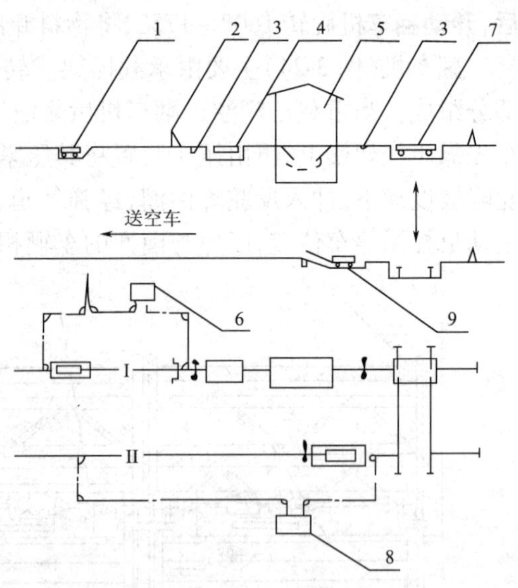

图3-25 牵引台的布置

1-牵车铁牛;2-液压止挡器;3-滑轮;4-摘钩平台;5-翻车机;6-绞车;7-迁车台;8-空车铁牛绞车;9-空车铁牛

用驼峰溜车的取送车方式,效率可达到25次/h,用摘钩平台和迁车台的取送车方式,每小时可翻卸30~33次。不仅效率高而且所用人力少,作业安全。

进一步提高翻车效率可以从缩短工作周期和提高一次翻卸货物的数量两个方面去考虑。为缩短工作周期不宜简单地用提高翻车机旋转速度的方法,因为翻车机旋转的行程很短,提高旋转速度所能节约的时间很少,而且速度过高还会发生物料飞扬到存仓外面的弊病。因此缩短工作周期应主要着眼于重车的摘钩解体和空、重车进出所占时间的节约。

为此,秦皇岛港采用了不摘钩连续卸车方式。要实现这种作业方式,需要:

(1)车辆之间的连结钩能够回转;

(2)翻车机的回转中心,应与进车线和出车线上车辆之间连结钩的回转中心线一致。

此种作业方式,效率可达30~40次/h。同时,也避免了摘挂钩作业,绞车调车作业等许多人力作业环节。

另一提高翻车机效率的办法是采用载重量大的车辆和一次翻卸2个或3个车辆。

(二)螺旋卸车机系统作业方式

螺旋卸车机是一种简易而有效的卸车机械,基本方法是将螺旋插入物料中,当螺旋旋转时,通过螺旋斜面将物料从敞车侧边门推出。螺旋卸车机的形式主要有门式、桥式和单臂式三种,如图3-26所示。

如图3-26a)所示为门式螺旋卸车机作业方式,其系统包括坑道漏斗,带式输送机,铁路停车线,移车牵引绞车等。其性能参数如下:

生产能力	450t/h
螺旋离轨面最大净空	5m
螺旋直径、长度、头数	800mm,2000mm,3头

螺旋转速　　　　　　　92r/min

螺旋摆动角度　　　　　±55°

大车运行速度　　　　　22m/min

螺旋卸车机的效率取决于螺旋的尺寸参数，而螺旋的尺寸参数与物料的粒度有关。根据现场的实践经验，用下式来确定螺旋直径和螺距可得到较好的效果。

$$\frac{t}{1.7} \geqslant d_{max} \leqslant \frac{D}{1.7}$$

式中：d_{max}——物料最大粒度，mm；

D——螺旋直径，mm；

t——螺距，mm。

卸货过程中车辆不动，螺旋卸车机可以用15～20r/min速度移动，当物料层下降时螺旋随着下降，螺旋的下降分两种形式：一种是垂直下降、或上升；一种是以弧形摆动完成升降。弧形摆动，可使两个螺旋处于不同高度，一次可卸两层物料，从而能减少大车行走次数。

从车辆中卸下的物料，落入轨道两边的漏斗中。由于漏斗只起集料的作用，所以容量不需很大，且可以不设闸门。漏斗不设闸门固然可以降低造价，但在使用中也有因物料突然大量流下来而将皮带机压死的缺点。

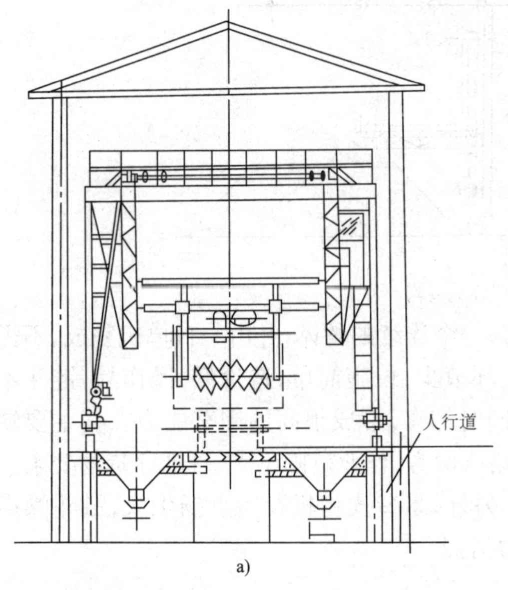

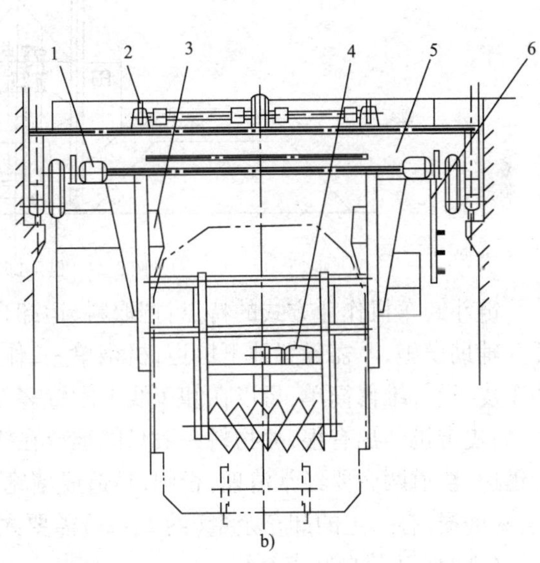

图3-26　螺旋卸车机作业方式

a)门式螺旋卸车机；b)桥式螺旋卸车机

1-大车驱动；2-螺旋起升机构；3-操纵室；4-螺旋驱动机构；5-桥架；6-导电架

螺旋卸车机卸车线长度，需要根据每次到港列车车辆数决定，可以设一线、二线或三线，视场地条件而定。每线一般设2台螺旋卸车机。螺旋卸车机构造简单，投资少、效率高。

此外，从其他方面来分析：

(1)对货种，特别是大块物料的适应性方面翻车机比螺旋卸车机好；

(2)防尘方面，由于翻车机布置紧凑，易于解决；

(3)进一步提高自动化程度方面,翻车机较螺旋卸车机易于实现;

(4)对维修保养的适应性方面,由于螺旋卸车机台数多,机械同时发生故障的机会少,而且维修保养较简单;

(5)翻车机对车辆的损坏率较高,有的达到10%。

(三)链斗卸车机系统作业方式

链斗卸车机是跨在铁路线上以斗式提升机挖取物料,并通过其上部堆料的悬臂胶带输送机向铁路两侧堆料的卸车机械(图3-27)。其堆料的胶带输送机有平移外伸悬臂式、俯仰外伸悬臂式和跨内横移式等三种类型,其中,俯仰外伸悬臂式的堆料量较大。

链斗卸车机的卸料装置是由两排或四排垂直提升的料斗组成,料斗容积多为40~45L,料斗间距约为400~500mm,料斗提升速度多在1.0~1.5m/s,效率为300~500t/h,料斗最低点位置离轨面为1.2m,即靠近车厢底面,行程多为2.5~4m,大车运行速度,卸货时多为2~2.5m/min,空车行驶时多为12~18m/min。

由于链斗卸车机是高处卸货,所以可以不用坑道皮带机配合,将物料直接投入堆场。它可以沿卸车线长距离走行卸货,也可以定点卸货,但这时需要移动车辆,并用其他机械接运物料。

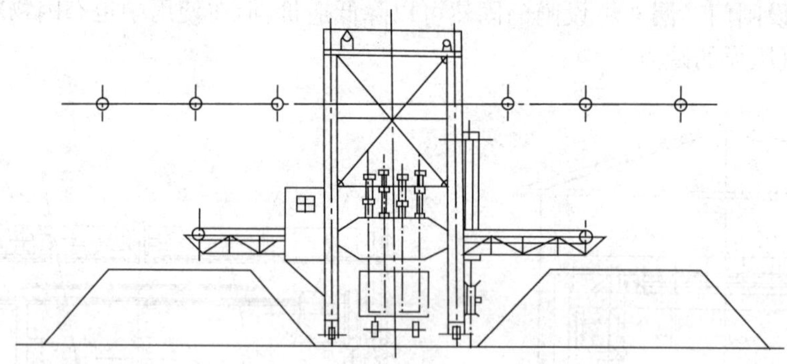

图3-27　链斗卸车机作业方式

链斗卸车机作业方式的特点:把取料、运卸合为一个连续的整体,并由一台单机完成,不需任何辅助设施,不需设置地下坑道,机型单一,作业环节少,设施简单,造价低,操作易,链斗不伤车皮,设备维修简单,可以在卸车线上配置多台同时卸车,形成很高的卸车能力。其主要缺点是:皮带机伸出有很,故物料一般只能堆放在铁路线两旁,作业范围不大,且堆存货物要求周转迅速,轨道两旁要经常清理,否则,易造成堵塞。另外,悬臂皮带机投料点扬尘大,链斗噪声大,易磨损,有一定的卸车余量(约1~2t)需要人力清扫。

(四)底开门自卸车系统

底开门自卸车有平底式底开门自卸车和漏斗式底开门自卸车两大类,载重量多为60t。其卸车线有许多不同的布置形式:卸车线长度,可以是2~3个车位的短卸车线,也可以是20~30个车位的长卸车线;卸车线有高出地面的和不高出的。从自卸车流出的物料如何接运是工艺布置中必须解决的问题。如用抓斗起重机把卸车线两边卸下的物料转运出去,卸车线两边的容量,必须保证第二次列车到达之前出清,所以它的断面就取决于这个卸车间隔时间内每一个车位卸车的数量。

除抓斗起重机配合卸车线外,还有用坑道皮带机接运的方式。由于底开门自卸车,卸货速

度比较快，而且一般是多辆同时进行卸车，进入坑道漏斗中的物料相当集中，所以坑道漏斗必须配有闸门加以控制，均匀的供给皮带机。

当底开门自卸车停妥以后，由工人将车底门打开卸车，物料因潮湿而黏结在车厢边角上时，还需要进行清扫，然后将车底门关上。关闭车底门是一个比较费力的作业，如老式的 7 对底门结构的车厢，12 个人 1h，只能完成 25 ~ 30 个车辆关车底门的作业。

二、装车作业

目前装车机械设备有三种类型，即周期性的机械、连续性的机械及装车存仓等。

周期性的装车机械主要有起重机抓斗、装载机等。装卸车作业的方式往往决定着堆场作业的方式，故其机械的选型和工艺布置，一般宜结合堆场作业全面地综合考虑。图 3-28 是门座起重机及装卸桥装卸车作业的实例。门座起重机及桥式起重机是大型直立式码头上的主要装卸机械，一般用在有车船直取作业的码头，跨越 1 ~ 2 条铁路线。堆场上布置双线门座起重机时，除满足装卸车工艺要求外，还要求二机最大吊幅相互交叠 5m 左右。该机在装卸车作业时灵活性大，取料范围大。

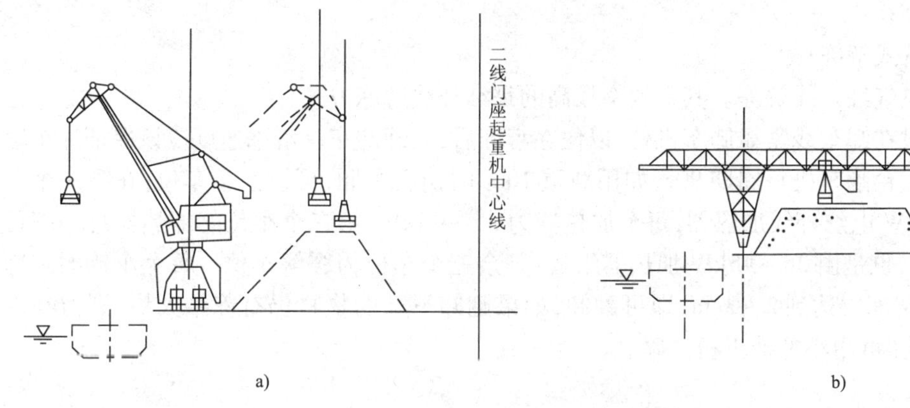

图 3-28　高架起重机装卸作业方式

a）装卸桥作业布置方式；b）门座起重机作业布置方式

装卸桥因能跨越铁路及货堆，只占用很少的道路面积，可相应提高堆场有效面积利用率，可全面承担码头的船舶、堆场和车辆的各项装卸作业，使装卸机型单一，装卸过程简单。抓斗起重机装车其主要缺点是抓斗不易对准车厢，物料易外撒，对车厢冲击大，所以效率不高。此外，由于铁路线是固定的，货堆与铁路线的距离随着作业的进行而不断变化，因此采用流动起重机、挖掘机等在作业时本身不便移动的机械很不方便。

单斗车（图 3-29），其铲斗可依靠液压油缸驱动而升降和倾翻，能铲取散货并进行装车、搬运、清舱等作业。其动作迅速，操作灵活，铲斗容积为 1 ~ 4m^3，目前已较普遍地用于港口堆场散货装载汽车作业。

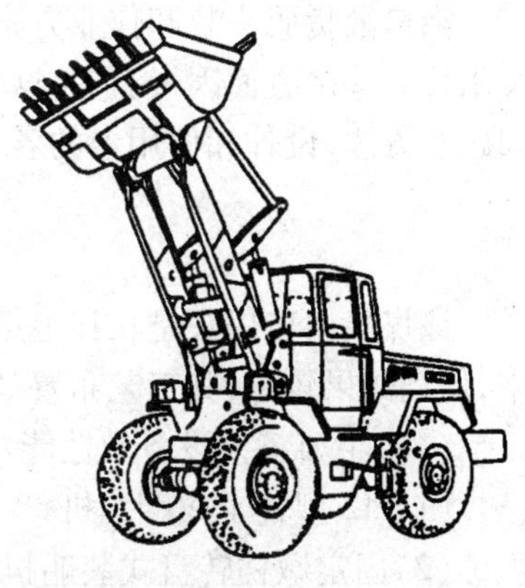

图 3-29　单斗车

三、散货装卸车作业注意事项

(1)采用翻车机卸车作业方式,散货列车到达港口车站以后,须经过技术检查,查明车辆是否适于翻车机翻卸。在翻卸过程中,因其车厢要承受液压锁紧式压车装置的压力,只有钢质车厢才适合于翻车机翻卸。对不适合翻卸的车辆应从列车中挑出,将适于翻卸的车辆根据货物品种和卸车次序加以编组,然后才能向翻车机停车线(重车停车线)送车。因此,采用翻车机卸车作业方式,同样需要配备螺旋卸车机系统作业方式或链斗卸车机系统作业方式或人力卸车系统作业方式。正因为如此,交通部港口机械技术政策规定,年卸车量大于 500 万 t 的港口才采用翻车机卸车作业系统。

(2)某些地区冬季寒冷,在运输中由于物料含水率较高和运输时间较长而产生冻结,严重时无法进行卸车。简单的解决方法是在物料中加些防冻剂,如煤炭中加些重油;在矿石中加一定的生石灰。此外可采取车顶盖上草席,在车底和车厢四周侧板上涂蜡等办法,这对卸车情况有一定的改善。但当因水分过多,温度过低,时间过长而冻结严重时,上述办法效果不大。为顺利卸车,应建解冻库,解冻库内加热方式,大致有以下几种:

①热风解冻;

②蒸汽暖管式解冻;

③煤气或电气红外线解冻。其中效率较高的是红外线解冻方式。

解冻库应设在卸车线紧靠卸车机处,以便在解冻后,立即卸车。解冻速度应该保证卸车速度。例如某港 1 台翻车机每周期 90s,如用载重 100t 的钢质车厢,可设 5 个车位:在第一个车位处安设 1800kW 电红外线加热器,每个加热器为 35 ~ 45kW;第二个车位的加热器总功率可少些,为 840kW,也是由 35 ~ 45kW 加热器组成;其余三个车位为缓解车位。每个车辆的解冻时间为 8min。解冻层达到 2 ~ 3cm,即可翻卸,如果翻卸下来的物料仍有冻结大块,则留在翻车机漏斗格栅上,可用小型推土机破碎。

第六节　散货码头装卸作业案例

港口散货码头装卸作业方案多种多样,其类型的选择与运输工具的类型、地形特点、地质及水位差等多方面因素有关,这里只能结合一些案例来分析,说明码头装卸作业方案要解决的问题和方法,设计和使用上的若干经验等。

一、南京港浦口出口煤炭码头

该煤炭出口码头是长江上第一座采用翻车机卸车的机械化出口煤炭码头,1961 年投产以来,使用效果较好,其工艺布置如图 3-30 所示。

(一)主要工艺设备及性能

(1)M2 型转子式翻车机,生产率为 20 ~ 25 车/h,2 台;

(2)固定墩柱转盘式装船机,生产率为 900 ~ 1300t/h,2 台;

(3)堆料机,带宽 1m,带速 3.8m/s,生产率为 900 ~ 1300t/h,2 台;

(4)皮带机,带宽 1m,带速 3.8m/s,生产率为 900 ~ 1300t/h;

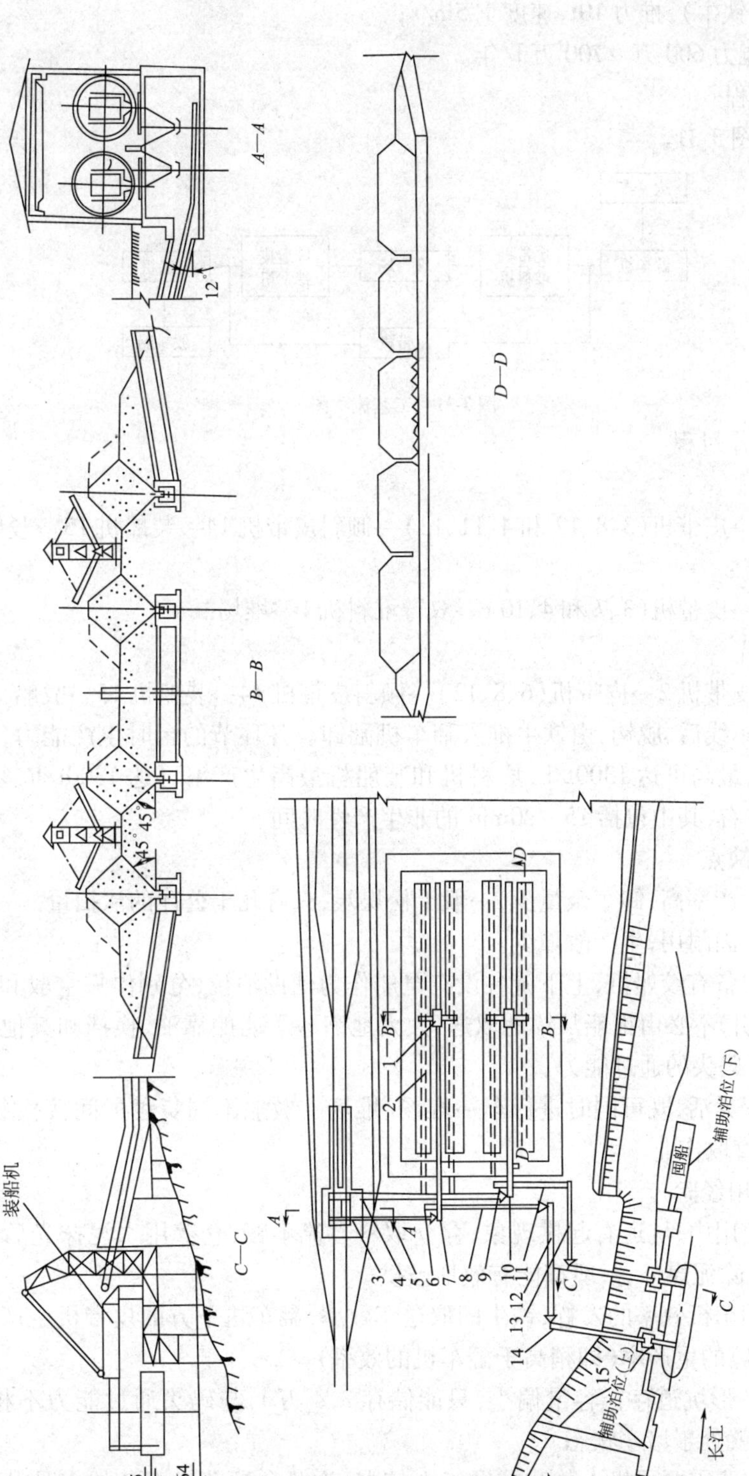

图3-30　南京港浦口出口煤码头工艺流程

1-双臂堆煤机；2-坑道胶带输送机；3~14-皮带机；15-固定旋转式装船机

(5)推车器(铁牛),推力10t,速度1.5m/s;

(6)年通过能力600万~700万t/年。

(二)工艺流程

工艺流程见图3-31。

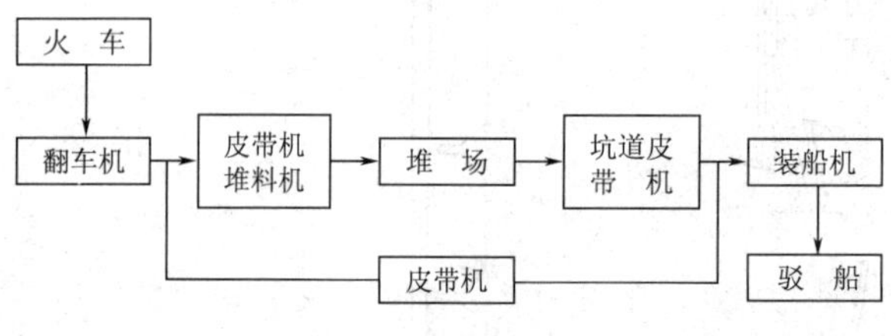

图3-31　工艺流程图

(三)主要操作过程

(1)车→船:

车→翻车机→皮带机(3、8、12和4、11、13)→倾斜皮带机14→装船机15→驳船

(2)车→堆场:

车→翻车机→皮带机(3、7和4、10)→双臂堆料机1→堆场

(3)堆场→船:

堆场→坑道皮带机2→皮带机(6、8、12)→倾斜皮带机14→装船机15→驳船

列车到达重车线后,脱钩,由铁牛推入翻车机翻卸。各环节的台时生产能力,翻车机平均生产率为800t/h,最高可达1300t/h,堆料机和装船机最高生产率可达1300t/h,装一艘3000t驳船需要1.5h左右,其中包括15~20min的非生产性时间。

(四)主要优缺点

(1)翻车机生产率高,卸车余量少,一般干松煤炭,只有几十公斤的清扫量。

(2)翻车机牢固耐用,生产故障少。

(3)装船码头备有绞船机,上下游各设有趸船作为辅助泊位,分别停靠空驳和重驳。驳船换挡用绞船机牵引,不必由拖船从锚地取送,大大地缩短了船舶靠泊、换挡和其他辅助作业时间,有效地提高了码头的通过能力。

(4)操作过程灵活,既可同时进行车→堆场、堆场→驳船不同货种的间接换装作业,也可进行车→驳船的直取作业。

(五)主要使用经验

(1)原设计使用中,坑道有起拱现象,存仓取料自流不畅,仓壁用水泥抹光后并采用了高压空气破拱装置,除泥煤外,一般都能有效地破拱。

(2)为保证翻车机效率的发挥,铁牛的取送车效率,翻车机下方的皮带机生产率均应服从主导机械(翻车机)的生产率(即稍高于翻车机的效率)。

(3)原设计V形坑道存仓容量偏小,只能储存3.4万t,与码头通过能力不相适应,如果2天不装船,港口就处于堵塞状态。

(4)翻车机作业需要司机人数和辅助工人较多,为两台翻车机服务的人员共需52人;翻车机卸车作业的调车场占地面积较大。目前,该码头已进一步扩大,主要工艺形式是采用地面堆场,应用斗轮堆取料机进行堆料与取料。

二、上海港七区中华南栈煤炭进出口中转码头

该码头主要承担华东地区的煤炭水—水中转，接运北方海运煤炭，年运量约 500 万 t，约 10% 为汽车陆运，进口船型为长字号和州字号，载重量为 17000 ~ 22500t；中转出口船型为千吨以下驳船及沿海 5000 吨级货轮，其工艺布置如图 3-32 所示。

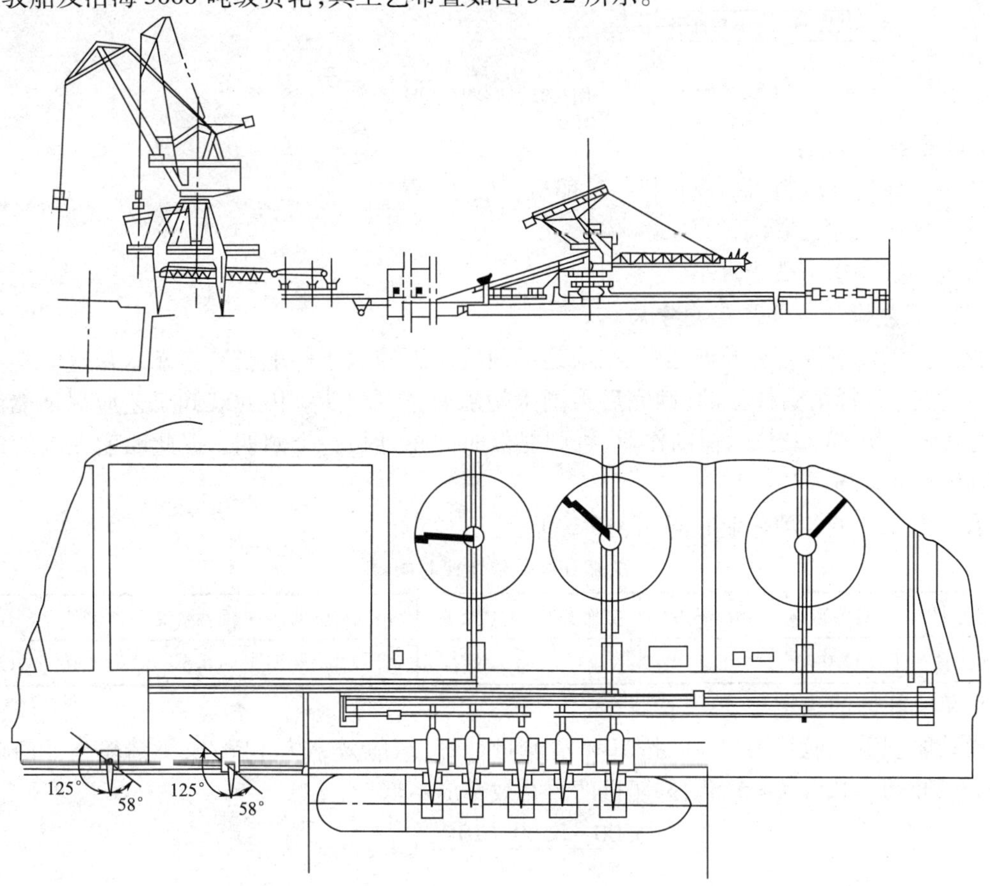

图 3-32　上海港七区中华南栈煤炭中转码头工艺布置

（一）主要工艺设备及性能

（1）带斗门机：最大工作幅度为 26m，起重量为 15t，5 台；

（2）DO3025 型斗轮堆取料机：堆料生产率为 600t/h，取料生产率为 300t/h；

（3）装船机：生产率为 500t/h；

（4）皮带机：生产率为 500t/h，100t/h 两种；

（5）铲斗车：若干台。

（二）工艺流程

工艺流程见图 3-33。

（三）主要操作过程

（1）船→驳船：

船→带斗门机→皮带机→装船机→驳船

(2)船→堆场：

船→带斗门机→皮带机→斗轮堆取料机→堆场

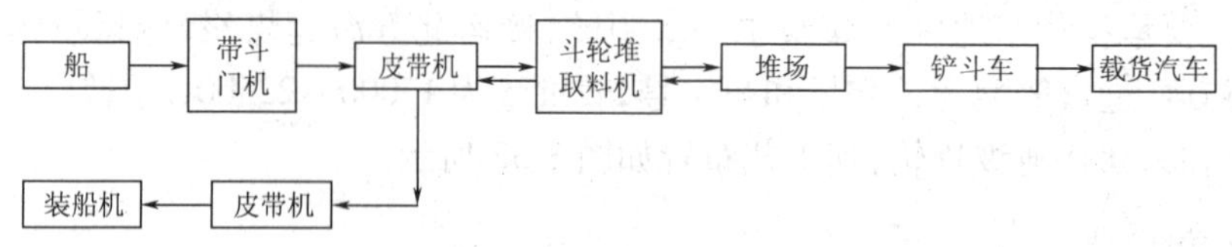

图 3-33　工艺流程图

(3)堆场→驳船：

堆场→斗轮堆取料机→皮带机→装船机→驳船

(4)堆场→载货汽车：

堆场→铲斗车→载货汽车

(四)工艺设计条件及有关考虑

根据黄浦江潮汐规律及航道情况，海运部门要求万吨以上船舶必须在潮水初落时顶水过陆家嘴弯道，航行至南栈靠泊，卸完后乘潮水初涨时离开码头。因此装卸工艺应保证船舶在17h内完成一切装卸及技术辅助作业，否则船停时间将延长一个潮期。据此船舶在港纯卸货时间应不超过12h。

有关船舶在港各项作业时间如表3-2所示：

船舶在港各项作业时间表　　表3-2

作业项目	纯装卸	靠离码头	交换班工人吃饭休息	吊取清舱机	准备结束	其他	合计
时间(h)	12.0	1.0	1.5	1.0	0.5	1.0	17.0

1. 单机能力的确定

设计船型重点舱容为3500t，按20%清舱量计算，清舱效率为125t/h，则清舱作业时间为(3500×20%)÷125t/h=5.6h，卸船机的台时效率应不低于：

$$\frac{3500-3500\times20\%}{12-5.6}=438\text{t}$$

2. 卸船机及装船机的选择

卸船机采用15t带斗门机5台，从单机来说，效率并不算高，但由于采用了多路作业的布局，仍然形成比较高的卸船能力，最高卸船能力超过2000吨/船时。带斗门机机动灵活，对船型适应能力强，特别适合于载重量3万吨级以下而船型比较杂的港口散货码头的装卸作业；5台带斗门机，既可分舱口作业，当有一台检修时，尚有4台可供卸船，如果采用工人换班吃饭等技术组织措施也可在上述规定靠泊时间内将船卸空。装驳选用生产率为500t/h的装船机4台，主要考虑进口煤炭中再装船的比重大(约90%以上)，接运驳船类型多，既有江海轮驳，也有100吨级以下地方小船，能力安排上要充分考虑装驳的需要，又要考虑换装任务的完成。为此，在设计时充分利用卸船泊位的两端作为装船泊位之用。

3. 堆场皮带机系统的设计

该码头进口煤炭品种多达20余种，细分可达30~40个品种。若一船同时载运两个品种，要求装卸工艺基本上能保证将各舱口的煤炭送到相应的堆场货位，以及煤炭进场和出场能同时进行。场地主皮带机与堆料机械的效率应略大于两个卸煤机械效率的总和,以便两个舱的同一种煤可以经由一条皮带机堆桩,同时考虑装船落驳取料的需要,主皮带机必须具有顺转与逆转的功能。

(五)主要优缺点

(1)该方案机械布置比较紧凑,占陆域面积较少,采用可逆胶带输送机系统,可减少机械数量和避免迂回搬运,节约码头造价,降低装卸成本。

(2)采用多机头多路作业,适应性强;机械类型少,便于维修保养。

(3)设计中充分考虑到进口接卸能力和疏远能力的平衡,即卸船能力与装船落驳和车辆疏远能力的平衡,使码头的通过能力得到充分的发挥。

(4)由于采用多机头的多路作业,单机生产率小,装船、卸船设备增加,所需操作人员和修埋人员增多。

三、九江港煤炭、磷矿石进口码头

该码头年货运量130万t,其中煤炭60万t,磷矿石70万t。设计年通过能力为170万t,其工艺布置如图3-34所示。

(一)主要工艺设备及性能

(1)浮式起重机,4台;

(2)趸船漏斗,4个;

(3)趸船皮带机,10.5m,4台;

(4)钢引桥皮带机,32.2m,2台;

(5)皮带车,59m、66.5m各1台;

(6)皮带机,49m、57m,各1台;

(7)皮带机,59m、107.7m,各1台;

(8)皮带机,36.5m,2台

(9)皮带机,153.4m,2台;

(10)摇臂堆料机,2台;

(11)MQ10-25型门座起重机,2台;

(12)T3-80推土机,1台。

(二)工艺流程

工艺流程见图3-35。

(三)主要操作过程

(1)驳船→火车:

驳船→起重船(抓斗)→皮带机(3、4、5、6、7、8、9)→摇臂堆料机10→火车

(2)驳船→堆场:

驳船→起重机(抓斗)→皮带机(3、4、5、6、7、8、9)→摇臂堆料机→堆场

(3)堆场→火车:

堆场→门座起重机→火车

(四)主要优缺点

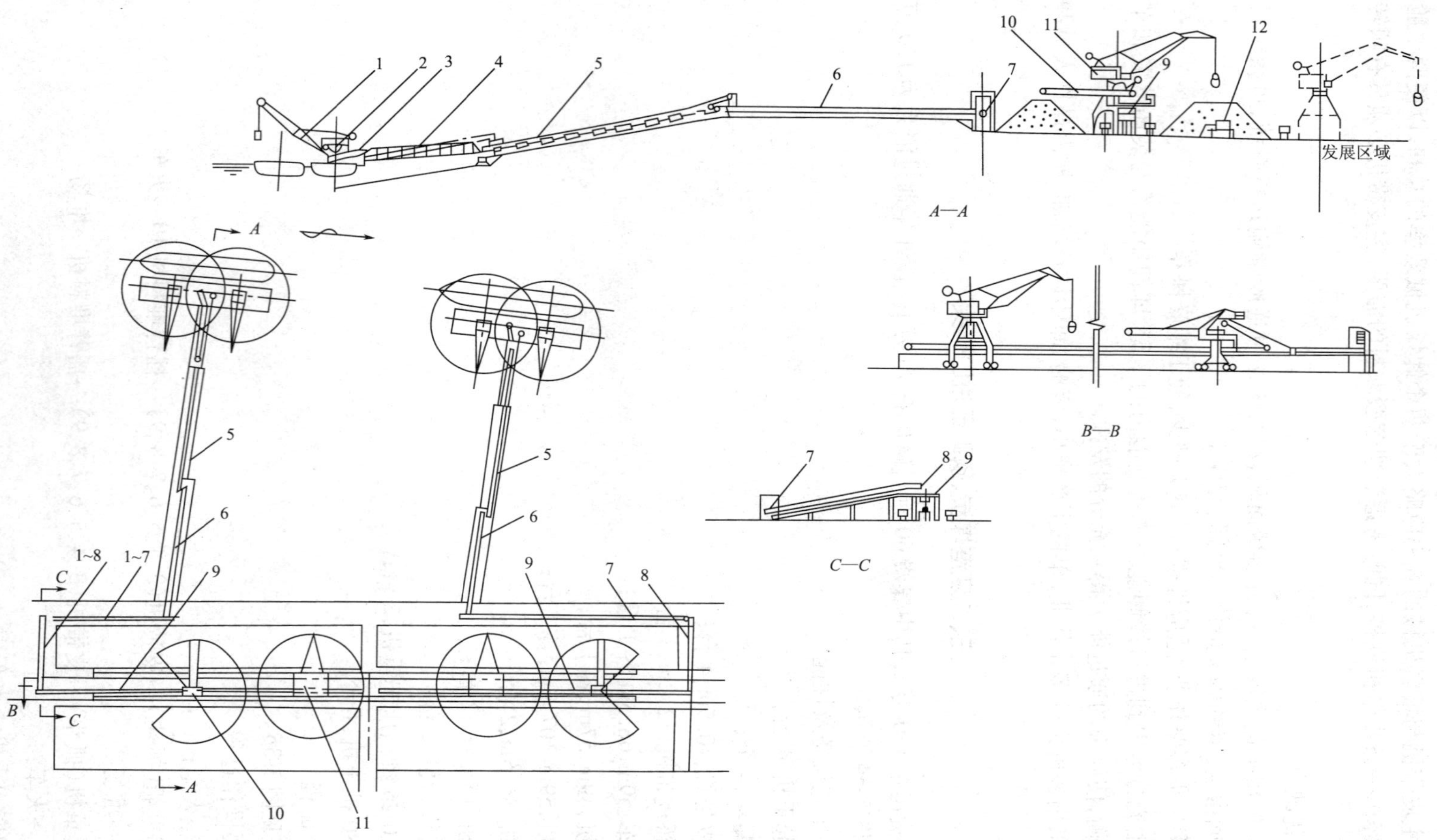

图3-34　九江港煤、磷进口码头工艺布置

1-双5t浮式起重机（4台）; 2-囤船漏斗（4个）; 3-囤船皮带机（4×10.5m）; 4-钢引桥皮带机（2台×32.2m）; 5-皮带车（59m、66.5m）; 6-49m、57m皮带机（各1台）; 7-59m、107.7m皮带机（各1台）; 8-36.5m皮带机（2台）; 9-153.4皮带机（2台）;10-摇臂堆料机（2台）; 11-QM10−25型门座起重机（2台）; 12-T3−80推土机（1台）

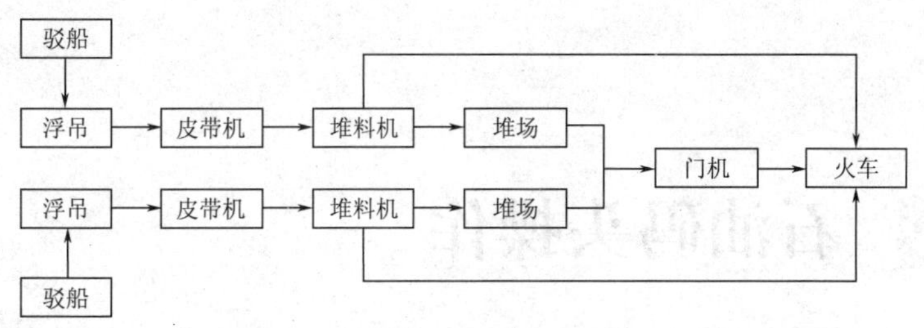

图 3-35　工艺流程图

(1)两个泊位的机械布置相同,均能适应煤炭、磷矿石作业。趸船上每台起重机各配一个漏斗,作业互不干扰,能充分发挥机械效率。

(2)堆场由 2 台摇臂堆料机堆货或直取装车。臂长 25m,作业范围大。另设 2 台 10t 门座起重机装车,堆、取作业能同时进行。

(3)堆场分煤炭、磷矿石两部分,装卸机械的轨道贯串其间,有利调节使用。门座起重机可在 300 多米长的堆场范围内进行 20 辆车的装车作业,装车间断时间少。

(4)码头前后方的工艺布置有机结合,使用灵活,主要表现在:

①两个船位能同时卸单一货种或分别卸不同货种;

②堆场能适应不同货种同时卸船、上堆和装车作业。

(5)设备规格、品种少,便于维修保养。

主要缺点是:堆、取料机械同置一条轨道,虽投资省,但作业有干扰。

复习思考题

1. 举例说明散货的特性对装卸工作的影响是什么?

2. 调查定机移船作业方式、定船移机作业方式实例,并简单描述其该码头散货装船的作业过程。

3. 定机定船、定机移船作业方式中所采用的装船机结构形式主要有哪几种? 各自的特点主要有哪些?

4. 平舱机的结构形式主要有哪几种? 其各自的特点主要有哪些?

5. 简述河港散货间歇式卸船作业方式的主要优缺点。

6. 简述带斗门机散货卸船作业方式的主要优缺点。

7. 简述海港散货 L 形链斗卸船机作业方式的主要特点。

8. 简述自卸船作业方式的主要优缺点。

9. 简要介绍斗轮堆取料机堆料状态与取料状态的转换过程。

10. 举例说明某散货码头的主要操作过程,并作出你对该码头的基本评价。

实　训　题

散货码头操作系统分析(包括定性分析、定量分析)。

第四章 石油码头操作

主要内容

1. 石油的主要特性；
2. 石油的储存、装卸设备；
3. 石油装卸船操作方式的选择；
4. 油港污水处理；
5. 石油及其产品装卸注意事项。

本章实训

油港装卸船操作系统分析：

(1)工艺流程合理化分析；

(2)设备实用性分析。

第一节 石油的主要特性

石油和石油产品具有易燃烧、易爆炸、易挥发和摩擦易生静电等特性，这些特性会给储运、装卸带来危险。在实际生产中，只要熟悉和掌握了这些特性，并针对这些特性采取一些相应的安全措施，就能在石油和石油产品的储运及装卸过程中做到安全生产、文明生产、优质生产。

石油和石油产品与储运及装卸有关的特性主要有：

(一)易燃性

石油和石油产品的易燃程度可以用闪点、燃点及自燃点来衡量。闪点即在通常大气压力下和一定温度时，油品蒸发出来的油蒸气与空气混合后，与火焰接触闪出蓝色火花并立即熄灭时的最低温度；燃点即在通常大气压力下和一定温度时，油品蒸发出来的油蒸气与空气混合后，与火焰接触而着火并继续燃烧不少于5秒时的最低温度，燃点一般较闪点高3～6℃；自燃点即在通常大气压力下，将油品加热到某温度，不用引火(即不接触火焰)也能自行燃烧时的最低温度。如汽油的闪点为－50～＋10℃、自然点为415～530℃；柴油的闪点为80～120℃、自燃点为350～380℃。油品的闪点、燃点、自燃点越低，越容易燃烧，火灾危险性就越大。

(二)爆炸性

油品蒸发出来的油蒸气和空气以一定的比例混合以后，即在一定浓度的范围内与火焰接触就会发生爆炸，这样的混合气体叫爆炸性气体，这个范围叫做爆炸极限。爆炸极限一般是用可燃气体在混合气体中的体积百分数来表示。它的最低值和最高值分别叫做爆炸下限(或称低限)和爆炸上限(或称高限)。空气中所含油蒸气的量在爆炸上限和爆炸下限之间，才有爆炸的危险。如果低于爆炸下限，遇明火，既不会爆炸，也不会燃烧；高于爆炸上限，遇火种虽然

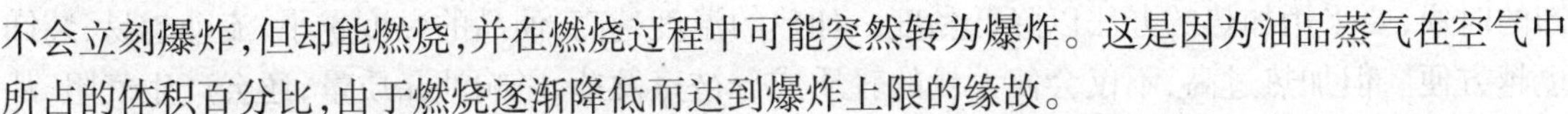

不会立刻爆炸，但却能燃烧，并在燃烧过程中可能突然转为爆炸。这是因为油品蒸气在空气中所占的体积百分比，由于燃烧逐渐降低而达到爆炸上限的缘故。

如汽油的爆炸下限为1.0%、爆炸上限为7.5%；乙炔的爆炸下限为2.5%、爆炸上限为80.0%。油品爆炸下限越低，爆炸极限的幅度越大，其危险性也越大。

石油及其产品是易燃、易爆物，工作中必须坚持安全质量第一的方针，严格按照国家和港口有关安全规定和安全操作规程办事，严防火花的产生，防火防爆。

(三)蒸发性

石油和石油产品具有蒸发性。在通常的大气压力和气温的环境中易于蒸发的石油叫蒸发性石油，否则就叫做非蒸发性石油。按国际标准规定，凡闪点低于60℃(闭杯)的油品，定为蒸发性石油，如汽油及绝大多数原油；闪点高于60℃(闭杯)的油品定为非蒸发性石油，如柴油、润滑油等。掌握石油的蒸发性对安全操作有重大意义。因为石油燃烧的是其气体而不是油液本身，所以越容易蒸发的油品越危险。

石油液体的蒸发不但会引起数量减少、质量降低(蒸发部分大多数是轻质成分)，而且为燃烧、爆炸提供了石油蒸气。人过多地吸入油品蒸气，会造成中毒。因此须在密闭容器(如油轮、油管、油罐车)中装卸、运输、保管时，必须在作业地点加以充分的通风，以避免危及人的生命安全。

(四)易生静电性

石油沿管线流动摩擦，在管壁上会集聚静电荷；石油从油管中流出冲击金属容器的某个部位，就会在容器壁、底部和油流附近集聚静电荷；石油或石油微滴飞溅与空气摩擦，也会产生静电荷；石油在油车，油船中连续振荡，在其容器的各部位也会产生不等的静电荷。

影响产生静电荷多少的因素，油品带电程度与油管内壁粗糙程度成正比，油管内壁越粗糙，油品带电就越多；油品在管道内的流速越大，流动的时间越长产生的静电荷越多，反之越少；空气的相对湿度(大气中所含水蒸气量)越大，产生的静电荷越少；油品温度越高，产生静电荷越多。但是柴油的特性相反，温度越低，产生的静电荷越多，当静电积聚到一定电位时，会产生静电放电。这种放电的火花对聚有大量石油蒸气的作业场所来说，很容易引起石油蒸气着火或爆炸。在装卸作业场所，所有静电放电导致石油火灾的危险性很大，这一点必须充分认识，切勿掉以轻心。因此，为了防止静电积聚，油罐、油管、油泵等储油、输油设备必须有可靠的接地装置、将摩擦产生的静电导入地下。

(五)黏性

油品的流动性能叫做黏性。各种石油产品及原油的黏性是不同的，有的黏性小，容易流动，例如汽油；有的不仅在低温下有很大的黏性，甚至在夏季气温较高的情况下仍是凝结的，如某些原油及不透明的石油产品。

油品黏度是表示油品流动性的指标，即表示油品黏性的大小。任何液体都有黏度，一般轻质油的黏度小，流动也快；重质油的黏度大，流动也慢。

油品黏度对储运工作有很大影响。例如储运燃料油或原油时，黏度大则难以装卸，一般轻质油的黏度小，流动也快；重质油的黏度大，流动也慢。

油品黏度对储运工作有很大影响。例如储运燃料油或原油时，黏度大则难以装卸。但是，温度对油品的黏度影响很大，温度升高，油品黏度变小，温度降低，油品黏度增大。因此，在装卸的时候，要采用加热的办法以降低黏度。加热的温度越高，油品的黏度越小，流动越易，装卸也越方便。但加热过高，不仅会使大量的轻质成分被蒸发掉，影响油品质量，还会产生气阻，从而降低流速，甚至影响油泵的运转。同时，也会损伤船体。

某些高黏易凝原油及重质油品含蜡量高，黏度大，流动性受到影响，储运中普遍采用加热方法降低黏度，并对管线进行保温，防止热量的散失，以利装卸，在气温低的情况下，尤为重要，一般采用高温的蒸气通入蛇形蒸气管和热管进行加温。

油品黏度的大小，常用动力黏度、运动黏度和恩氏黏度表示。

（六）毒害性

石油蒸气对人体健康很有害，因石油中毒或以吸入其蒸气而引起中毒的较多，大量吸入石油蒸气能造成中毒甚至死亡；从皮肤或黏膜渗透人体内造成中毒的较少，如含四乙基铅的汽油蒸气毒害性很大，它也可以通过皮肤接触使人中毒。

石油的毒性与其蒸发性有密切关系。易蒸发的石油比难蒸发的石油毒性大。

石油在储运过程中，如不注意，往往会发生石油溢漏事故。石油一经溢漏，流入水域，就会带来严重的后果，不仅造成大量石油漂浮在水面上，带来火灾的危险。同时又严重污染水域。石油污水对生活饮水、水产养殖和农作物危险很大，应严密注意，采取有效的措施来防止对水域的污染。

预防油品中毒的措施：一是减少石油蒸气和呼吸器官的接触；二是减少油品和皮肤的接触；三是培养良好的卫生习惯。

（七）膨胀性

因为绝大多数物质是热胀冷缩的，所以它们的体积会随着温度的升高或降低产生膨胀或缩小。石油及其产品受热时，体积会膨胀而增大，这种性能称为膨胀性。通常用膨胀系数β来表示各种油品的胀缩性。所谓膨胀系数是指温度升高（或降低）1℃时，油品积体增大（或缩小）多少倍的意思。即：

$$\beta = \frac{V_2 - V_1}{V_1(t_2 - t_1)}$$

式中：β——油品膨胀系数；

t_1——初始油品温度，℃；

t_2——油温升高（或降低）后的油品温度，℃；

V_1——初始油品体积，m^3；

V_2——油温升高（或降低）后的油品体积，m^3。

液体的β值比固体的β值大得多。所以油品的膨胀性对储运工作有很大影响，当油罐装油时，应根据具体油品的β值在油罐内油面与罐顶间留出适当的富裕空间做膨胀用。否则，会因油品膨胀而发生外溢，造成油损和油污染。

因此，一切油罐不能按其总容量储存油品，即不能全部装满，必须按安全容量储存油品。油品越轻（密度越小）膨胀系数越大。

（八）纯洁性

石油及其产品要求具有高度的纯洁性，往往某一种石油产品和另一种混合时，会失去原来的特性而发生质变。所以在装卸过程中要特别注意不能让不同品种、等级的石油产品混在一

起,并要保持清洁,不要让杂物混入油内。

油船及油罐车装载过某一品种的石油再换装另一种油时,要进行清洗。油库及油管在有条件的港口最好是按所装的油类专用,如不可能分类专用,在换装不同品种的油时,必须进行清洗工作。对清洗的要求根据换装的油类品种等级而定。清洗的方法一般采用蒸汽冲洗,水冲洗以及人工扫除等方法。其中以蒸汽冲洗效果最好,但成本较高,一般对清洗要求条件较高的油品(如汽油、润滑油等)才采用。由工人直接进入舱(或油库及油罐车)内进行清扫工作时,要特别注意防毒工作,尤其清扫装过汽油的舱(或油库及油罐车)时要先打开阀门,把里面的汽油蒸气放掉,然后再进行清扫,必要时还要戴防毒面具和穿防毒衣服。

石油装卸区必须与工业区和居民区分开,而且应设置在港区码头的下游地方,其分开的距离应根据石油等级和港口具体条件而定。在石油装卸区内要设置专门的消防设备和配备足够数量的消防人员。在装卸及保管过程中要特别注意防火保安工作,生产人员必须严格遵守生产操作规程和有关安全条例,以确保石油装卸生产的安全和任务的完成。

第二节　石油的储存、装卸设备

大量石油主要采用油罐储存。石油的运输,根据具体情况不同,主要采用油轮、罐车和长输油管线进行运输,在专业化油码头进行装卸。

一、石油的储存设备

石油的储存设备主要是油罐。由许多油罐组成的储油库是油港的重要组成部分。以满足大量油品进出油港周转和按不同种类分别储存在不同的油罐内的需要。

油罐的形式主要有:

按建筑形式上分有:地下式、半地下式及地上式油罐。

(1)地下式:油罐内最高液面低于附近地面最低标高0.2m者。

(2)半地下式:油罐底埋入地下深度不小于罐高的一半,且罐内的液面不高于附近地面最低标高2m者。

(3)地上式:油罐底的地面等于或高于附近地面最低标高者,以及油罐的埋入深度小于其高度之半者。

按建造材料上分有:金属油罐及非金属油罐。

金属油罐是应用最广泛的储油容器。它具有安全可靠、耐用、不渗漏、施工方便、适宜储存各种油品等优点。金属油罐有立式圆柱形拱顶油罐(图4-1)、立式圆柱形浮顶油罐(图4-2)、卧式圆柱形油罐及球形油罐。立式圆柱形拱顶油罐被广泛采用,以储存除液化气以外的各种原料油、成品油等。拱顶本身是承重结构,罐内没有桁架和立柱,结构比较简单,钢材用量较少,承压能力也较高。浮顶油罐的特点是顶盖直接放在油面上,随油品增减上下浮动,因此除了顶盖和罐壁之间的部分环形空间外,几乎全部消灭了气体空间,从而大大减少了油品的蒸发损耗。这种油罐广泛应用于港区储存原油。它的建造容积一般都在5000m^3以上。目前大的原油浮顶罐容积已达150000m^3。

卧式圆柱形油罐的优点是:能承受较高的正压力和负压,有利于减少油品的蒸发损耗;施工方便；机动性大。卧式罐的缺点是：单位容积耗费钢材量大；一般罐的容积小、占地面积大。在大型油库中常用来作为附属油罐使用，如用作放空罐、计量罐等。卧式油罐除了用于储存轻质油品外，还可用来储存润滑油。因为润滑油往往品种多，数量少，适宜于用容积小的卧式罐储存。球形罐多用于液化系统以及需要储存压力较高的溶剂。

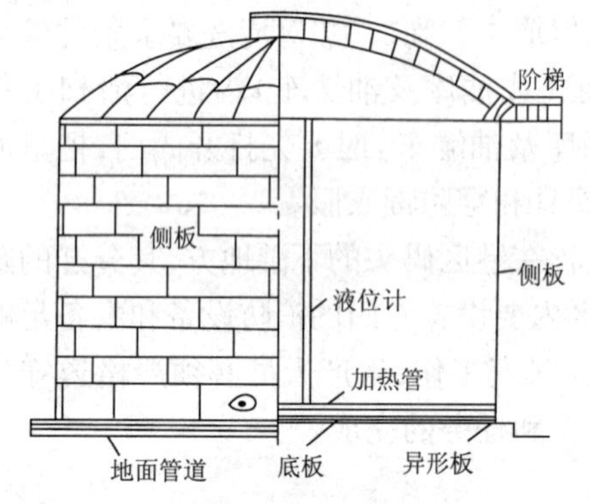

图 4-1　拱顶油罐　　　　图 4-2　浮顶油罐

活动梯子
耐风加强板
旋转阶梯
密封装置
侧板
浮筒
浮动罐顶
侧板
油面
屋顶排水管
加热管
异形板
底板
地面管道

为了便于生产管理，保证安全，油罐应设置温度、液位等控制仪表及报警装置。为了保证油罐正常工作，应设置必要的附件，这些附件主要有梯子、栏杆、人孔、透光孔、量油孔、进出油短管、机械呼吸阀、液压阀、放水底阀、防火泡沫箱等。为了保证安全，油管还装有静电接地装置。大容积地面油罐还装有避雷针。

对原油出口码头，油库容量可按下式确定：

$$V_{库}=\frac{Q_{年}\cdot k_{不}\cdot k_{库}}{T_{天}\cdot \gamma \cdot \eta}\cdot t_{存}$$

式中：$V_{库}$——油库的总容量，m^3。

$Q_{年}$——年货运量（自然吨）。

$k_{不}$——油品月不平衡系数。

$k_{库}$——油品入库系数。

$T_{天}$——油罐年工作天数，在不冻港是指日历天数减去油罐维修天数。

γ——油品重度，t/m^3。

η——油罐的容积利用系数，通常考虑油罐的底油、底水、油罐允许最大装油高度等。一般金属油罐 $\eta=0.85$，非金属油罐 $\eta=0.75$。

$t_{存}$——油品在库的最大平均储存期限。铁路运输进港，$t_{存}=7d$，长距离输油管线进港，$t_{存}=2\sim5d$，采用油船运输时，必须考虑水运的特殊问题，对于结冻河港应考虑到停航期间的油品外运问题，对于不结冻的河港或海港，应考虑到因台风影响油船不能按时到达的安全系统，并且不得小于同时到达的全部油船的最大运输量。

对原油进口码头，油库容量可按下式确定：

$$V_{库}=\frac{\Sigma Q_{船}}{\gamma\cdot\eta}\cdot k$$

式中：$V_{存}$——油库的总容量，m^3

$\Sigma Q_{船}$—同时卸油油船载重量之和，t；

γ——油品重度，t/m^3；

η——油罐的容积利用系数，一般金属油罐 $\eta=0.85$，非金属油罐 $\eta=0.75$；

k——疏运不平衡系数。原油卸船入库，经管道输送中转时，可取 $k=1$。原油卸船入库，装铁路油罐车时，k 一般应按统计资料分析确定。当无资料时，可取 $k=1.1\sim1.3$。

油罐数可按下式计算：$n\geqslant\frac{V_{库}}{V_{罐}}$

式中：n——油罐的数量，座；

$V_{库}$——油罐的设计容积，m^3/座。

在实际工作中，油罐数不少于2座，以适应倒罐、检修等生产上的需要。$V_{罐}$ 按油罐系列选取。为节约投资，方便操作，减少占地面积，在满足工艺要求的前提下，应合理地确定油罐个数。较大吨级的泊位宜配置较大罐容的油罐。

二、石油装卸设备

石油的装卸设备主要包括输油泵、管线及附加设备。

(一)输油泵

油品装卸用泵，一般要求排量较大，多采用离心泵。装卸黏度较大的油品时，也可用往复泵。

图4-3所示为一单级离心泵：油泵的主要工作部件是叶轮和泵壳。叶轮通常是由若干弧形瓣和两侧圆盘所构成。叶轮用键和螺母固定在泵轴的一端，轴的另一端则通过填料箱伸出泵壳之外，由原动机驱动按箭头指向回转。泵壳呈螺线形，故常称之为螺壳。而吸入管和排出管则分别连接在泵壳的中心和螺壳的出口上。

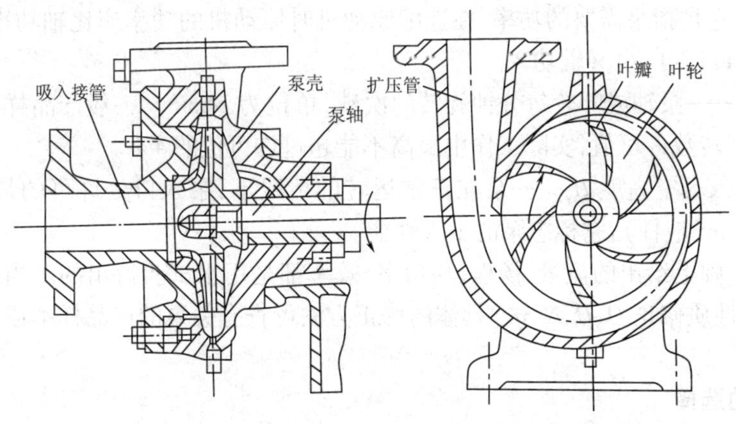

图4-3　离心泵结构

油泵工作时，预先充满在泵中的液体，即会受叶瓣的推压，被迫随叶轮一起回转，并因而产生一定的离心力，使液体自叶轮中心向四周抛出，然后，沿泵壳中的流道流向排出管。与此同时，在叶轮的中心则形成一定的真空。因此，在吸入液面上的大气压力作用下，液体就会经吸入管进入叶轮的中心。

液体流经叶轮后的压力和速度都比进入叶轮时增加了许多。为了减少液体通过排出管时的阻力损失,故需降低流速,把动能部分地转变为压力能,为此就需采用通流截面逐渐扩大的能量转换装置;而上面所说的螺线形泵壳,就是其中常用的一种。此外,螺壳还兼有汇聚液体并将其平稳地导向排出管的作用。

1. 离心泵的主要特性参数

(1)流量 Q——单位时间内从泵的排出口所排出的液体体积,L/S 或 m^3/h。

(2)压头(扬程)H——单位重量液体通过泵所获得的能量增值,kg·m/kg 或 m 液柱。

(3)功率和效率:

泵在单位时间内对液体所做的功,称之为有效功率,其值等于:

$$N_e = \frac{QHr}{367}$$

式中:N_e——泵的有效功率,kW;

Q——泵的流量,m^3/h;

H——泵的扬程,m 液柱;

r——液体的密度,t/m^3。

泵工作时,由原动机传给泵轴的功率称之为轴功率 N。泵的效率是指泵的有效功率与轴功率之比,即:

$$\eta = \frac{N_e}{N} \times 100\%$$

式中:N——泵的轴功率,kW;

η——泵的效率。

通常泵的铭牌上标明的功率不是有效功率,而是指与泵配合的原动机的功率,有些铭牌上标明“轴功率”,它是指泵需要的功率,在选配原动机时原动机的功率应比轴功率稍大,一般取原动机功率 =(1.1~1.2)×轴功率。

(4)转数 n——泵轴或叶轮每分钟旋转的次数,单位为 r/min。一般产品样本上规定的转数是指泵的最高转数许可值,实际工作中最高不能超过许可值的 4%。

(5)允许吸入真空高度 H_s——泵在正常运转的情况下,泵入口处许可的最大真空度,用 H_s 表示,单位为 m(液柱),它标志泵的吸入性能。

泵样本或铭牌上给出的流量、扬程、轴功率、效率都是用水试验得出的。当液体不是清水时,应根据液体性质修正 Q、H、N、η。具体的修正方法可查有关泵的产品样本或油品储运工艺设计书籍。

2. 输油泵的选择

输油泵的型号,应根据原油性质和输油参数进行选择,一般宜选用离心泵,同一泵房内,泵型应尽量一致,配用电机应优先考虑防爆型,电压力求一致,泵机组数以 3~5 台为宜,其中一台备用。对有两个以上不同吨级泊位的油港,泵的台数可适当增加,以便于流量的调节。

输油泵的流量,应根据装船、装车、管道输送等不同情况分别确定:

(1)装船:

$$Q = \frac{P}{n_{泵} \cdot r}$$

式中：Q——每台泵的流量，m^3/h。

P——同时装油的油船装船效率之和，t/h。油船的装船效率，可取油船载重量的 1/10 或稍多。

$n_{泵}$——泵并联工作的台数，台。

r——油品的密度，t/m^3。

应该注意，对于大小泊位共用泵的情况，在确定泵的流量和台数时，要兼顾小泊位的接受能力，便于调节流量。

(2)装车：

$$Q = \frac{n \cdot V}{t \cdot n_{泵}}$$

式中：Q——每台泵的流量，m^3/h；

n——每次最大装车辆数，辆；

V——每辆油罐车平均容积，可取 $50m^3$；

t——一次装油时间，指一列罐车的净装油时间；

$n_{泵}$——泵并联工作的台数。

(3)管道输送：

$$Q = \frac{Q_{年}}{T_{年} \cdot 24 \cdot r \cdot n_{泵}}$$

式中：Q——每台泵的流量，m^3/h

$Q_{年}$——年原油进口量，t；

$T_{年}$——输油管线年工作天数，可取 350d；

r——油品的密度，t/m^3。

$n_{泵}$——泵并联工作的台数，台。

输油泵的压头（扬程），应能满足在设计流量下，原油从起点至终点所需要的压头，输油泵的压头一般为 1.2 倍输油管的计算压头。

（二）装车台

装卸油罐车时一般都设置装车台（栈桥）及鹤管，如图 4-4 所示。装车台根据油品性质和操作条件不同，而分台设置。

根据每次装车的辆数确定鹤位数及栈台长度。为了减少占地和投资，一般采用双侧台。

装车台的规模不完全取决于装车量，油罐列车的组成、编组和调车方式等也必须考虑。

1. 装车台规模的确定

装车台规模主要指每次最大装车数量，一般可按下式计算：

$$N = \frac{GK}{\gamma nVA}$$

式中：N——每次最大装车辆数，辆；

G——平均装车量，t/d；

K——铁路装油日不均衡系数，取 1.2 ~ 2.0；

γ——油品重度 t/m^3；

n——日装车次数；

V——每辆油罐车平均容积,取 $50m^3$;

A——油罐车装满系数,取0.9~0.95。

2. 油罐车装卸

1)装车方式

油罐车的罐装方法有泵装和自流装车,自流装车是在有条件的地方,利用地形高差自流罐装。用小鹤管(Dg100)每车的装油时间为25~30min,流速为3.5~4.2m/s,极限最快20min,流速为5.2m/s。每批车的装车时间是25~120min。每批车的进出调车时间为0.5~1.0h。

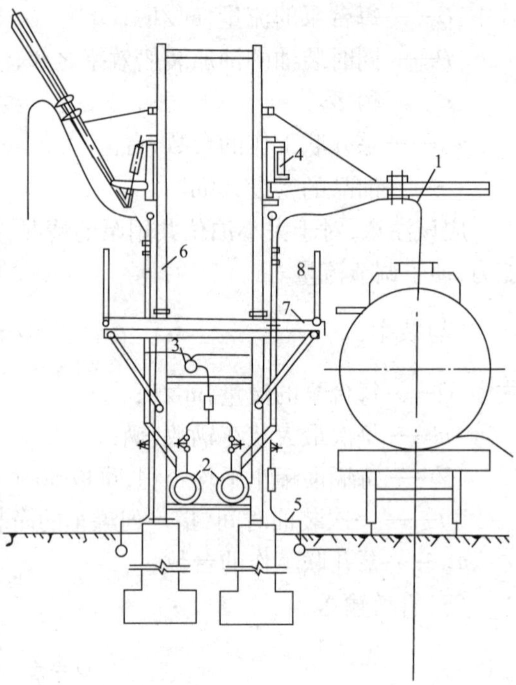

图4-4　装车台

1-小鹤管;2-汇油管;3-扫线管;4-气动阀;5-回水管;6-栈桥架;7-平台;8-栏杆

2)卸车方式

原油及重油卸车:有密闭自流下卸方式,敞开自流下卸方式与泵抽下卸方式。

密闭自流下卸流程如下:

油罐车⟶下卸鹤管⟶汇油管⟶导油管⟶零位罐⟶转油泵⟶油罐。

敞开自流下卸流程如下:

油罐车⟶卸油槽⟶集油沟(或导油管)⟶零位罐⟶转油泵⟶油罐。

泵抽下卸流程如下:

油罐车⟶下卸鹤管⟶集油管⟶导油管⟶卸油泵⟶油罐

3)轻油卸车

轻油卸车均为上卸,设卸油台,卸油台与装油台基本相似。上卸的方式分为虹吸自流卸油和泵抽卸油两种。

(1)虹吸自流上卸:当油罐位于比油罐车更低的标高时,可利用卸油竖管作为虹吸管将油罐车中的油品卸入油罐中,缸吸管中的负压由真空泵来达到。

(2)泵抽上卸:当油罐车的标高及位置无法使油品自流入油罐时,可采用泵抽卸油。如采用非自吸式离心泵卸油,则必须装置真空泵,使吸入管造成真空,如采用自吸式油泵,则可不装真空泵。

(三)油船装卸

油船装卸可用橡胶软管作为码头和船舶之间的油流通道,橡胶软管具有挠度大、适应性强的特点,但是橡胶软管的维护费用较高,而且进一步增大橡胶软管的口径尺寸和油品流速也受到一定限制。因为流速增大到一定程度,就会使软管产生剧烈振动,影响生产的安全。因此,橡胶软管已不适宜作为大型油船的高速、高效的装卸设备。新式的装卸设备——输油臂就相应地发展起来了。我国设计制造的输油臂能作俯仰和旋转运动,臂上油管为有活动球接头的钢管,以保持在潮水变化或船舶吃水变化时,船舶与码头间灵活错动,该联结器直径为200mm

和300mm,如图4-5所示。输油臂具有使用方便、安全可靠、省力、使用年限长、效率高、维修费用低、有利于海港自动化等特点。

不同吨位级的油船泊位,设置输油臂的台数及平面位置可按表4-1确定。

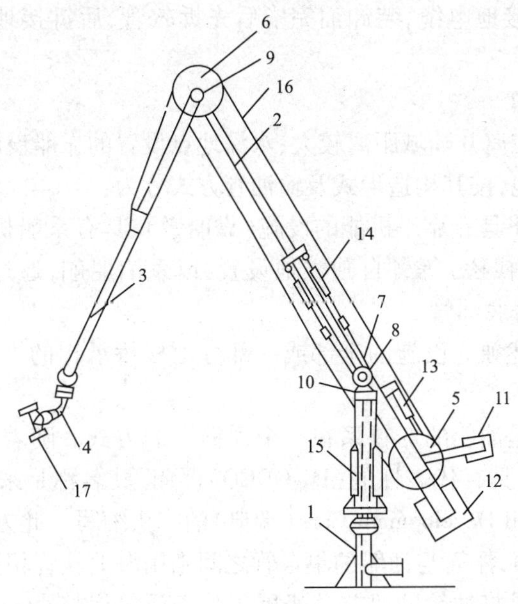

图4-5　输油臂

1-竖管;2-内伸臂;3-外伸臂;4-三向接头;5-尾部绳轮;6-头部绳轮;7-中部绳轮;8、9、10-回转接头;11-外伸臂平衡重;12-平衡重;13-外伸臂回转液压缸;14-内伸臂回转液压缸;15 水平回转液压缸;16-拉索;17-液压快速接合与脱开装置

油船泊位输油臂选用表　　表4-1

油船泊位吨级(万t)	输油臂口径(mm)	输油臂台数(台)	输油臂间距(m)	输油臂驱动方式
1	200	3	2~2.5	手动
2	200~250	4	2~2.5	可手动或液压驱动
3	250	4	2.5~3.0	可手动或液压驱动
5	300	4	3~3.5	液压驱动
8	300	5	3~3.5	液压驱动
10	300	5	3.5	液压驱动

第三节　石油装卸船操作方式的选择

一、石油装卸船操作方式

现代油港,油船装卸方式可分为:靠码头直接装卸、通过海上泊地装卸和水上直接装卸三种。

1. 靠码头直接装卸

目前我国大部分油码头均采用这种方式。码头前沿安装数台输油臂，连接油轮与码头上的油管，石油装船作业用岸上油泵或自流方法进行。卸船作业的管路连接方法与装船时相同。接管时必须先装接地电缆，装卸油完毕后先拆软管，后拆接地线，以防静电火花引起失火爆炸。

2. 通过海上泊地装卸

海上泊地可理解为在离开陆域距离较大、水深地点设置的靠船设施，主要服务于大型油轮的装卸。油船的海上泊地，按其构造形式及输油管方式分为：

(1)靠船墩方式：是将具有靠岸机能的设施(靠船墩)、具有系船机能的设施(系船墩)、具有装卸机能的设施(装卸栈桥)等各自独立地设置，以系泊船舶，通过输油臂进行装卸作业。输油管方式采用海上或海底油管。

(2)栈桥方式：为上述独立设施的全部或一部分由栈桥承担的方式。输油管方式主要采用海上油管。

(3)单点系泊方式：是油船的船首系在一个浮筒上的方式。随着风、潮流的变化，油轮可绕浮筒作360°自由回转，具有代表性的(IM-ODCO)浮筒，其名称是来自发明此种浮筒的公司International Marine and Oil Development Cor.(瑞典)的字头缩写。此方式是用一根或数根水下软管将海底油管接至浮筒；浮筒与油船的集合管之间则用海上软管相接。

(4)多点系泊方式：是将油轮的船首与船尾用数个浮筒保持在一定方向的系泊方式。海底输油管与油船的集合管由一根或数根软管相接。

单点系泊方式和多点系泊方式，其输油管方式均采用海底油管。按软管体系分，可分为常设浮标方式、水下方式和浮沉方式。

常设浮标方式多用在单点系泊方式中，如图4-6所示，连接在浮筒上的软管经常是飘浮在海上的，当进行装卸作业时将软管的前端吊起，再与油船的集合管相接。如系泊位置距离陆域较近时，也用于多点系泊方式中。

水下方式仅用于多点系泊方式中，如图4-7所示。连接在海底油管上的软管在不进行装卸作业时将其沉入海底，装卸时提起软管的前端与油船的集合管相连接。

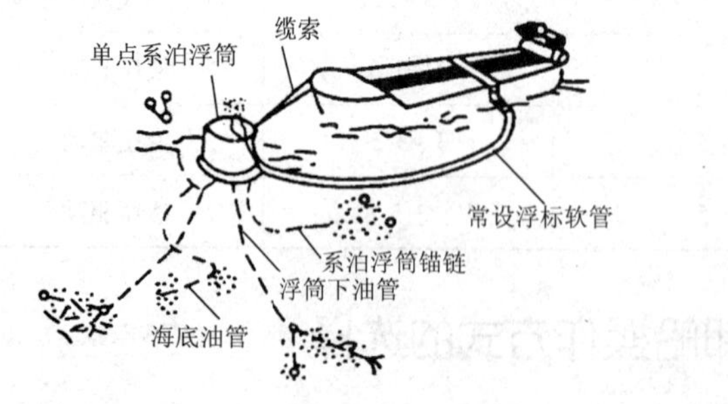

图4-6 常设浮标方式

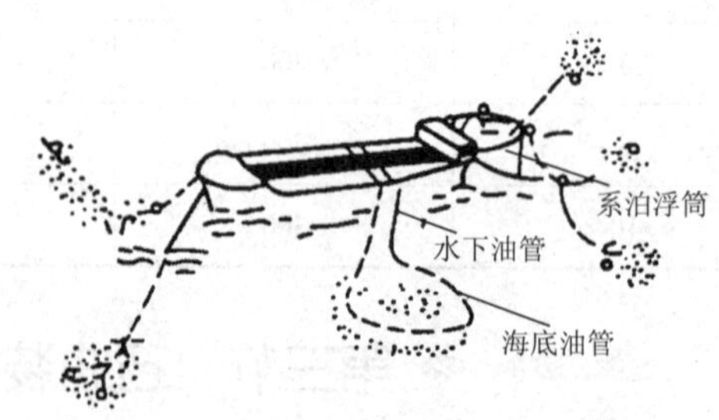

图4-7 水下方式

浮沉方式可用于单点系泊，也可用于多点系泊，如图4-8所示。在不装卸作业时将与浮筒或海底油管相连接的软管沉入海底，装卸作业时使其浮出水面，吊起前端与油船集合管相连接。各种软管体系的特征见表4-2。

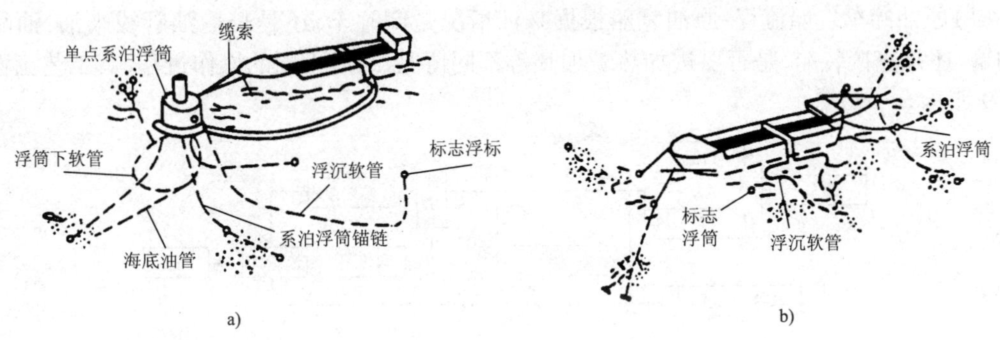

图 4-8　浮沉方式

各种软管体系的特征　表 4-2

软管体系	特　　征
常设浮标方式	1. 装卸中，油船的摆动亦引起软管在海面摆动，故不能拖在海底上，然而又由于经常浮在海面上，故会暴露在恶劣的海况和气象条件之下 2. 在船舶往来频繁的地方易发生故障 3. 为使软管浮在水面上，要设有浮子，软管体系的造价较高
水下方式	1. 水深、潮流等当地条件优越时，设计比较简单并且造价亦较低 2. 当软管不使用时，可以沉入海底，故对软管的损伤较小，对其他船舶的航行亦无影响 3. 装卸结束后，将软管沉入海底时，因被吊起的部分较长，如操作错误，易引起软管的弯折
浮沉方式	1. 能弥补常设浮标方式及水下方式的缺点，适合船舶航行频繁的港湾状况 2. 需要有浮沉装置，故软管体系的造价较高

其次从构造形式看，栈桥方式可认为是靠船墩方式的变型，除非在特殊的使用条件下，很少用于超大型油船。另外多点系泊是在单点系泊尚未得到发展，而靠船墩方式的各种缺点尚未得到解决的阶段中，作为权宜之计采用的。它有靠船墩和单点系泊两者之缺点，故对超大型油船今后将逐渐减少。

作为海上泊地的构造形式，事实上仍限于采用靠船墩和单点系泊两种形式，但从占有优先的地位而言，虽然随规划地点的条件、规划规模而不同，特殊情况除外，一般说来，今后靠船墩方式仍将占有优先的地位。

3. 水上直接装卸

如船⇔船直接装卸，船⇔驳直接装卸。

海上石油运输大量是由专用油船来进行的，油船都备有高效率的油泵。现在国外油船每小时装油或卸油能力多选用油船载重量的 1/10 或稍多，如载重吨位为 6 万吨级的油船，每小时卸油 6500m^3；载重吨位为 20 万吨级的油船每小时卸油 15000m^3。我国 24000t 级油船的自卸时间平均为 16.5h。我国石油装船一般用设在岸上的油泵，向 10 万吨级油船装油用 4 台油泵，每台生产率为 3000m^3/h，用 10 个多小时可装满。装原油、重油及轻油多用离心泵，所装重油的流量较小时，也有用活塞泵的，装卸润滑油用齿轮泵。

二、装卸操作流程

我国油港原油和成品油装卸一般有下列几个主要工艺流程：

(1)原油卸车装船流程:原油装船根据来油情况是卸罐车,还是长输油管线来油,油品是进油罐,还是直接装船,是否要进加热炉加热等不同情况,组成不同的操作过程,其工艺流程如图4-9所示。

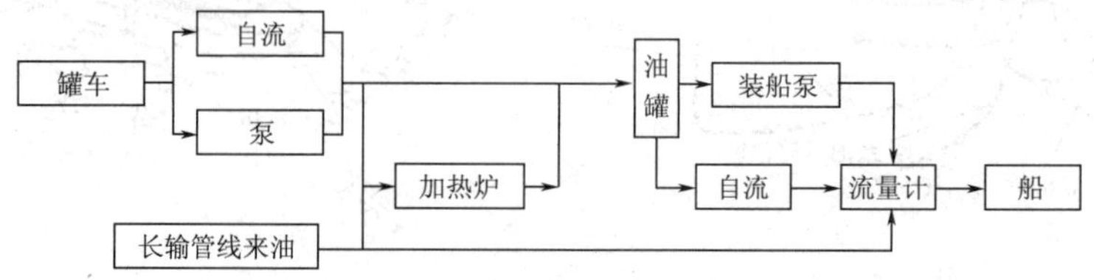

图4-9　原油卸车装船流程

(2)原油卸船装车流程:原油卸船一般用船上油泵,根据油品是否进油罐,以及去向是装罐车,还是进炼油车间等情况,组成不同的操作过程,其工艺流程如图4-10所示。

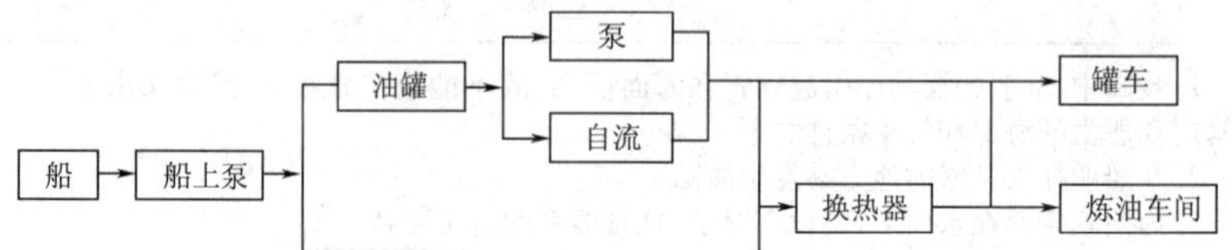

图4-10　原油卸船装车流程

(3)燃料油卸车装船流程:燃料油品自罐车卸入油罐,然后自流或通过油泵为船舶供应。对于运量很少的某些燃料油品,可以考虑不采用管线装船,而自流装桶或自流装汽车罐车,然后为船舶供应的工艺。其工艺流程如图4-11所示。

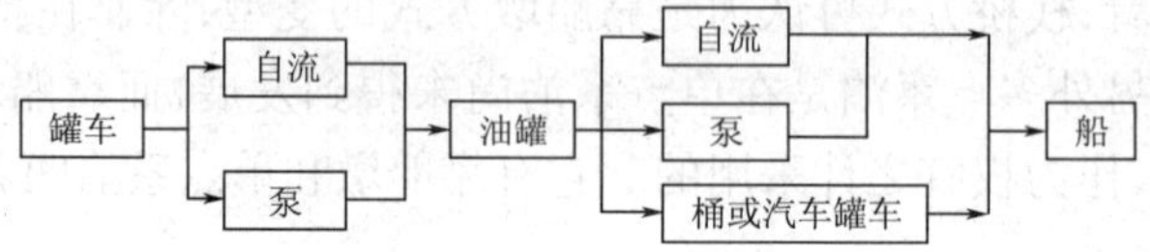

图4-11　燃料油卸车装船流程

(4)燃料油卸船装船流程:其工艺流程如图4-12所示。

图4-12　燃料油卸船装船流程

(5)燃料油调和装船流程:其工艺流程如图4-13所示。

图4-13　燃料油调和装船流程

(6)油品倒罐流程:其工艺流程如图4-14所示。

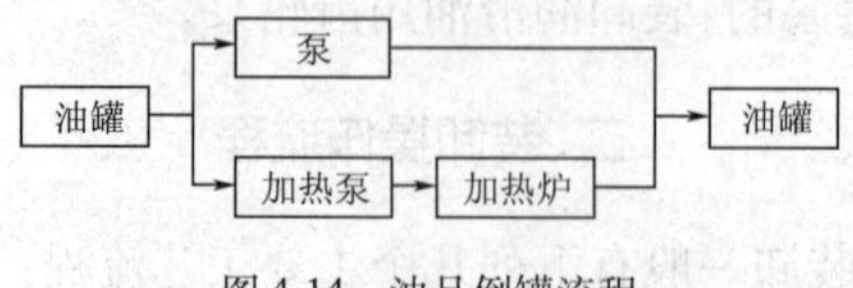

图4-14　油品倒罐流程

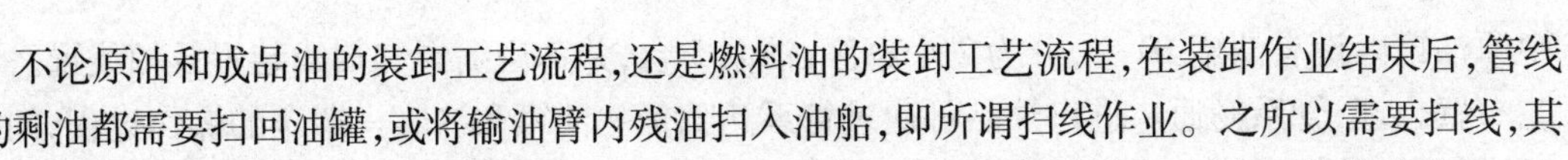

不论原油和成品油的装卸工艺流程，还是燃料油的装卸工艺流程，在装卸作业结束后，管线内的剩油都需要扫回油罐，或将输油臂内残油扫入油船，即所谓扫线作业。之所以需要扫线，其原因主要有，为了防止油品在管线内凝结，或为了避免和下次来油混淆，也是为了检修安全。

扫线介质主要有如下几种：蒸汽、热水、海水、压缩空气等。热水和海水置换有利于把位于凹处的管线内的剩油清扫干净。但不论是热水、海水，还是蒸汽都会增加油品的含水量，影响炼油厂的作业。除汽油外，其他成品油，原油，燃料油品均可用压缩空气扫线。但对管线布置纵断面上呈下垂凹形的地方，压缩空气不易将此部位剩油扫清，因此在管线布置时要注意尽可能避免在纵断面上呈现下垂凹形的死角。

在我国某些油港也有用强迫循环的方法使原油不断在管线内流动，以防止油凝结在管线内，采用这种方法可以不设置别的扫线装置，以减少投资。但油泵需要不间断地运转，从而增加了营运费用，因此从经济方面分析，采用打循环的方法是否合理，需要根据具体条件进行比较论证。

三、典型工艺流程分析

图 4-15 所示是某油港原油进口工艺，流程图。

如图 4-16 所示，该码头由码头作业区、原油罐区、原油泵房和原油装车台等部分组成。其

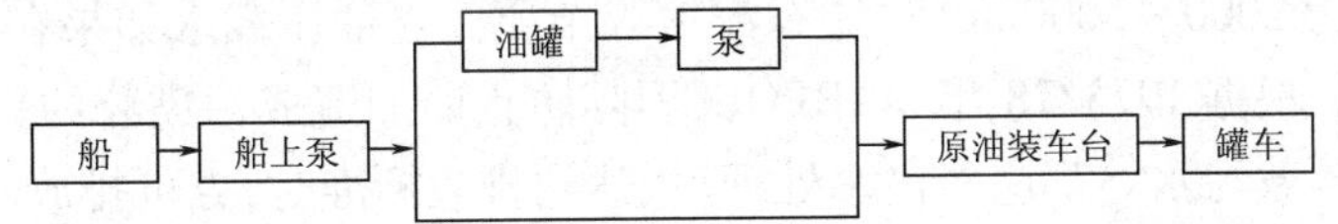

图 4-15　原油进口工艺流程

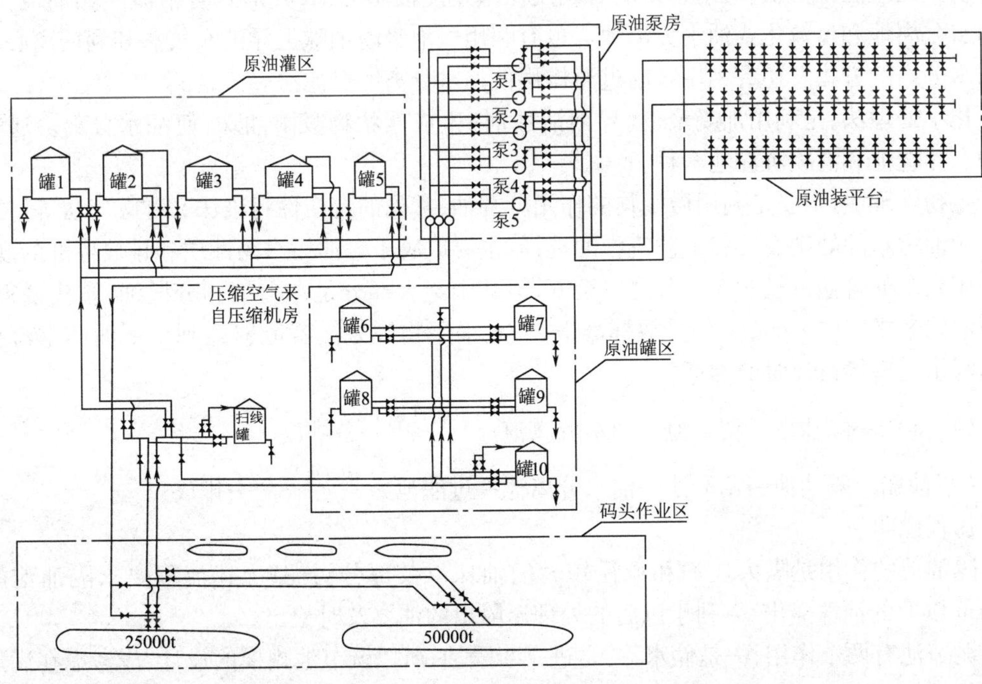

图 4-16　原油进口工艺方案图

中原油罐区设有油罐10个,分为2个罐区;油泵5台,并备压缩空气扫线装置及扫线罐。该工艺布置合理,管系畅通。进口油品可通过管系达到任一油罐和油罐—罐车的操作过程,同时还可进行船—罐车的直取作业以及油罐—油罐的倒罐流程。

第四节 油港污水处理

一、油港污水处理方法

油港必须设置有效的污水处理场,对码头及船舶排放的污水进行必要的处理:油港在生产过程中产生的含油污水,如油罐积水;油罐加热器排出的冷凝水;泵房、阀室、管沟的积水;污水处理场本身在生产过程中所产生的含油污水;以及油罐区、铁路装卸栈桥区的雨水等,都应排至污水处理场,处理后再行排放。

空载油船外出装油时为了保证航行时船舶的稳定性,必须在油舱内充水压载(某些新建油船设有专用压载水舱,不在油舱内充水)。压载的水量与油船船型、航线、气候等情况有关。多数压载水重量约为所装油重量的30%。油船为压载,将淡水或海水打入油舱,在航行中,水与油舱中的剩余油混合,到装油港后,必须用船泵排到岸上污水处理场进行处理。从油轮排出的压载水中含油为2000~5000mg/L,还有泥沙等杂质。含油压载水如果在水域中任意排放,将造成严重污染。根据1973/78年MARPOL《国际防止船舶造成污染公约》规定,严禁在世界上任何海面排放压载污水。都应经污水处理后,达到排放标准时,方可排放。

处理含油污水的方法,一般有物理法、化学法和生物法。

物理处理法种类很多,通常用的有利用比重差使油水分离,其形式有平流式隔油地,多板式油水分离地和粗粒化式油水分离地。也有利用气泡吸附油珠上浮的布气法和利用离心作用使油水分离的方法。还有利用吸附过滤作用使油水分离的过滤法。

化学处理法,是利用加凝聚剂(界面活性剂)生成絮状物吸附油珠,使油水分离。通常采用的有浮选池和混凝沉淀池两种。

生物处理法,主要是利用微生物的作用分解油,常见的有活性污染法又称曝气法等。

含油污水的处理方法和工艺流程的选择,主要取决于含油污水的性质和排放标准的规定,原油压载水的含油量虽然在千分之二至五,但其中绝大部分是浮上油和分散油,乳化油很少,在目前国家规定的10mg/L的排放标准下,一般采用物理方法就能够达到。下面两个流程可作为污水处理场设计时的参考:

(1)油船→隔油池→调节池→油水分离池$\xrightarrow{\text{10ppm 以下}}$排放

(2)油船→隔油池→调节池→油水分离池→过滤池$\xrightarrow{\text{10ppm 以下}}$排放

流程说明:

隔油池的作用是隔大块油和粒径较大的油珠以及部分污泥,上述流程要求隔油池能将150μm以上的油珠隔出,以利于以后的处理。隔出的油要及时检出。

调节池有两个作用,一是储水,一是进一步隔油,所以调节池规模的设计,应考虑在满足储水量的基础上,把水在其中的行程量增长,使更小的油珠有充分时间上浮。

油水分离池是指用波纹板组构成的油水分离装置，如图4-17所示，目前是比较先进的。它由很多块用玻璃纤维增强聚酯树脂波纹板组装而成，并且相互平行装在玻璃纤维或不锈钢制成的框架内。板组以45°斜角安装在混凝土油水分离池中，它能分离粒径极小的油珠与淤泥，聚集的油珠沿着波纹板的底面上升，凝聚的淤泥则沿着波纹板的上面下沉。与平板比较，波纹板能增加水和板的接触面积，抗挠曲的强度较高。油层达到一定厚度后，就经过槽口自动流入集油管。淤泥落到泥浆槽，然后导入污泥池，再定期用泵抽出，送往晒泥地。处理过的水从出水堰水管流出。在油水分离池中处理过的水，含油量一般可降到10mg/L以下。

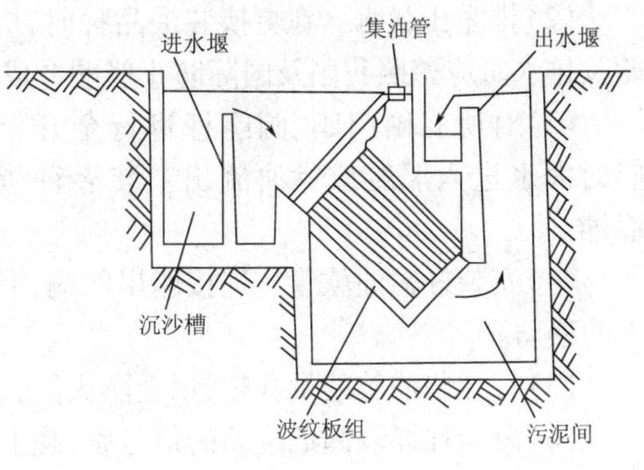

图4-17　油水分离池

过滤池是除去污水中的小颗粒分散油和部分乳化油，由于目前国产原油凝固点较高，黏度较大，滤池反冲洗要使用热水。所以过滤一般只用普遍重力式滤池或压力滤池。滤料多采用砂和卵石垫层，采用焦炭过滤效果也较好，但不能采取反冲洗，而是使用过一定时间后，重新更换的方式。

二、含油污水处理场设计中应注意的几个问题

(1)含油污水的处理方法，应根据污水的水质和排放标准规定，首先采用物理处理法。一般物理处理法简单易行，管理方便，运营费用低，不产生二次污染。

(2)在设计污水处理工艺流程中，尽量采用重力流，避免压力流。因为使用泵会加剧油水的乳化，特别是含油量较大的污水。

(3)处理污水关键的一环是首先隔出大块油和粒径较大的油珠，以利于以后的处理。

(4)污水处理场应尽量靠近码头、管路短，不仅污水排得快，且能减轻浮化程度，降低投资。

(5)随着环境保护工作的加强和治污染技术的不断发展，对于处理污水的排放标准的要求会越来越高。所以污水处理场的设计必须留有余地，以适应发展的需要。

第五节　石油及其产品装卸注意事项

油轮(油驳)是运输散装石油及其他液体货物的专用船(驳)，机舱一般采用尾机型。为减少自由液面对稳性的影响，货舱是由多个纵向、横向油密舱壁分隔成许多舱间，各油舱均由管路连通起来。为适应油品的特性，船上设有输油管系和油泵间、货油加热系统、甲板洒水系统、通气系统、灭火系统、洗舱系统和惰性气体系统。由于油轮积载、装卸等环节与一般干货船有所不同，应掌握其特点，以利安全。

一、装油前的准备工作

(1)油轮靠泊后，应用电阻较小的铜线把船体和陆岸地线连接起来，以导出静电。

(2)排净压载水。在更换装油品种时,应在装油前作好油舱及管系的清洗工作。清洗油舱及排水时应遵照我国及国际防止船舶造成污染的条理和公约(MAPPOL)。

(3)对所有闸门阀、阀门杆进行全开全关检查,特别要检查通海阀是否关紧,避免装船时海水进入船舱或货油流出。装多种货油时,应重点检查分隔舱的腰节阀,避免发生混油。

(4)安装好输油软管。连接船岸的输油管应有足够的长度,以适应船舶的升降和可能产生的移动。

(5)打开装油舱的量孔盖,罩上防火网,以便排气和观察舱内进油情况。

(6)白天挂好装卸危险品的信号旗,晚上打开装卸危险品的信号灯。

二、装　　船

(1)航次任务确定以后应制定油船积载计划,包括各种货油的分舱装载方案、装油步骤、注意事项及安全措施等。确定各舱的装油重量和分配及顺序时,应考虑以下因素:

①船舶装载时,凡装油的油舱在留足膨胀余量的前提下,均应尽量装满,以减少自由液面对船舶稳性的影响;

②船舶满载且舱容有富裕时,一般应在船中处留出空舱(注意不能过于集中),以减少船舶中垂弯曲;

③根据船舶航行时对吃水的要求,可留少量油舱不装满,以调节船舶的吃水差;

④装船的顺序从强度和吃水差的要求出发,大致上是先装中部货舱,以减少中拱,再装前部货舱使尾吃水有所减少,然后再均匀装载。通常每艘油船均有合理的货油配置、装卸顺序方案以及空航时的压载方案,可供参考。

(2)装油一般使用岸上油泵,开始时要慢,经检查确认货油已正常流入指定油舱并无漏油现象时,方可逐渐提高装油速度。装油的全过程舱面观察口不能离人,经常测定装油进度、压力,以便及时作好装下一舱的准备。

(3)装船时各舱均应留有足够的膨胀裕位,以免发生溢油及胀坏船体等事故。

(4)全船装油完毕,根据油舱空挡测量记录算出本航次实际装油数量,核对岸方交油数量,办理好交接手续。为油品质量交接的需要,装油时要以适当方法选取货油样品加以封存。船装完油品后,应立即加盖密封,除原油外,石油成品油还应加铅封。

(5)装完油后,首先应切断管线的气密开关,然后拆除软管并应防止管内油的溅出,最后是拆除地线,待接到港方的货油单证后,即可起航。

三、卸　　油

(1)油轮靠泊后,接好地线、软管。卸油时一般使用船上的油泵。

(2)卸油前应会同岸上有关人员测量各油舱的空当、温度和比重并计算油量,选取货油样品进行质量分析,计算油量和样品分析未结束,不准卸油。

(3)按顺序卸油并作好清舱工作,卸油结束后,观测油脚数量及提出处理方法。

(4)卸油过程中应注意调整岸缆绳及显示装卸危险品信号,做好防火、防爆、防溢、防混、降温(或加热)、防毒及防污染等工作。

四、防火、防爆、防毒工作

(1)油船必须具有船舶检验部门签发的足以证明油船的布置、结构和设备均符合安全要求的检验合格证书或入级证书和相应的安全证书,才能投入营运。油船必须执行交通部颁布的《油船安全生产管理规则》。

(2)凡进入作业现场的人员,禁止携带引火、引爆物品,禁止在作业区内吸烟;禁止穿戴钉鞋;在装卸现场作业的人员不得穿着和更换尼龙、化纤服装;禁止使用明火照明、煮饭、取暖;不得在油船甲板上放置、使用聚焦的玻璃制品(蒸馏水瓶、放大镜、老花眼镜等)。

(3)在装卸、压载、洗舱、除气时,禁止下列作业:一切电焊、气焊等明火作业;使用明火炉灶;敲铲铁锈;无线电发报;蓄电池充电;用电扇通风等。

(4)防止摩擦和碰击发生火花。油轮严禁使用钢丝缆绳;使用工具要轻拿轻放、谨慎操作;船上吊运物品时,必须停止装卸油品,关阀封舱;两船并靠装卸作业时,要加垫足够的软靠把;甲板上和泵间应使用有色金属工具或铜皮包裹工具;开闭油舱盖时,应轻、缓、稳,防止撞击;对可移动的物件要帮扎牢固。

(5)在靠近油舱、泵间、油漆间、蓄电池间、输油管存放所、主甲板等处,禁止使用非防爆式灯具和可能产生电火花的电气设备。不准在避雷针、防爆灯、电灯泡上涂漆。一切电气设备要保证绝缘。

(6)防止易燃物品燃烧。受潮或带油污的擦拭材料(棉纱头)要存放在封闭的铁盒内;船用易燃品(如香蕉水、油漆、松香水、汽油等)必须指定专人集中在危险品室内保存;禁止在电气设备或蒸气管、排气管、炉舱上烘烤衣服及其他易燃物品;禁止用汽油及其他一级油制品清洗机件。

(7)排除可燃气体,防止油气燃烧或爆炸。油气经常积压在低处,需良好的通风才能排出。未经洗舱、排气、测爆和确认没有可燃气体时,不能在甲板和舱内进行电、气焊等明火作业。船载货油,或油已卸空但舱内仍有可燃气体时,应按规定悬挂危险信号。在系泊和装卸作业时,还应显示慢车信号。

(8)杜绝任何油品与高温管系、电缆接触。船上洒漏的残油和污油要立即擦拭干净。

(9)严禁与油船无关的船舶系靠一起,系靠船舶的烟囱不得冒火星,也不准有任何明火。遇有雷电、烟囱冒火或附近有火警,危及安全时,应立即停止作业。

(10)装卸石油产品时,应把靠近油舱的船员房间的门窗关好,防止油气进入舱室,引起中毒及火灾。

(11)工作人员接拆油管时、测量油面高度时,必须带好防护口罩,因特殊情况需要进入未除气舱室时,必须使用安全索和呼吸器,确定联系信号,备妥急救器材,每次工作时间不得超过30min,并派人在舱口看守;当人员进入曾注入蒸汽、惰性气体或其他缺氧的舱室时,应先充分通风除气,确认无害时才能进入。

(12)装卸完毕后,要将软管、输油臂内的油除净,关紧油管阀门,加盖封舱,办完正常手续后,无特殊情况要及时离泊。

复习思考题

1. 石油和石油产品与储运及装卸有关的主要特性有哪些?

2. 什么叫闪点？
3. 什么叫爆炸极限？
4. 什么叫黏性？石油的黏性对装卸工作有什么影响？
5. 浮顶油罐的主要特点有哪些？
6. 简述离心泵的工作特点？
7. 简述原油及重油的卸车方式有哪些？
8. 简述油船的海上泊地，按其构造形式及输油管方式可分为哪几种？
9. 简述原油卸车装船主要有哪些工艺流程？
10. 简述油船装船前的准备工作主要有哪些？
11. 简述油码头防火、防爆、防毒工作，有哪些注意事项？

附 录

附录1 集装箱收发单

Packing Address 装货地点 Contact/Tel 联系人/电话	Appointed Date/Time 装货时间
Contractor 托运人	

港口集装箱码头有限公司
Shekou Container Terminals Ltd.
集装箱收发单

Collection Order (Out)

持箱人 Operator________ 签发者 Agents________

Empty Container Collection Address 提空箱地点		Full Container Return Address 收重箱地点	
蛇口集装箱码头 中国深圳蛇口港湾大道三突堤 SHEKOU CONTAINER TERMINALS LTD. JETTY THREE, HARBOUR ROAD, SHEKOU, SHENZHEN, PRC	Releasing Location 发箱场位	蛇口集装箱码头 中国深圳蛇口港湾大道三突堤 SHEKOU CONTAINER TERMINALS LTD. JETTY THREE, HARBOUR ROAD, SHEKOU, SHENZHEN, PRC	Receiving Location 收箱场位
Vessel/Voy 船名/航次	Port of Discharge 卸货港	Final Destination 目的港	Shipping Order No. 托运单号
Container No. 柜号	Size/Type 尺寸/种类	Weight Category 重量等级	Special Requirement 特殊要求
Seal No. 铅封号	Tractor/Trailer No. 车牌号码	Remarks 备注	

进出场检查记录(INSPECTION AT THE TIME OF INTERCHANGE)

普通集装箱(GP CONTAINER)	冷藏集装箱(RF CONTAINER)	特重集装箱(SPECIAL CONTAINER)	发电机(GEN SET)
□正 常(SOUND) □异 常(DEFECTIVE)	□正 常(SOUND) □异 常(DEFECTIVE)	□正 常(SOUND) □异 常(DEFECTIVE)	□正 常(SOUND) □异 常(DEFECTIVE)

损坏记录及代号(DAMAGE&CODE)

B	BR	C	CO	D	DG	FI	H	M	O	OD	S	W	Z
擦伤 BRUISE	断裂 BROKEN	割伤 CUT	锈蚀 CORRODED	凹损 DENT	标签 LABEL	污秽 FILTHY	破洞 HOLE	丢失 MISSING	油渍 OIL STAINED	气味 ODOUR	弯曲 BUCKLED	湿 WET	扭转 DISTORTED

左侧(LEFT SIDE) 右侧(RIGHT SIDE) 前面(FRONT) 集装箱内部(CONTAINER INSIDE)

顶面(TOP) 底板(FLOOR BASE) 后面(REAR)

备注(REMARKS)

Released in apparent good order and condition unless otherwise stated(as per above) 除上述列明外,所发箱完好无误 no. 编号______ Terminal Representative 码头人员签署	For SCT use only	Received in apparent good order and condition unless otherwise stated(as per above) 除上述列明外,所收箱完好无误 no. 编号______ Haulier's Representative 驾驶员签署

进入码头前,请仔细阅读第3联背面的入场须知。

1. Terminal Copy 码头留底联

附录2 集装箱收发单

Packing Address 装货地点 Contact/Tel 联系人/电话	Appointed Date/Time 装货时间
Contractor 托运人	

港口集装箱码头有限公司
Shekou Container Terminals Ltd.
集装箱收发单

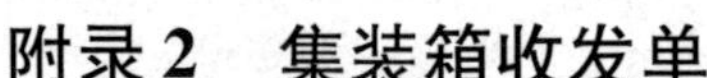

Acceptance Order (In)

持箱人 Operator____________ 签发者 Agents____________

Empty Container Collection Address 提空箱地点		Full Container Return Address 收重箱地点	
蛇口集装箱码头 中国深圳蛇口港湾大道三突堤 SHEKOU CONTAINER TERMINALS LTD. JETTY THREE, HARBOUR ROAD, SHEKOU, SHENZHEN, PRC	Releasing Location 发箱场位	蛇口集装箱码头 中国深圳蛇口港湾大道三突堤 SHEKOU CONTAINER TERMINALS LTD. JETTY THREE, HARBOUR ROAD, SHEKOU, SHENZHEN, PRC	Receiving Location 收箱场位
Vessel/Voy 船名/航次	Port of Discharge 卸货港	Final Destination 目的港	Shipping Order No. 托运单号
Container No. 柜号	Size/Type 尺寸/种类	Weight Category 重量等级	Special Requirement 特殊要求
Seal No. 铅封号	Tractor/Trailer No. 车牌号码	Remarks 备注	

进出场检查记录(INSPECTION AT THE TIME OF INTERCHANGE)

普通集装箱(GP CONTAINER)	冷藏集装箱(RF CONTAINER)	特重集装箱(SPECIAL CONTAINER)	发电机(GEN SET)
□正 常(SOUND) □异 常(DEFECTIVE)	□正 常(SOUND) □异 常(DEFECTIVE)	□正 常(SOUND) □异 常(DEFECTIVE)	□正 常(SOUND) □异 常(DEFECTIVE)

损坏记录及代号(DAMAGE&CODE)

B	BR	C	CO	D	DG	FI	H	M	O	OD	S	W	Z
擦伤 BRUISE	断裂 BROKEN	割伤 CUT	锈蚀 CORRODED	凹损 DENT	标签 LABEL	污秽 FILTHY	破洞 HOLE	丢失 MISSING	油渍 OIL STAINED	气味 ODOUR	弯曲 BUCKLED	湿 WET	扭转 DISTORTED

左侧(LEFT SIDE) 右侧(RIGHT SIDE) 前面(FRONT) 集装箱内部(CONTAINER INSIDE)

顶面(TOP) 底板(FLOOR BASE) 后面(REAR)

备注(REMARKS)

Received in apparent good order and condition and seal intact unless otherwise stated (as per above) 除上述列明外,所发箱完好无缺,铅封完整 no. 编号______ Terminal Representative 码头人员签署	For SCT use only	Time arrived premises 到达时间 Time left premises 离开时间 The above time are correct and seal intact 上述时间正确无误 Shipper's representative 发货人签署

进入码头前,请仔细阅读第3联背面的入场须知。 2. Terminal Copy 码头留底联

附录3 集装箱收发单

Packing Address 装货地点 Contact/Tel 联系人/电话	Appointed Date/Time 装货时间
Contractor 托运人	

港口集装箱码头有限公司
Shekou Container Terminals Ltd.
集装箱收发单
Collection/ Acceptance Order

持箱人
Operator________ 签发者
Agents________

Empty Container Collection Address 提空箱地点		Full Container Return Address 收重箱地点	
蛇口集装箱码头 中国深圳蛇口港湾大道三突堤 SHEKOU CONTAINER TERMINALS LTD. JETTY THREE, HARBOUR ROAD, SHEKOU, SHENZHEN, PRC	Releasing Location 发箱场位	蛇口集装箱码头 中国深圳蛇口港湾大道三突堤 SHEKOU CONTAINER TERMINALS LTD. JETTY THREE, HARBOUR ROAD, SHEKOU, SHENZHEN, PRC	Receiving Location 收箱场位

Vessel/Voy 船名/航次	Port of Discharge 卸货港	Final Destination 目的港	Shipping Order No. 托运单号
Container No. 柜号	Size/Type 尺寸/种类	Weight Category 重量等级	Special Requirement 特殊要求
Seal No. 铅封号	Tractor/Trailer No. 车牌号码	Remarks 备注	

进出场检查记录(INSPECTION AT THE TIME OF INTERCHANGE)

普通集装箱(GP CONTAINER)	冷藏集装箱(RF CONTAINER)	特重集装箱(SPECIAL CONTAINER)	发电机(GEN SET)
□正 常(SOUND) □异 常(DEFECTIVE)	□正 常(SOUND) □异 常(DEFECTIVE)	□正 常(SOUND) □异 常(DEFECTIVE)	□正 常(SOUND) □异 常(DEFECTIVE)

损坏记录及代号(DAMAGE&CODE)

B	BR	C	CO	D	DG	FI	H	M	O	OD	S	W	Z
擦伤 BRUISE	断裂 BROKEN	割伤 CUT	锈蚀 CORRODED	凹损 DENT	标签 LABEL	污秽 FILTHY	破洞 HOLE	丢失 MISSING	油渍 OIL STAINED	气味 ODOUR	弯曲 BUCKLED	湿 WET	扭转 DISTORTED

左侧(LEFT SIDE) 右侧(RIGHT SIDE) 前面(FRONT) 集装箱内部(CONTAINER INSIDE)

顶面(TOP) 底板(FLOOR BASE) 后面(REAR)

备注(REMARKS)

Released in apparent good order and condition unless otherwise stated(as per above) 除上述列明外,所发箱完好无误 no. 编号______ Terminal Representative 码头人员签署	Received in apparent good order and condition and seal intact unless otherwise stated(as per above) 除上述列明外,所发箱完好无缺,铅封完整 no. 编号______ Terminal Representative 码头人员签署	For SCT use only	Time arrived premises 到达时间 Time left premises 离开时间 The above time are correct and seal intact 上述时间正确无误 Shipper's representative 发货人签署	Received in apparent good order and condition unless otherwise stated(as per above) 除上述列明外,所收箱完好无误 no. 编号______ Haulier's Representative 驾驶员签署

进入码头前,请仔细阅读第3联背面的入场须知。

3. Haulier's Copy 驾驶员联

附录4 集装箱收发单

Packing Address 装货地点 Contact /Tel 联系人/ 电话	Appointed Date/Time 装货时间
Contractor 托运人	

港口集装箱码头有限公司
Shekou Container Terminals Ltd.
集装箱收发单

Acceptaince Order (In)

持箱人 Operator____________ 签发者 Agents____________

Empty Container Collection Address 提空箱地点		Full Container Return Address 收重箱地点	
蛇口集装箱码头 中国深圳蛇口港湾大道三突堤 SHEKOU CONTAINER TERMINALS LTD. JETTY THREE, HARBOUR ROAD, SHEKOU, SHENZHEN, PRC	Releasing Location 发箱场位	蛇口集装箱码头 中国深圳蛇口港湾大道三突堤 SHEKOU CONTAINER TERMINALS LTD. JETTY THREE, HARBOUR ROAD, SHEKOU, SHENZHEN, PRC	Receiving Location 收箱场位

Vessel/ Voy 船名/航次	Port of Discharge 卸货港	Final Destination 目的港	Shipping Order No. 托运单号
Container No. 柜号	Size/Type 尺寸/种类	Weight Category 重量等级	Special Requirement 特殊要求
Seal No. 铅封号	Tractor/Trailer No. 车牌号码	Remarks 备注	

进出场检查记录(INSPECTION AT THE TIME OF INTERCHANGE)

普通集装箱(GP CONTAINER)	冷藏集装箱(RF CONTAINER)	特重集装箱(SPECIAL CONTAINER)	发电机(GEN SET)
□正 常(SOUND) □异 常(DEFECTIVE)	□正 常(SOUND) □异 常(DEFECTIVE)	□正 常(SOUND) □异 常(DEFECTIVE)	□正 常(SOUND) □异 常(DEFECTIVE)

损坏记录及代号(DAMAGE&CODE)

B	BR	C	CO	D	DG	FI	H	M	O	OD	S	W	Z
擦伤 BRUISE	断裂 BROKEN	割伤 CUT	锈蚀 CORRODED	凹损 DENT	标签 LABEL	污秽 FILTHY	破洞 HOLE	丢失 MISSING	油渍 OIL STAINED	气味 ODOUR	弯曲 BUCKLED	湿 WET	扭转 DISTORTED

左侧(LEFT SIDE) 右侧(RIGHT SIDE) 前面(FRONT) 集装箱内部(CONTAINER INSIDE)

顶面(TOP) 底板(FLOOR BASE) 后面(REAR)

备注(REMARKS)

For SCT use only

Time arrived premises 到达时间
Time left premises 离开时间
The above time are correct and seal intact 上述时间正确无误
Shipper's representative 发货人签署

进入码头前,请仔细阅读第3联背面的入场须知。

4. Office Copy 留底联

附录5　集装箱收发单

Packing Address 装货地点 Contact/Tel 联系人/电话	Appointed Date/Time 装货时间
Contractor 托运人	

港口集装箱码头有限公司

Shekou Container Terminals Ltd.

集装箱收发单

Collection Order

持箱人 Operator________　签发者 Agents________

Empty Container Collection Address 提空箱地点		Full Container Return Address 收重箱地点	
蛇口集装箱码头 中国深圳蛇口港湾大道三突堤 SHEKOU CONTAINER TERMINALS LTD. JETTY THREE, HARBOUR ROAD, SHEKOU, SHENZHEN, PRC	Releasing Location 发箱场位	蛇口集装箱码头 中国深圳蛇口港湾大道三突堤 SHEKOU CONTAINER TERMINALS LTD. JETTY THREE, HARBOUR ROAD, SHEKOU, SHENZHEN, PRC	Receiving Location 收箱场位

Vessel/Voy 船名/航次	Port of Discharge 卸货港	Final Destination 目的港	Shipping Order No. 托运单号
Container No. 柜号	Size/Type 尺寸/种类	Weight Category 重量等级	Special Requirement 特殊要求
Seal No. 铅封号	Tractor/Trailer No. 车牌号码	Remarks 备注	

进出场检查记录(INSPECTION AT THE TIME OF INTERCHANGE)

普通集装箱(GP CONTAINER)	冷藏集装箱(RF CONTAINER)	特重集装箱(SPECIAL CONTAINER)	发电机(GEN SET)
□正　常(SOUND) □异　常(DEFECTIVE)	□正　常(SOUND) □异　常(DEFECTIVE)	□正　常(SOUND) □异　常(DEFECTIVE)	□正　常(SOUND) □异　常(DEFECTIVE)

损坏记录及代号(DAMAGE&CODE)

B	BR	C	CO	D	DG	FI	H	M	O	OD	S	W	Z
擦伤 BRUISE	断裂 BROKEN	割伤 CUT	锈蚀 CORRODED	凹损 DENT	标签 LABEL	污秽 FILTHY	破洞 HOLE	丢失 MISSING	油渍 OIL STAINED	气味 ODOUR	弯曲 BUCKLED	湿 WET	扭转 DISTORTED

左侧（LEFT SIDE）　右侧（RIGHT SIDE）　前面（FRONT）　集装箱内部（CONTAINER INSIDE）

顶面（TOP）　底板（FLOOR BASE）　后面（REAR）　备注(REMARKS)

Released in apparent good order and condition unless otherwise stated(as per above) 除上述列明外，所发箱完好无误 no. 编号______ Terminal Representative 码头人员签署	Received in apparent good order and condition and seal intact unless otherwise stated(as per above) 除上述列明外，所发箱完好无缺，铅封完整 no. 编号______ Terminal Representative 码头人员签署	For SCT use only	Time arrived premises 到达时间 Time left premises 离开时间 The above time are correct and seal intact 上述时间正确无误 Shipper's representative 发货人签署	Received in apparent good order and condition unless otherwise stated(as per above) 除上述列明外，所收箱完好无误 no. 编号______ Haulier's Representative 驾驶员签署

进入码头前，请仔细阅读第3联背面的人场须知。　5. Shipper's Copy 货主联

附录6　集装箱收发单

Packing Address 装货地点 Contact/Tel 联系人/电话	Appointed Date/Time 装货时间
Contractor 托运人	

港口集装箱码头有限公司
Shekou Container Terminals Ltd.
集装箱收发单

Collection Order (Out)

持箱人 Operator＿＿＿＿＿＿　签发者 Agents＿＿＿＿＿＿

Empty Container Collection Address 提空箱地点		Full Container Return Address 收重箱地点	
蛇口集装箱码头 中国深圳蛇口港湾大道三突堤 SHEKOU CONTAINER TERMINALS LTD. JETTY THREE, HARBOUR ROAD, SHEKOU, SHENZHEN, PRC	Releasing Location 发箱场位	蛇口集装箱码头 中国深圳蛇口港湾大道三突堤 SHEKOU CONTAINER TERMINALS LTD. JETTY THREE, HARBOUR ROAD, SHEKOU, SHENZHEN, PRC	Receiving Location 收箱场位

Vessel/Voy 船名/航次	Port of Discharge 卸货港	Final Destination 目的港	Shipping Order No. 托运单号
Container No. 柜号	Size/Type 尺寸/种类	Weight Category 重量等级	Special Requirement 特殊要求
Seal No. 铅封号	Tractor/Trailer No. 车牌号码	Remarks 备注	

进出场检查记录(INSPECTION AT THE TIME OF INTERCHANGE)

普通集装箱(GP CONTAINER)	冷藏集装箱(RF CONTAINER)	特重集装箱(SPECIAL CONTAINER)	发电机(GEN SET)
□正　常(SOUND) □异　常(DEFECTIVE)	□正　常(SOUND) □异　常(DEFECTIVE)	□正　常(SOUND) □异　常(DEFECTIVE)	□正　常(SOUND) □异　常(DEFECTIVE)

损坏记录及代号(DAMAGE&CODE)

B	BR	C	CO	D	DG	FI	H	M	O	OD	S	W	Z
擦伤 BRUISE	断裂 BROKEN	割伤 CUT	锈蚀 CORRODED	凹损 DENT	标签 LABEL	污秽 FILTHY	破洞 HOLE	丢失 MISSING	油渍 OIL STAINED	气味 ODOUR	弯曲 BUCKLED	湿 WET	扭转 DISTORTED

左侧(LEFT SIDE)　右侧(RIGHT SIDE)　前面(FRONT)　集装箱内部(CONTAINER INSIDE)

顶面(TOP)　底板(FLOOR BASE)　后面(REAR)

备注(REMARKS)

For SCT use only

进入码头前，请仔细阅读第3联背面的入场须知。

6. Office Copy 留底联

参 考 文 献

[1] 交通部第二航务工程勘察设计院. 港口装卸工艺设计手册. 北京:人民交通出版社,1982.

[2] 交通部水运局,交通部标准计量研究所. 装卸机械技术性能手册. 北京:技术标准出版社,1982.

[3] 宋德驰. 港口装卸工艺. 北京:人民交通出版社,1991.

[4] 余洲生. 港口装卸机械. 北京:人民交通出版社,1992.

[5] 吴永富. 国际集装箱与多式联运. 北京:人民交通出版社,1993.

[6] 马宗武,现代港口装卸实务. 北京:人民交通出版社,1922.

[7] 林祖乙. 国际集装箱运输. 北京:人民交通出版社,1993.

[8] 秦同瞬. 港口装卸工艺实务. 北京:高等教育出版社,2001.

[9] 纪寿文等. 现代物流装备与技术实务. 深圳:海天出版社,2004.

[10] 鲁晓春等. 物流设施与设备. 北京:清华大学、交通大学出版社,2004.

[11] 陈洋. 集装箱码头操作. 北京:高等教育出版社,2001.

参考文献